开发本土石油资源的另类思考

（第二版）

查全衡 著

石油工业出版社

内 容 提 要

本书针对我国石油储量品位明显下降、石油自给率也不断下降的现实，通过40篇论文阐述了对开发本土石油资源的另类思考：既要努力寻找"高品位"资源，又要努力开发"低品位"资源；既要跨国经营，又要善待本土石油资源；既要重视非常规能源，又要客观认识和合理勘探开发。本书观点明朗，内容翔实，文字通顺，数据准确，为更快发展我国的石油工业献上新的思路。

本书可供石油勘探行业的各级领导及科学技术人员参考。

图书在版编目（CIP）数据

开发本土石油资源的另类思考/查全衡著.—2版
北京：石油工业出版社，2012.7
ISBN 978-7-5021-9135-1

Ⅰ.开…
Ⅱ.查…
Ⅲ.石油资源-资源开发-研究-中国
Ⅳ.F426.22

中国版本图书馆 CIP 数据核字（2012）第 134325 号

出版发行：石油工业出版社
（北京安定门外安华里2区1号　100011）
网　　址：www.petropub.com.cn
编辑部：（010）64523561　发行部：（010）64210392
经　销：全国新华书店
印　刷：北京中石油彩色印刷有限责任公司

2012年7月第2版　2012年7月第2次印刷
787×1092毫米　开本：1/16　印张：12
字数：290千字

定价：50.00元
（如出现印装质量问题，我社发行部负责调换）
版权所有，翻印必究

在一个老油区运用老思路很少能发现大量的石油。在过去的年代里，有时，我们曾经认为无油可找，实际上，我们是缺少新的思路而已！

Parke A. Dickey, 1958

翟光明译

序

《开发本土石油资源的另类思考》是一本文集。围绕着我国石油工业面临的一些热点问题，如储量品位下降、自给率下降等，阐述了作者的认识，以及对今后工作的主张。

基于我国石油资源总量较大，但人均占有量很少的实际，以及石油供应安全的原因，作者主张：在积极利用国外资源的同时，还应发挥国内石油的基础性保障作用。要十分珍惜国内资源，实行开源与节流并举。呼吁人们研究和借鉴发达国家精心开发本土资源的成功经验。

通过对东部油区的深入调研，作者的结论是：东部即使是老区，整体仍处于"勘探中期"，加上新层系和新区，石油资源还有很大的潜力。"找米下锅"与"按时开饭"现象，既表明国内石油工业有发展潜力，又凸现我们工作力度不够，尤其是勘探工作跟不上发展的需要。力主在积极"开拓新区"的同时，也要努力"发展老区。"

从我国石油地质条件复杂，"低品位"资源占很大比重的实际出发；从随着工作程度的加深，石油储量品位逐渐劣化的一般规律出发，作者主张：既要努力寻找"高品位"资源，又要努力开发"低品位"储量。依靠科技进步、转变经营体制和机制，不断提升资源的经济价值。

作者是一位从事石油勘探，资源、储量研究与管理近半个世纪的地质家，熟悉国内石油工业，对国外石油工业也有一定的了解。因而，对相关领域问题的认识很有深度，主张也比较中肯可行。

诚如作者所言，开发矿产资源特别需要创新精神。另类思考，就是转换角度、多角度地观察事物。因此，我相信这本文集的出版，必将有助于大家更深入地了解国情，更全面地思考和制定石油发展战略，实现可持续发展。

邱中建

2004 年 5 月于北京

第二版前言

为了满足读者们的需要，石油工业出版社决定再版《开发本土石油资源的另类思考》。本书于2004年首发，至今业已8年。随着我国石油勘探开发工作的展开深入、实践检验，笔者早年提出的"勘探分期标准"，"东部油气区整体尚处在勘探早—中期"的判断，关于"开发'低品位'石油资源的战略意义与现实性"的认识……不少已经成为业内的共识，不再是"另类思考"。

近年来，更低品位的"非常规油气"，逐步成为我国石油上游业重要的工作领域，先是致密（储层）气、煤层气，后是页岩气。后者由于美国政府出面推介，西方石油技术服务公司强力宣传，我国业界和学界高亢的附和声，更形成了一股"页岩气热"。笔者一面积极参与实践，一面努力思考：怎样做更符合国情？怎样做更有利于转变经济发展方式实现可持续发展？怎样做更有利于国家能源安全？若干认识仍有别于时下多数人的主张。从这一时期撰写的论文中选出了15篇，载于再版书中，延伸"另类思考"，方便大家切磋。

笔 者

2012年5月于北京

第一版前言

20世纪后25年，中国石油上游业经历了三个重要事件：一是，1978年全国原油年产量突破$1×10^8$t后，储采比急剧下降；二是，油气储量快速增长，石油储量品位明显下降；三是，1993年起中国又一次成为石油净进口国，石油自给率不断下降。

这些事件该怎样认识和对待？见仁见智，莫衷一是。所谓"另类思考"就是转换角度观察，是有别于某时、某些流行看法而言。例如：

针对"低品位"石油资源不值一顾的看法，笔者主张从我国石油地质条件复杂、"低品位"资源占有很大比重的实际出发，既要努力寻找"高品位"资源，又要努力开发"低品位"资源。只有承认勘探进入中期后，石油储量品位逐渐劣化的一般规律，并认真应对，我国今后的勘探开发道路才不会越走越窄。

当人们只热衷于跨国经营的时候，笔者在积极参与国外石油项目咨询、评估的同时，主张国内石油的基础地位不能动摇，因为，这是我国能源安全的基础，也是主动利用国外石油资源的基础；呼吁要善待本土资源，要认真地研究和借鉴发达国家精心经营本土石油资源的成功经验。

当若干专家认为中国东部油区已经是"勘探中后期"，"有钱、有工作量无处部署"的时候，笔者经过调查研究后，得出结论是：东部油区即使是老区，整体仍处于"勘探中期"。东部油区还有很大的资源潜力，石油储量至少可以再增长50%，甚至于翻一番。东部油区要做的工作还很多，眼下仅在中国石油天然气集团公司所属的工区里，就可以组织五个相当规模的增储上产战役。

当外国石油公司在我国头几轮勘探未获得预想成果时，面对种种疑问和责难，笔者指出：外国石油公司成果不理想的主要原因有两个：(1)它们对中国的石油地质条件和油气分布规律还要有一个摸索和熟悉的过程；(2)对中国石油资源进行技术经济评价的"门槛值"过高，远远高于他们在本土执行的标准。因此，问题的实质不是中国的石油前景不好，或者是没有将评价高的区块许可证给予他们的问题，而是就目前的状况，他们一时找不到，或是即使找到了也一时采不了的问题。

在社会上流传"中国石油即将枯竭"，"石油工业是夕阳工业"的时候，笔者用大量的统计资料和事实说明，近20多年来是我国油气储量增长最快的时期，石油产量的绝对增长量也居于世界前列。"找米下锅"与"按时开饭"现象，表明我国石油工业有发展潜力，不是夕阳工业；同时也凸现了我们工作力度不够，特别是勘探工作跟不上发展的需要。

这些思考，问题源于社会，答案则来自国内外生产、科研第一线。思考得出的结论是否正确有待实践检验。文集中大部分论文是在退休后写的，然而若干认识是在退休前萌生和积淀的，因而在文集后半部选录了几篇老文章。有些观点，曾经反复强调过，有的甚至达到"喋喋不休"的地步。其目的无非是想引起人们的关注，通过共同努力去清除前进道路上的各种障碍，谋得更快的发展。

经验使笔者深信：开发矿产资源特别需要创新精神。因为工作对象永不会雷同，我们每天面对的都是新情况、新问题。创新，不是闭门造车，也不是照抄照搬，更不是作茧自缚，而是要勇于实践，从解决一个个具体问题入手，实践—认识—再实践—再认识，这才是创新的真谛。

退休了，由"下棋者"成了"观棋者"。我始终满怀深情地注视着中国石油这盘棋，时不时情不自禁地还想奉献点余热。我很幸运，改革开放的我国石油工业提供了吸纳余热的广阔空间。同时，众多同志热情帮助，特别是中国工程院邱中建、翟光明两位院士多年一贯的支持和指导，使我的愿望得以逐步实现。在此，谨致以深切的谢意。

笔 者

2004年5月

目　录

试论"低品位"油气资源 ·· (1)
优尼科（Unocal）公司在泰国湾开发天然气的经验和做法 ······················· (5)
发达国家对本土"低品位"油气资源的利用 ·· (8)
美国开发本土石油资源的若干做法 ·· (13)
中国"低品位"石油储量—资源开发现状与前景 ······································ (26)
中国东部油气区的资源潜力 ··· (34)
为"稳定东部"，努力勘探松辽、渤海湾等盆地 ······································· (39)
中国石油地质的若干特点及其对储量增长的影响 ······································ (46)
关于组织库车—塔北油气勘探战役的建议 ·· (53)
关于《西气东输管道工程预可行性研究》（资源部分）的评估意见 ········· (55)
努力开创我国的天然气时代 ··· (57)
勘探要加强、再加强 ·· (60)
试论新时期的"物探先行" ·· (63)
中国的石油资源 ·· (66)
立足现实　善待本土石油资源 ··· (82)
石油、天然气勘探工作的质量和效益 ··· (88)
我国油气资源状况与矿权管理 ··· (92)
在全国人民代表大会财政经济委员会听取各部、委、局、总公司关于处理"热点"
　　矿区意见会上的发言 ·· (97)
九十年贡献卓著　新时期再创辉煌 ··· (100)
锲而不舍地发展国内油气勘探 ··· (102)
新世纪头20年美国、俄罗斯能源发展战略摘要 ··· (107)
参加美国石油地质家协会（AAPG）第73届年会的简报 ··························· (113)
为《石油勘探中的创造性》（中文稿）一书撰写的前言 ······························ (116)
美国1995年油气资源评价 ·· (117)
荷兰的天然气经营与管理 ··· (124)
鄂尔多斯盆地石油资源及利用情况 ··· (127)
南方石油勘探开发有限责任公司在海南福山凹陷开发油气的若干做法 ···· (133)
中小油公司——发展石油上游业的重要力量 ··· (136)
对《关于非公有制企业从事石油天然气勘探开采申请条件的规定》（征求意见稿）
　　的几点意见 ·· (140)
我国本土石油上游业怎样才能"放而不乱" ·· (141)

渤海湾油区石油储量、产量增长的特点与潜力……………………………………(144)
在全国油气储量套改总结会上的发言……………………………………………(151)
开发"低品位"石油资源的战略意义与现实性…………………………………(153)
现在是参与美国本土油气开发的好时机…………………………………………(157)
迎接石油上游业革命………………………………………………………………(160)
页岩气战略选区该怎样进行?………………………………………………………(163)
怎样发展我国的页岩气业?…………………………………………………………(165)
何必"厚此薄彼"?
　　——非常规油气资源与常规油气待动用储量都应该抓紧开发………………(168)
"页岩气热"中的点滴冷思考………………………………………………………(171)
居安思危、未雨绸缪、持续发展
　　——关于我国石油上游业促转变谋发展的几点想法……………………………(174)
附录　世界主要国家油气生产和消费统计………………………………………(180)

试论"低品位"油气资源[1]

世界上开发利用油气资源,大体上有两种模式:跨国大石油公司的"海外模式"和发达国家的"本土模式"。两种模式的差别,集中地表现在对所谓"低品位"资源的开发利用上。前者对此类资源弃之不顾;后者则倍加珍惜、充分利用。

近20年来,由于种种原因,人们过分渲染"海外模式",忽视了"本土模式",致使我国不少年轻的业内外人士,误以为"海外模式"是开发利用石油资源的唯一的、最佳的方式,给国内的尤其是老区的油气开发带来了一定的负面影响。因此,为了可持续发展和能源安全,有必要对"低品位"资源问题做一些探讨。

一、何谓"低品位"资源

"低品位"资源是一个相对概念。

一是相对于已发现的规模大、丰度高、油品好、产量高油气田的资源而言。"低品位"资源的成因有两种:

(1) 天然生成的。我国通常将复杂的小断块油气田、稠油油田和低丰度、低渗透油气田的资源称为"低品位"资源。

(2) 人为造成的。由于长期开采,油气田剩余的,品位变差的资源。大体相当于固体矿藏的"尾矿"。不过流体矿藏与固体矿藏不同,"尾矿"的总量是巨大的,目前一般占探明地质储量的30%~70%以上。

二是相对于技术经济条件而言,是技术经济条件的函数。Gray (1997) 曾用资源三角形来说明上述认识:随着技术进步、油价上升,"低品位"资源可以成为"高品位"资源。考虑到经济运动的双向性,即油价下降时,"高品位"资源也可以成为"低品位"资源。笔者将 Gray 的资源三角形的油价箭头由单向改为双向(图1)。

另外,资源的经济价值,即相对品位的高低是与企业的经营管理方式和水平紧密相关的。英国人把"将资源转化成净现值能力"定义为"企业能力"。相同的或相似的资源,不同的企业由于"企业能力"的差别,可以得出具有不同经济价值的结论。

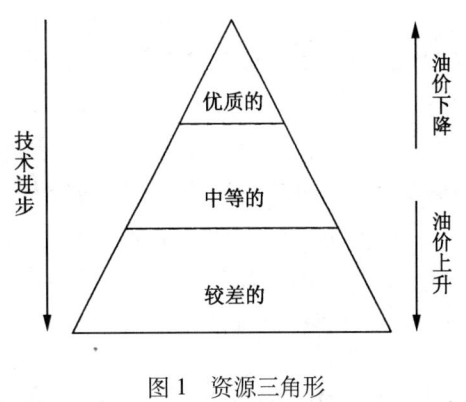

图1 资源三角形
(Gray, 1997,略有修改)

---

[1] 论文第二作者为何文渊。原载于《石油勘探与开发》,2003年,30卷,6期,5~7页。

二、"低品位"资源的地位

通过对勘探历史悠久,勘探程度比较高的美国墨西哥湾油区,二叠盆地以及中国松辽盆地的勘探成果分析,可以得出:在自然界中,"低品位"资源总量是巨大的。在有些盆地里,其总量可以等于甚至大于"高品位"资源总量。

这3个油区(盆地)的主要勘探成果可以用储量发现率曲线(图2、图3)来表述。图中的横坐标是累计完成的探井数,纵坐标是累计探明储量,曲线每个段落的斜率反映了勘探效率,间接反映了资源品位的高低。三根曲线共同点都有一个明显的"拐点","拐点"前斜率大,代表了勘探初期富集高产大油气田的发现;"拐点"后斜率明显变小,进入"低品位"资源为主的勘探时期。据不完全统计,墨西哥湾油区高品位储量为 316×10^8 bbl [1],低品位储量为 148×10^8 bbl 以上(勘探在继续);二叠盆地高品位储量为 180×10^8 bbl,低品位储量为 150×10^8 bbl 以上;松辽盆地高品位地质储量为 44.4×10^8 t,低品位储量为 20.2×10^8 t 以上,根据盆地和区带资源评价,再找到 $20\times10^8\sim30\times10^8$ t,以"低品位"为主的地质储量是完全可能的。

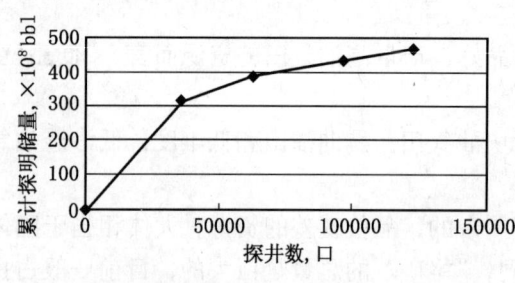

图2 美国墨西哥湾油区石油储量发现率曲线   图3 美国二叠盆地石油储量发现率曲线

R.H.Caldwell 等(1997),分析得克萨斯州 RRD3 区不同规模气藏发现曲线,也得出了相似的结论。他们将气藏按储量大小分为五类,即大于1Tcf,1Tcf~100Bcf,100~10Bcf,10~1Bcf 和小于1Bcf 的。该区自1930年至1990年60年中,前15年主要是探明大于1Tcf 的气藏;后30年主要是小于10Bcf 的气藏。从图4上可以清楚地看出,截至1990年,后四类气藏累计探明储量大体上相当于大于1Tcf 类型累计探明储量的3倍以上。

J.A.Masters(1979)在研究加拿大西部盆地油气资源时指出:高品位的石油储量约为 160×10^8 bbl,而沥青砂中的"低品位"石油储量约为 10000×10^8 bbl,即相差60多倍。他认为天然气储量中高品位的以"Bcf"计,低品位的以"Tcf"计,后者远远大于前者。

三、发达国家对本土"低品位"资源的利用

美国是石油生产大国。本土最高年产量曾经达到近 5×10^8 t,目前仍维持在 3×10^8 t 上下,约为我国同期年产量的两倍。美国有高产油田和高产油井,最高单井日产量达到

---

[1] 1bbl=0.158987m³。

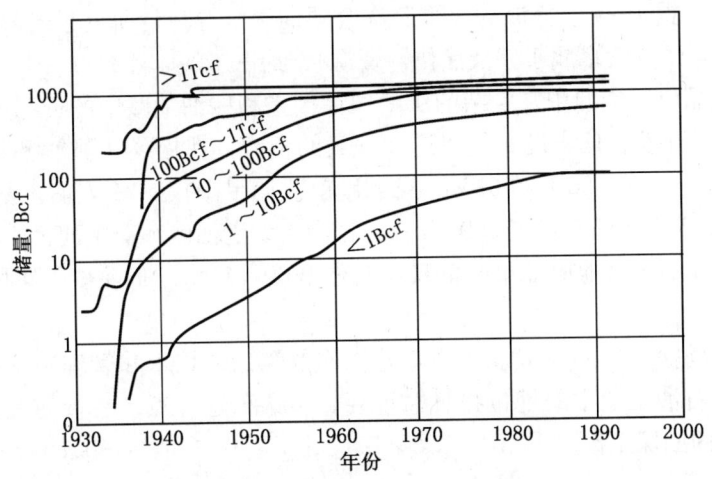

图 4　得克萨斯州 RRD3 区不同规模
气藏发现曲线（R.H.Caldwell，1997）　$1Bcf=1\times10^9ft^3$，$1Tcf=1\times10^{12}ft^3$

$30000m^3$，但是由于大量开采"低品位"资源，因此，近 60 年来，全国单井平均日产量，最高只有 2.5t，目前只有 1.5t 左右。美国石油生产历史有 140 余年，勘探程度已经很高，他们十分重视已知油气田及其周边的"低品位"资源的勘探开发。近 50 年来，美国新增储量的 86% 来自上述油气田的新层、新块和采收率的提高。可以说美国是一个建立在"低产井"基础上的、长盛不衰的石油大国。

加拿大是世界上重要的油气生产国，也是重要的出口国。该国十分重视利用政策激励企业去开发本土的"低品位"资源。例如，将石油按油品性质分为重油（密度大于 $0.9g/cm^3$）和非重油；按发现年代分为老油（1974 年 3 月以前）、新油（1974 年 3 月—1992 年 9 月）和第三类油（1992 年 9 月以后）来确定矿区使用费费率。易找易采的老油——非重油费率最高；难找难采的第三类油——重油费率最低。为了可持续发展，加拿大未雨绸缪，早在 20 世纪中叶即着手油砂油和稠油的开采。加拿大国家能源委员会预计，到 2015 年这些油的产量将占全加拿大石油产量的一半。

荷兰是天然气生产大国和出口大国。本土有 260 多个气田。其中，格罗宁根是一个巨型气田，地质储量达 $25000\times10^8m^3$，年产气可达 $800\times10^8\sim900\times10^8m^3$。自 20 世纪 70 年代石油危机后，为了"避免在能源供应上对外国，尤其是政治上不稳定国家的依赖"，荷兰实行了著名的"小气田政策"，即运用政策"激励开采甚至是最小的边际气田"，而将格罗宁根气田作为调峰气田，每年产量有意识地压低一半。

美国、加拿大、荷兰三国都是发达国家，它们重视对本土"低品位"资源开发，至少说明两点：（1）只要政策支持，经营得法，开发"低品位"资源是有经济效益的；（2）有利于国家能源安全。

四、"低品位"资源对我国的意义

举世公认我国石油地质条件的复杂性。经过 50 多年来大规模地勘探开发，实践证明我国石油地质条件和著名的中东油区不同，而和美国、加拿大倒有几分近似，"低品位"资源占有重要的位置。据1994年完成的《第二次全国油气资源评价研究报告》，在我国总资源量中难找难采的资源（大多属于"低品位"资源），约占1/2。

在这些"低品位"资源中，复杂的小断块油气藏和稠油油藏中的资源大体在探明之后3～5年内得到了开发。低丰度、低渗透油气藏的资源，在松辽、鄂尔多斯和准噶尔盆地探明储量中分别占24%，80%和62%。截至目前，动用率仅50%左右。然而，松辽盆地"低品位"储量年产原油已超过了800×10^4 t，相当于大港油区和冀中油区原油年产量之和；鄂尔多斯盆地和准噶尔盆地原油年产量双双超过1000×10^4 t，"低品位"储量的贡献功不可没。

根据世界上勘探开发的一般规律，随着工作的深入，技术和管理水平的提高，"低品位"资源在我国石油工业中的地位将日益重要，不认识这一点，在行动上必然延误老区，尤其是东部老区的勘探工作。

五、结论

"低品位"资源对我国能源安全和可持续发展具有举足轻重的地位。国内外实践已证明，只要政策支持，依靠科学经营管理，依靠科技进步，开发利用"低品位"资源，不仅有社会效益，而且有巨大经济效益。和发达国家本土"低品位"资源开发利用相比，无论从认识上和做法上我国都存在着巨大差距，换言之，在这方面还有巨大的发展空间和潜力。

参 考 文 献

1. 王玉满，牛嘉玉，谯汉生，等. 渤海湾盆地深层油气资源潜力分析与认识 [J]. 石油勘探与开发，2002，29（2）：21-25

2. 杨永泰，王社教，培东宏，等. 准噶尔盆地腹部深层成藏条件及勘探领域分析 [J]. 石油勘探与开发，2002，29（4）：32-34

3. 王忠和. 复杂断块油田的最终探明储量预测 [J]. 石油勘探与开发，2002，29（6）：48-50

4. Caldwell R H. How technology transform resources into reserves [C].SPE 37933.7-17

5. Masters J A. Deep Basin gas trap, western Canada [C]. AAPG Bulletin，1979，63（2）：152-181

6. 郦君一. 加拿大西部主要产油省（区）石油、天然气矿区使用费征收办法 [J]. 国际石油经济，1995，3（6）：43-58

7. 查全衡. 荷兰的天然气经营与管理 [J]. 国际石油经济，1996，4（2）：15-18

优尼科（Unocal）公司在泰国湾开发天然气的经验和做法[1]

泰国湾是泰国主要的天然气产区。2001 年全年产气 $179\times10^8m^3$，占泰国年产气量的 96%。

泰国湾天然气资源比较丰富，仅优尼科公司拥有的可采储量（包括已探明的和待探明的，以下简称储量）就达 $3824\times10^8m^3$。本区石油地质条件很复杂：（1）储气层属河流相砂岩，空间分布极度不规则，砂体较小；（2）断层发育；（3）盖层条件不算太好。因此，本区天然气资源总量虽然不算小，但是，单个气田储量大于 $500\times10^8m^3$ 的只有 Erawan、Pailin 和 Satun 等 3 个气田，其余的 16 个气田，单个气田的储量一般只有 $50\times10^8\sim200\times10^8m^3$。每个断块的含气宽度通常很窄，一般在 100~300m；每口井钻过的砂岩储层中，1/4 的层含气，3/4 的层含水，纵向上呈现多个气水系统。

1962 年优尼科公司进入泰国湾勘探，初期和其他公司一样成效不大。后来他们根据当地的石油地质条件，因地制宜逐步形成了一套行之有效的做法，1973 年发现 Erawan 气田，1981 年该气田投入生产。随着新气田陆续发现，天然气产量迅速增长：日产量 1982 年为 $340\times10^4m^3$，1985 年为 $926\times10^4m^3$，1987 年为 $1266\times10^4m^3$，1997 年为 $2752\times10^4m^3$，2001 年为 $2838\times10^4m^3$。2001 年全年产气 $103\times10^8m^3$，占泰国当年产气量的 55.8%。优尼科公司的工作得到了泰方的信任和赞誉。当 1990 年 BP 公司从 Pailin 地区撤出的时候，泰方即将该区块推荐给优尼科公司。通过 9 年工作，业已证实 Pailin 储量 $767\times10^8m^3$，是泰国湾第二大气田。从 1999 年起已经开始生产。

优尼科公司在该区开发天然气的主要做法是：

（1）积少成多，立足整体，滚动发展，及时决策。

从本区天然气资源总量比较大，而单个气田、气藏规模较小的特点出发，将手中持有的 4 个合同区块（总面积 $17468km^2$），统一规划、统一部署，择优先开发。实行钻井船、平台和设施等"资源共享"。同时，充分考虑本区石油地质条件的复杂性，边开发，边扩大勘探，实行滚动发展。在确保合同规定的售气量的前提下，要求及时决策，"适时投资"，避免投资不足或投资过量，并且严格控制成本。

（2）三维地震，全面覆盖，精细处理，精细解释。

已经完成三维地震 $7200km^2$。目前已经发现的 19 个气田全部都在三维工区内。由于精细处理和精细解释，不仅能够查明构造和断块的空间形态，而且能较好地指明河流相砂体的分布范围，这就为今后提高钻井的成功率打下了坚实的基础。

（3）小井眼，多靶层，定向井群（Slim Hole, Multi Target, Directional Well Group,

---

[1] 原载于《世界石油工业》，2002 年，6 期。

简称 SMDG）。

目前气层套管已由以往的 5in 缩小到 $2^7/_8$in。最深的小井眼井已经达到 5063m，最便宜的成本为 155 美元/m。由于有较好的三维地震资料，广泛地采用打定向井，单井尽可能穿过多个气层，平均每口井打 5 个以上的靶层。为了充分利用平台，每个平台上要打 12 口到 16 口井。

由于采用了上述这些做法，工作效率显著提高，成本大幅度下降，气田的可采储量迅速增加。目前，完成 1 口井，已由过去需要 68d，减少到 6d；成本由 530×10^4 美元，减少到 80×10^4 美元。因此，原来的"边际储量"成了"有经济价值储量"。剩余可采储量由 $500 \times 10^8 m^3$ 猛增至 $2800 \times 10^8 m^3$（图 1）。优尼科公司认为，按目前的年产量水平，靠这些储量足可以稳产 25 年。

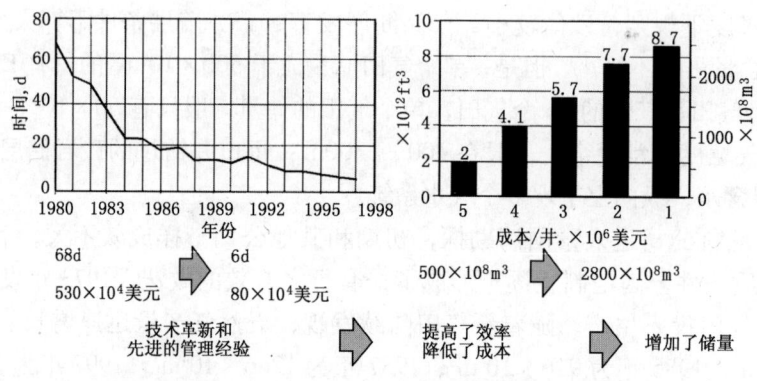

图 1 效率提高、成本降低、储量增加（据 Unocal, 2001）
1ft=0.3048m

众所周知，我国的油气资源十分丰富，但石油地质条件也十分复杂。1994 年完成的《第二次全国油气资源评价研究报告》，预测我国石油资源量为 $940 \times 10^8 t$，天然气资源量为 $38 \times 10^{12} m^3$。截至 2000 年底，探明石油地质储量 $213 \times 10^8 t$，探明天然气地质储量 $2.55 \times 10^{12} m^3$，探明程度分别为 22.6% 和 6.7%。表明我国待探明的油气资源潜力还是较大的。应当指出，在我国油气资源中，一半以上属于"难找、难采"类型。因此，优尼科公司在泰国湾依靠科学管理，依靠科技进步，降低成本，提高效益，开发"难找、难采"油气资源的经验，对我国具有一定的现实指导意义。

由于世界上没有一个完全相同的油气田或盆地，因此在借鉴优尼科公司经验时，应当因地制宜。该公司的"积少成多，立足整体，滚动发展，及时决策"的经营管理理念，对我国大部分油气区是适用的。"三维地震，全面覆盖，精细处理，精细解释"，对我国老油区继续勘探和新油气区中复杂地段勘探是适用的。至于"小井眼，多靶层，定向井群（SMDG）"做法可以分为下列 3 种情况借鉴：

（1）复杂的小断块气区，如东海盆地，大体上可直接引用"SMDG"的做法。

（2）复杂的小断块油区和油气区，如渤海湾盆地、苏北盆地、江汉盆地和南襄盆地等，也可引用"SMDG"的做法。但是，非自喷油层在小井眼中原油的举升问题，是需要专门解决的技术课题。

（3）地质构造简单，油气层层数较少，而且埋藏不深的区域，如松辽盆地大庆长垣周缘的油气田，鄂尔多斯盆地上古生界和中生界油气田，可以侧重推广小井眼技术，其他的视需要而定。

借鉴和选用优尼科公司的一些做法，有利于石油公司实行低成本发展战略。当前，国外油气资源，易找易采的部分，大体上都已经被石油大鳄们所占有，因此，和优尼科这类有技术特色的中小石油公司合作，在境外开发油气也是一种可以考虑的选择。

发达国家对本土"低品位"油气资源的利用[❶]

世界上开发利用油气资源,粗略地可归纳为两种模式,即跨国大石油公司的"海外模式"和发达国家的"本土模式"。二者最重要的差别,表现在对所谓的"低品位"资源的开发利用上。前者对此类资源弃之不顾,后者则倍加珍惜、充分利用;前者"嫌贫爱富",后者"爱富不嫌贫"(图1)。

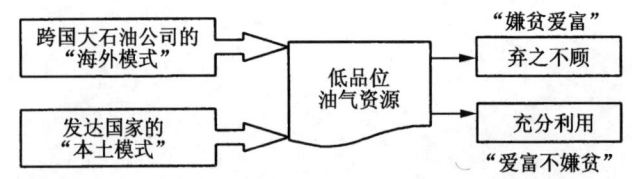

图1 开发利用油气资源的两种模式

实际上,发达国家为了能源安全和可持续发展,在大规模利用国外资源的同时,都十分重视开发利用本土资源,包括"低品位"资源。下面简单介绍美国、加拿大和荷兰有关的一些做法。

美国是石油生产大国。本土的石油年产量,20世纪20年代突破1×10^8t,1970年达到近5×10^8t高峰,后逐渐降低,但至今仍接近3×10^8t,约为我国同期石油年产量的两倍(图2)。美国有高产油田,有高产井。1929年二叠盆地耶茨30号井,曾创造过日产原油30000m³的记录(我国最高单井日产量是4620t,约合5200m³左右,是任丘潜山油田7号井创造的)。然而由于在开发"高品位"资源的同时,也大规模地开发"低品位"资源,因此,美国全国单井平均日产量并不高,1970年为2.5t,目前为1.5t(图3、表1)。

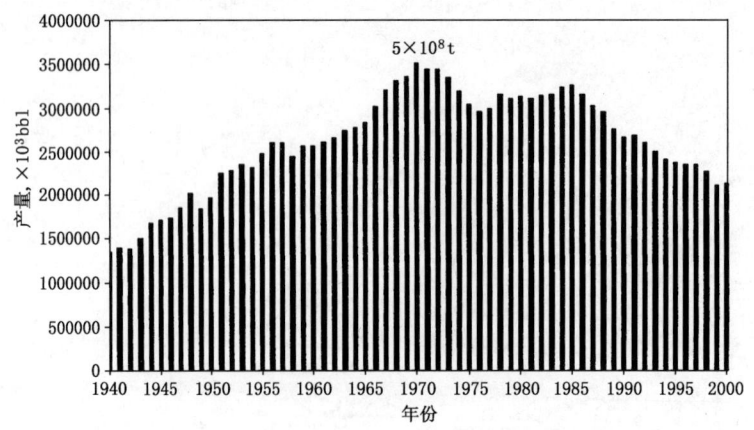

图2 全美原油年产量

[❶] 原载于《世界石油工业》,2003年,6期。

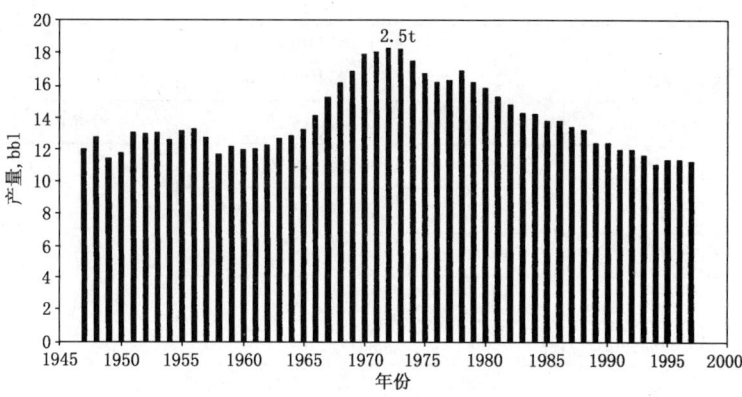

图 3 全美单井日产量

表 1 美国原油产量与平均单井产量表①

年份	产量 100×10^4 bbl②	油井数口	平均单井产量 bbl/（井·d）	备 注
1947	1856.99	—	—	折合 2.54×10^8 t/a
1948	2020.19	—	—	
1949	1841.94	—	—	
1950	1973.57	—	—	
1951	2247.71	—	—	3.08×10^8 t/a
1952	2289.84	—	—	
1953	2357.08	—	—	
1954	2314.99	511000	12.41	
1955	2484.43	524000	12.99	
1956	2617.28	551000	13.01	
1957	2616.90	569000	12.60	
1958	2449.02	575000	11.67	
1959	2574.59	583000	12.10	
1960	2574.93	591000	11.94	
1961	2621.76	595000	12.07	
1962	2676.19	596000	12.30	
1963	2752.72	589000	12.80	
1964	2786.82	588000	12.98	
1965	2848.51	589000	13.25	
1966	3027.76	583000	14.23	4.14×10^8 t/a，1.9t/（井·d）
1967	3215.74	565000	15.59	
1968	3329.04	554000	16.46	
1969	3371.75	542000	17.04	

续表

年份	产量 100×10^4bbl[②]	油井数 口	平均单井产量 bbl/(井·d)	备 注
1970	3517.45	531000	18.15	4.82×10^8t/a，2.5t/(井·d)
1971	3453.91	517000	18.30	
1972	3455.37	508000	18.64	
1973	3360.90	497000	18.53	
1974	3202.59	498000	17.62	
1975	3052.05	500000	16.72	
1976	2976.18	499000	16.34	
1977	3009.27	507000	16.26	
1978	3175.93	517000	16.83	
1979	3121.31	531000	16.10	
1980	3146.37	548000	15.73	
1981	3128.62	557000	15.39	
1982	3156.72	580000	14.91	
1983	3171.00	603000	14.41	
1984	3249.70	621000	14.34	
1985	3274.55	647000	13.87	
1986	3168.25	623000	13.93	
1987	3047.38	620000	13.47	
1988	2979.12	612000	13.34	4.08×10^8t/a，1.8t/(井·d)
1989	2778.77	603000	12.63	
1990	2684.69	602000	12.22	
1991	2707.04	614000	12.08	
1992	2624.63	594000	12.11	
1993	2517.00	584000	11.81	
1994	2431.48	582000	11.45	
1995	2394.27	574000	11.43	
1996	2366.02	574000	11.29	
1997	2366.00	573000	11.31	
1998	2281.98	562000	11.12	3.12×10^8t/a，1.5t/(井·d)
1999	2125.4	546000	10.66	
2000	2146.75	534000	11.01	
2001	2136.18	530000	11.04	2.93×10^8t/a，1.5t/(井·d)

①资料来源：API Basic Data Book，1999 及 World Oil，Annually，美国能源部年度报告。
② 1t ≈ 7.3bbl。

美国石油生产历史有140余年，本土的勘探程度已经很高了，因此，他们十分重视已知油田及其周边"低品位"资源的勘探开发。据P.J.McCale 1998年统计，美国近50年新增储量的86%来自已知油田的新层、新块和采收率的提高（图4）。可以说，美国是一个建立在"低产井"基础上的、长盛不衰的石油大国。

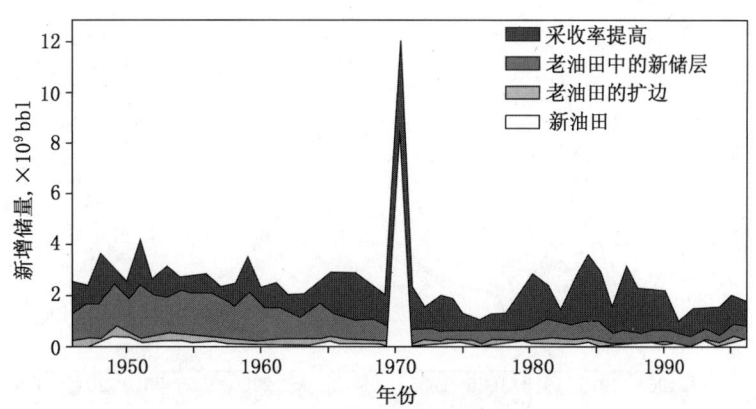

图4 美国近50年不同类型储量增长曲线
（据P.J.McCale，1998）

加拿大当前年产油1×10^8t以上，是世界上重要的油气生产国，也是重要的油气出口国。加拿大油气资源丰富，但是政府非常重视用政策激励企业去开发本土的"低品位"资源。例如，将石油按油品性质分为重油（密度大于$0.9g/cm^3$）和非重油；按油田发现年代分为老油（1974年3月以前）、新油（1974年3月—1992年9月）和第三类油（1992年9月以后）来确定矿区使用费费率。易找易采的老油——非重油费率最高；难找难采的第三类油——重油费率最低（图5）。为了可持续发展，加拿大未雨绸缪，早在20世纪中叶即着手油砂油和稠油的开发。据加拿大国家能源委员会预计，到2015年，由这些"低品位"资源中生产的石油将占该国石油产量的一半。

荷兰是天然气生产大国和出口大国。本土有260多个气田。其中，格罗宁根气田是一个巨型气田，地质储量达$25000\times10^8m^3$，年产量可达800×10^8~

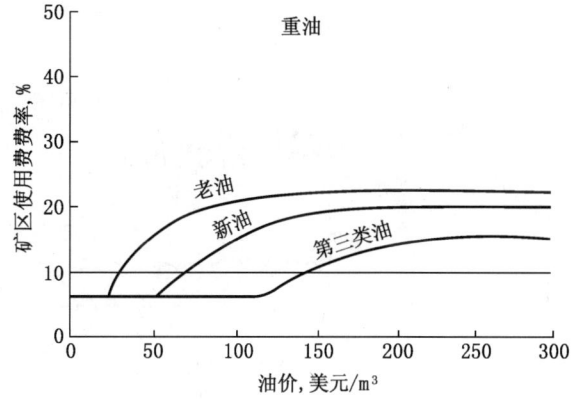

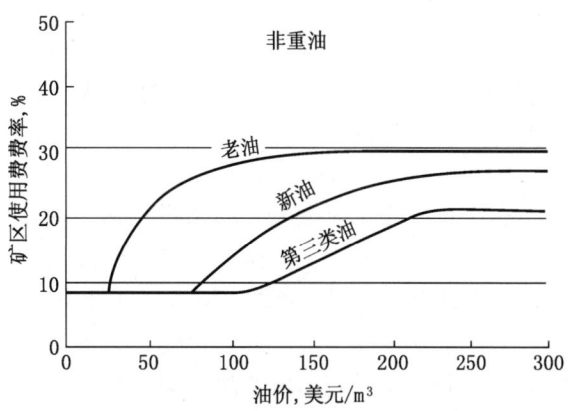

图5 矿区使用费费率与油品性质、发现年代关系（据郦君一，1995）

$900 \times 10^8 m^3$。20世纪70年代石油危机后,为了"避免在能源供应上对外国,尤其是政治上不稳定国家的依赖",荷兰实行了著名的"小气田政策",即运用政策"激励开采甚至是最小的边际气田",而将格罗宁根气田作为调峰气田,每年产量有意识压低一半(图6、图7)。

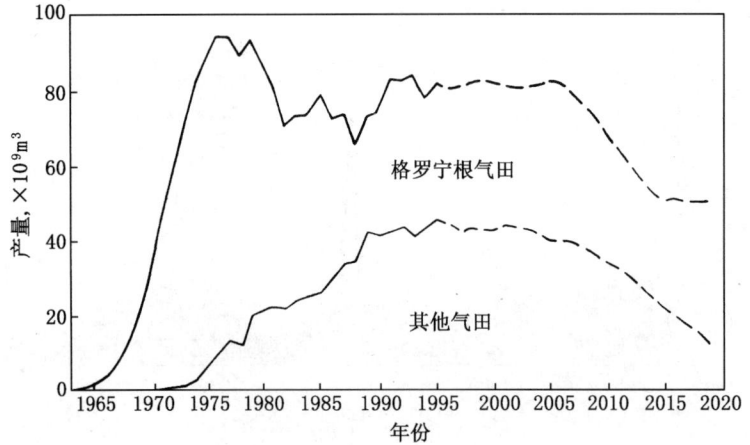

图6 荷兰天然气年产量曲线

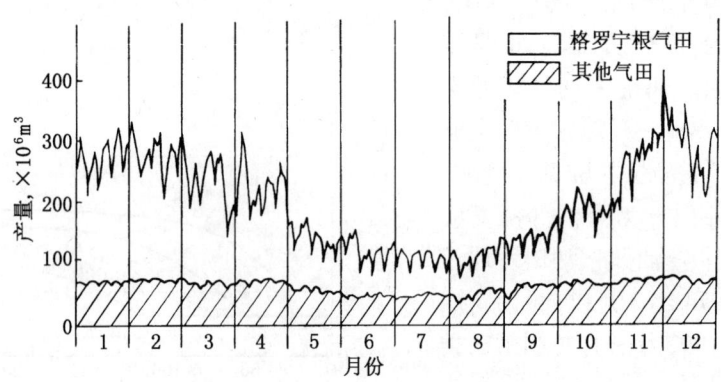

图7 格罗宁根气田被作为调峰气田

美国、加拿大、荷兰三国对本土"低品位"资源开发实践,至少说明:

(1) 政策支持,经营得法,开发"低品位"资源,不仅有社会效益,而且有经济效益,有利于可持续发展。

(2) 有利于国家能源安全。

美国是当今世界上唯一的超级大国。以其财力和武力,其所需的石油,完全可以百分之百取自海外。然而,美国并没有这样做。而是在不断扩大海外油源的同时,精心地开发本土资源,哪怕是"低品位"资源。

我国近几十年来经济发展很快,取得了令人瞩目的成就,但是,毕竟还是一个发展中国家。在制定保障石油供给战略的时候,美国等发达国家重视本土资源开发的做法值得借鉴。对我国而言,利用国内和国外两种资源,是相互联系,又并行不悖的两篇文章,都要锲而不舍才能做好。

美国开发本土石油资源的若干做法

自 1859 年宾夕法尼亚州打出第一口油井至今，美国石油工业的历史已经有 145 年。美国本土原油年产量 20 世纪 20 年代突破 1×10^8t 后，持续快速增长，1970 年达到年产近 5×10^8t 的高峰。之后，产量逐渐递减，目前在 3×10^8t 左右，居世界第三位，大体为我国同期产量的两倍。

据美国地质调查所（USGS）统计，截至 1995 年，美国本土累计生产原油 234×10^8t，剩余可采储量 43.8×10^8t，已知油田预测的扩展储量（Reserve growth）104×10^8t，待发现可采石油资源量 113×10^8t。以上合计，美国本土可采石油资源总量为 495×10^8t。换句话说，还有一半以上的石油资源等待开采和发现。

美国本土的石油地质条件并不特别优越，不能和著名的中东油区及俄罗斯西西伯利亚等油区相比。但是，140 多年持续不断地探索，采出了 200 多亿吨原油（和我国目前累计探明地质储量相当），在跨过产量高峰之后，仍然达到很高的生产水平。目前，地下还有一半多原油等待开采和发现的事实，对进一步认识我国的石油资源前景无疑将有启迪作用。在漫长的 140 多年历程里，美国本土石油业发展有过多次起伏，有成功也有失败。曾经多次出现过本土石油资源即将枯竭的预测。前事不忘，后事之师。认真地借鉴美国人的经验和教训，对我国石油勘探开发今后的发展无疑是有益的。

一、"多井低产"、长盛不衰

为了保持石油的稳产和上产，美国每年都要完成大量的钻井工作，油井数也随之大幅度的增长。年产油 1×10^8t 时，油井为 29×10^4 口；3×10^8t 时，为 47.5×10^4 口；5×10^8t 时，为 52.1×10^4 口；20 世纪最后 10 年，年产油量维持在 3×10^8t 左右，油井数在 55×10^4 ～ 61×10^4 口之间。

美国本土不同地区、不同时期曾出现过不少日产千吨以上的高产油井。但就全美总平均而言，单井平均日产油量很低，1945—2000 年期间，约为 1.5 ～ 2.5t。年产 5×10^8t 高峰时，达到 2.5t，其余年份单井平均日产量更低。其中，单井日产量小于 0.5t 的油井，井数占油井总数的 65% ～ 77% 之间，油产量占年产量的 12% ～ 22%（图 1、表 1 和表 2）。

以 1999 年为例，全美有日产量小于 0.5t 的油井 42.3×10^4 口，占油井总数的 76.3%；年产油 4293×10^4t，占年产量的 14.6%。从图 1 可以看出，20 世纪 70 年代以来历次石油危机，油价涨跌，对低产井的年产量并无明显影响。这个特点或许对平稳供油是有利的。

东内部油区是美国最早开发的油区之一。包括密执安盆地、伊利诺伊盆地和辛辛那提隆起，有利勘探面积约 80×10^4km^2。1884 年发现 Trenten 油田至今，已开发了 120 年。至 2002 年，累计产油 9.35×10^8t，1940 年最高年产量为 2440×10^4t。该区拥有油井

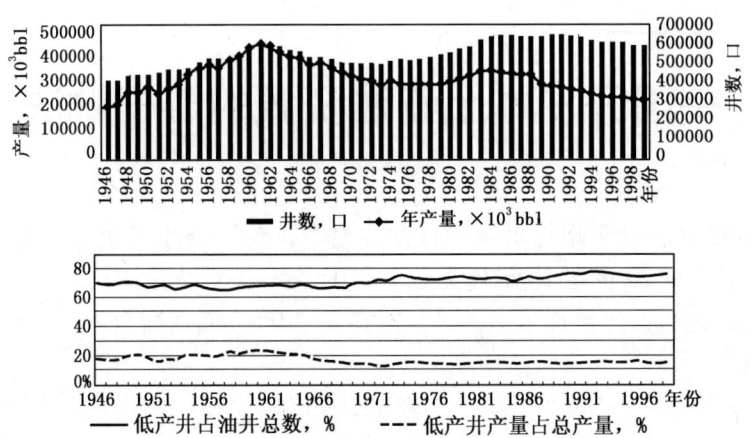

图1 美国低产油井及产量

$4 \times 10^4 \sim 5 \times 10^4$ 口，单井平均日产油 $0.99 \sim 0.23t$。1996—1999 年连续 4 年，单井平均日产油小于 $0.28t$（2bbl），然而全区年产油量仍达到 $370 \times 10^4 \sim 530 \times 10^4 t$（图2）。

表1 美国低产油井及产油量[①]

年份	低产井数口	年产量		单井平均日产量		低产井占油井总数，%	低产井产量占总产量，%
		$\times 10^3$bbl	$\times 10^4$t	bbl	t		
1946	291 979	282 972	3876	2.6	0.36	69.3	16.3
1947	294 672	279 659	3830	2.6	0.36	69.1	15.1
1948	310 892	352 899	4834	3.1	0.42	71.0	17.5
1949	313 970	350 871	4806	3.1	0.42	70.0	19.0
1950	321 287	375 551	5144	3.2	0.44	69.0	19.0
1951	320 689	341 241	4674	2.9	0.40	67.5	15.2
1952	332 058	374 175	5125	3.1	0.42	68.0	16.3
1953	332 552	383 947	5259	3.2	0.44	66.6	16.3
1954	340 276	432 496	5924	3.5	0.48	66.6	18.7
1955	357 931	463 702	6352	3.5	0.48	68.3	18.7
1956	370 489	485 637	6652	3.6	0.49	67.2	18.6
1957	372 519	474 919	6505	3.5	0.48	65.4	18.1
1958	373 870	511 842	7011	3.7	0.51	65.0	20.9
1959	392 535	533 470	7307	3.7	0.51	67.3	20.7
1960	403 323	574 151	7865	3.9	0.53	68.2	22.3
1961	406 102	591 911	8108	4.0	0.55	68.3	22.6
1962	406 056	581 845	7970	3.9	0.53	69.0	21.7
1963	401 031	555 130	7604	3.8	0.52	68.2	20.2
1964	394 107	534 567	7322	3.7	0.52	67.3	19.2
1965	398 299	527 739	7229	3.6	0.49	68.7	18.5

续表

年份	低产井数口	年产量		单井平均日产量		低产井占油井总数,%	低产井产量占总产量,%
		×10³bbl	×10⁴t	bbl	t		
1966	380 549	485 166	6646	3.5	0.48	66.6	16.0
1967	376 851	499 601	6843	3.6	0.49	66.5	15.5
1968	367 205	485 162	6646	3.6	0.49	67.0	14.6
1969	358 650	454 820	6230	3.5	0.48	66.7	13.5
1970	359 130	441 287	6045	3.4	0.47	69.4	12.5
1971	353 696	423 322	5798	3.3	0.45	69.0	12.3
1972	359 471	411 925	5642	3.1	0.42	71.4	11.9
1973	355 229	385 683	5283	3.0	0.41	71.0	11.5
1974	366 095	411 936	5643	3.1	0.42	74.1	12.9
1975	367 872	394 163	5399	2.9	0.40	73.9	12.9
1976	365 733	392 190	5372	2.9	0.40	72.7	13.2
1977	368 930	392 532	5377	2.9	0.40	72.6	13.0
1978	374 635	391 633	5364	2.9	0.40	72.6	12.3
1979	386 310	394 405	5402	2.8	0.38	73.3	12.5
1980	395 176	401 095	5494	2.8	0.38	73.5	12.7
1981	409 539	426 502	5842	2.8	0.38	72.9	13.6
1982	416 493	441 951	6054	2.9	0.40	71.8	13.9
1983	441 501	462 013	6328	2.9	0.40	73.2	14.6
1984	452 543	463 459	6348	2.8	0.38	72.9	14.3
1985	458 447	455 884	6245	2.7	0.37	70.9	13.9
1986	460 429	449 446	6156	2.7	0.37	73.2	14.2
1987	451 787	446 837	6121	2.7	0.37	72.7	14.7
1988	454 150	442 800	6065	2.7	0.37	72.4	14.9
1989	452 589	386 916	5300	2.3	0.32	75.0	13.9
1990	463 856	383 197	5249	2.3	0.32	77.0	14.3
1991	462 823	377 288	5168	2.2	0.30	75.6	13.9
1992	453 277	366 132	5015	2.2	0.30	77.9	14.0
1993	452 248	355 961	4876	2.2	0.30	77.6	14.1
1994	442 500	339 930	4656	2.1	0.29	77.8	14.0
1995	433 048	332 288	4551	2.1	0.29	75.6	13.9
1996	428 842	323 468	4431	2.1	0.29	74.7	14.9
1997	431 552	322 789	4421	2.1	0.29	75.2	15.0
1998	419 280	316 173	4031	2.1	0.29	75.8	13.9

续表

年份	低产井数口	年产量		单井平均日产量		低产井占油井总数，%	低产井产量占总产量，%
		×10³bbl	×10⁴t	bbl	t		
1999	422 730	313 372	4292	2.0	0.27	76.3	14.6

①资料来源：美国能源部、美国低产井协会、美国石油学会。
② 1t ≈ 7.3bbl。

表2 美国低产气井情况①

年份	低产气井数口	低产气井产量		单井平均日产量		低产井产量占总产量，%
		Mcf②	×10⁸m³	Mcf	m³	
1993	160 581	1 026 238 697	363	17.5	618	5.4
1994	159 369	940 420 777	332	16.2	572	4.8
1995	159 669	925 563 034	327	15.9	561	4.7
1996	168 702	986 676 219	349	16.0	565	5.0
1997	175 106	1 001 363 002	354	15.7	554	5.0
1998	191 805	1 088 823 975	385	15.6	551	5.5

①资料来源：美国能源部、美国低产井协会、美国石油学会。
② Mcf（千立方英尺）≈ 28.3m³。

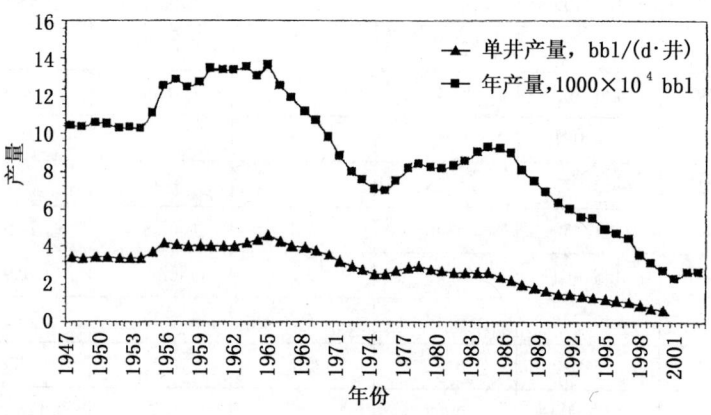

图2 美国东内部盆地原油年产量和单井日产量曲线

美国本土形成"多井低产"状态的主要原因有两个。

（1）高产富集储量的比例不大。

截至1988年底，美国本土共发现油气田45558个。其中，1960年前发现的为500个，石油探明储量占全美国探明储量的81%。

据兰德公司R.Nehring（1976）统计分析，在美国，91.3%的石油储量集中分布在18个含油气省中。在这些省中，AAAA级（可采储量大于$5×10^8$bbl，即大于$6850×10^4$t）的特大型、大型油田的储量仅占总储量的43%。其中，普鲁德霍湾、东得克萨斯、威明登、耶茨等10个最大的油田，共有石油储量$41.5×10^8$t，仅占全美国石油储量的20.1%。

（2）长期开采，尤其是早期"掠夺式开采"，油井产量迅速递减，低产井大量出现。

东得克萨斯油田是美国第二大油田，含油面积560km²，地质储量$9×10^8$～$10.4×10^8$t，可采储量$7.6×10^8$t，是白垩系乌德拜砂岩向东面萨宾隆起上倾而形成的巨大的地层圈闭油田（图3）。

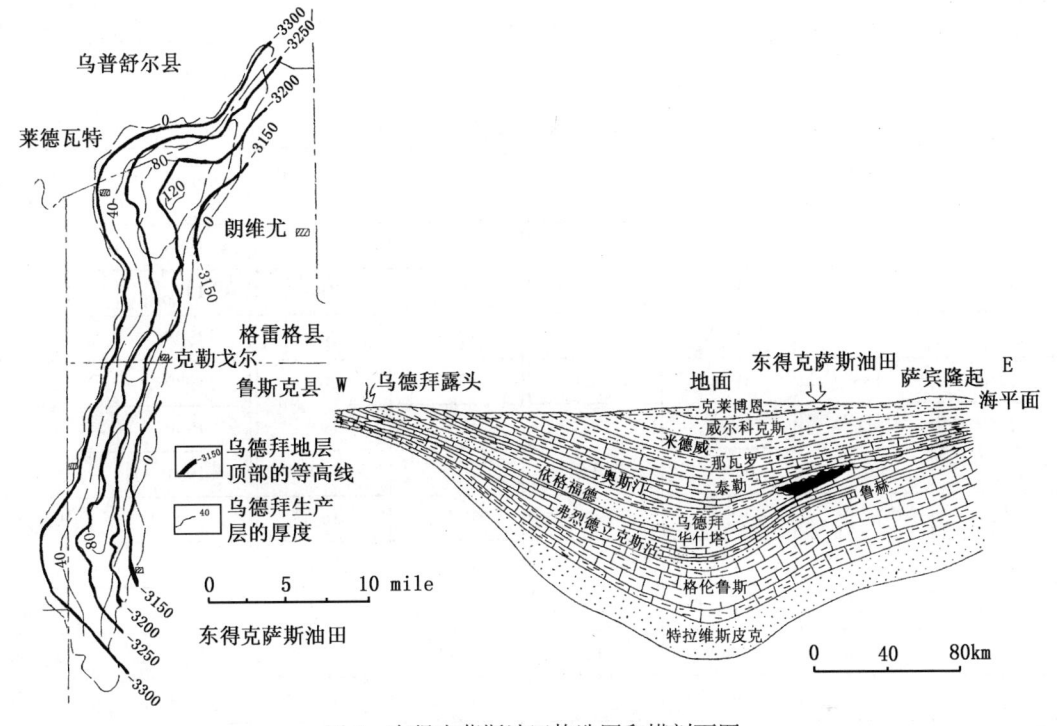

图3 东得克萨斯油田构造图和横剖面图

东得克萨斯油田是一个得天独厚的油田：油层物性好，孔隙度25%，渗透率1000～4000mD❶。原油性质好，油层条件下黏度仅0.93cP❷。能量充足，60%含油范围内有底水。储层属混合润湿性类型，水驱后剩余油饱和度可以小于10%。油层埋藏浅，为1100～1200m。

油田于1930年9月发现，发现井日产油41t；头3口评价井日产油在411～2900t，是一个高产大油田。油田发现后，大小油公司一拥而上，1931年为400多家，当年油井3612口，单井平均日产量为11.1t；1932年为1715家，油井为9372口，单井平均日产量下降到4.7t；1934年为产量高峰，年产油$2450×10^4$t，油井为15507口，单井平均日产量为4.3t。1940年油井最多达25921口，自此往后，单井平均日产量下降到2t以下。至1968年全油田累计打井30987口。有人事后分析，认为就该油田优越的石油地质条件，合理井网为400m×400m，即有3500口油井就行了，换句话说多了27000口井。不过密井网（大体为40m×50m）有利于消灭"死油区"，加上油田1939年即开始注水，以及后期的严格管理，因而，最终采收率依然高达78%～82%。

---

❶ $1mD=0.987×10^{-3}μm^2$。

❷ $1cP=1mPa·s$。

二叠盆地是美国最重要的油气生产区之一，1973年原油年产量曾达到1×10^8t的高峰。盆地里有耶茨、瓦松等高产大油田，1929年耶茨30号井曾获得过日产30000m³的高产油流；同时也有像斯普拉贝里那样的"低品位"大油田，已探明含油面积4000km²，地质储量$7.5\times10^8\sim10\times10^8$t，储层孔隙度7%~19%，渗透率小于1mD。据不完全统计，1947—1997年期间，全盆地平均单井日产量很低，1948年最高，为22.4bbl（3t），1997年降至8.4bbl（1.1t），详见表3、图4。

表3 二叠盆地单井平均日产量表

年份	单井日产量 bbl/d	年份	单井日产量 bbl/d	年份	单井日产量 bbl/d	年份	单井日产量 bbl/d
1947	21.1	1960	13.3	1973	21.7	1986	11.4
1948	22.4	1961	13.2	1974	21.7	1987	10.9
1949	17.5	1962	13.1	1975	20.9	1988	10.5
1950	18.3	1963	13.5	1976	20.2	1989	10.5
1951	21	1964	13.6	1977	19.2	1990	10.2
1952	20.4	1965	13.8	1978	17.8	1991	10.1
1953	19.7	1966	23	1979	16.6	1992	9.9
1954	18	1967	15.8	1980	10.5	1993	9.7
1955	18.4	1968	16.3	1981	14.3	1994	9.5
1956	17.9	1969	17	1982	13.5	1995	8.8
1957	16.1	1970	19	1983	12.6	1996	8.5
1958	13.6	1971	19.2	1984	12.1	1997	8.4
1959	14.1	1972	20.9	1985	11.6	—	—

（据API Basic Petroleum Data Book，1999）

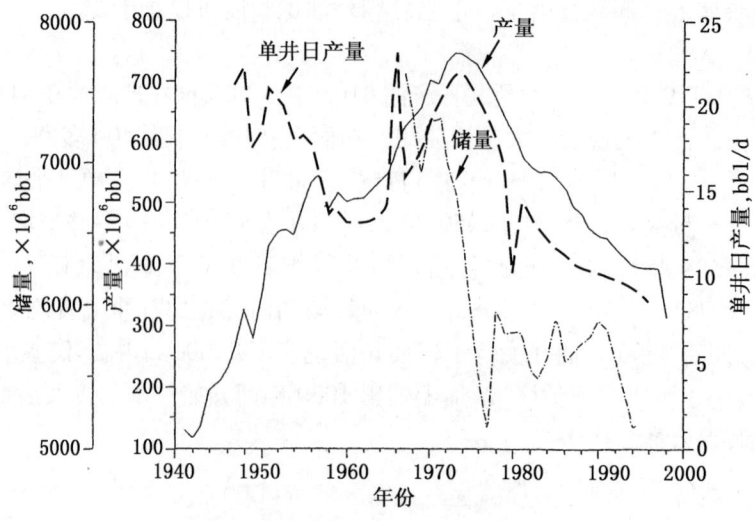

图4 二叠盆地单井日产量、储量、产量曲线
（据王秉海等，1989）

纵观美国本土开发石油历史，年产原油达到 1×10^8t 以上水平的时间已经超过 80 多年，目前年产量仍然约占世界原油年产量的十分之一。美国称得上是一个"长盛不衰"的石油生产大国，然而，它又是一个建立在"低品位"石油资源和低产井基础上的石油大国。

二、重视开发"低品位"石油资源

石油上游业是一个高风险的行业，开发"低品位"石油资源投资回报率通常偏小。为了激励人们去开发石油资源，尤其是那些在本土占有巨大数量的"低品位"石油资源，美国采取了或者曾经采取过若干行之有效的措施。

1. 新油、重油，低税费率

自然界中，石油的数量和质量的分布是不均匀的。一个盆地，或一个油气区，或一个国家随着油气开发工作的进展，剩余储量中"低品位"储量的比重将日渐加大，工作难度也相应增加。为了激励人们持续不断地去开发石油资源，美国将 1978 年以后发现的石油称为"新油"，将密度大于 0.959（即小于 API 16°）的原油称为"重油"。对于"新油"或"重油"征收的相关税费实行减免。例如暴利税，"新油"和"重油"均可以由 70% 的税率减到 30%；再如特惠税（Privilege Tax）税率，以阿拉巴马州为例，1984 年以后打的井，自开始生产后 5 年，为 6%；1996 年以后打的井，自开始生产后 5 年，为 4%。

2. 二次、三次采油，低税费率并可获取信贷

《美国内政部土地管理局油气条例》（以下简称《油气条例》），§3133 规定："二次或三次采油（气）方法促使租赁地增产"，（内政）部长可将矿区使用费降低或免除。

1990 年的《税收调整条例》（Revenue Reconciliation Act）：提高采收率信贷可相当于其费用的 15%。

《能源法规》（Energy Regulations）规定：凡 1979 年 5 月以后实施的三次采油项目，使有关油田产量得到合理的提高，其增产部分的暴利税率减为 30%。三次采油所使用的一些高新技术，联邦政府允许其在上交所得税前进行扣减。

阿拉巴马州规定，超过核定采收率的产量，采掘税率由 8% 减至 4%。

1994 年美联邦政府在国内税收法第 43 款规定：为提高石油采收率提供税收信贷，数量为提高采收率费用的 15%。

3. 低产井，低税费率

美国州际石油天然气协调委员会（IOGCC）认定：凡日产原油低于 10bbl（约合 1.4t），日产天然气低于 6×10^4ft^3（约合 1680m^3）的井，为低产油（气）井。

据 1976 年 6 月《能源法规》：1972 年 12 月 31 日以后，任何一连续 12 个月的期间内，在矿区内平均每口井的日产原油量不超过 10bbl 的（不包括非伴生的凝析油），为低产井矿区。一旦确定该区为低产井矿区，即使将来产量增加，其低产井矿区状态也不改变。低产井矿区内油井的生产，可享受各种有关的优惠。

《油气条例》将低产油井定义为：在产油期内平均日产量小于 15bbl 的油井。并对其实行滑动矿区使用费费率，即产量高，费率高；产量低，费率低。计算公式为：矿区使用费费率（%）=0.5+（0.8× 平均日产量）。《油气条例》还规定自 1992 年 10 月 1 日起，内政部长可减少或放弃低产井的矿区使用费。

4. 耗减百分比津贴（Percentage Depletion Allowance）

耗减百分比津贴是美国政府意识到找油的风险性和油田生产的递减必然性而给予的一项优惠措施。它允许投资者将油田视为固定资产，按一定的油气销售收入比例进行耗减，直至耗减数额等于找油成本时为止。

5. 无形钻井、开发费用（Intangible Drilling and Development Cost）扣减

无形钻井、开发费用，是指与地震、钻井有关的工资、材料、燃料等费用。勘探获得成功，其约占全部勘探投资的 70%；勘探失败，其相当全部投资额。

美国政府规定，无论勘探是否成功，投资者都有权在税前进行该项费用的扣减。这项规定，推迟了向国家缴纳所得税的时间，加快了风险勘探投资的回收，促进投资者将回收的资金再次投入勘探。

1990 年的《税收调整条例》：对独立油气生产商的探井无形费用减少 75%，非探井无形费用减少 15%，采竭边缘资产减少 50%。

三、扶持小油气公司

小油气公司（美称为独立油气生产商，即 Independent，是指平均每天生产原油在 1000bbl 以下，其销售收入每季不超过 $125×10^4$ 美元；同时，不参与超过每天 $5×10^4$bbl 的炼油活动的公司）在美国本土油气开发中扮演着极其重要的角色。据美国独立石油协会（IPAA）2004 年资料，目前美国的小油气公司多达 7000 余家。2001 年《美国国家能源报告》中说，美国本土 50% 左右的原油产量，60% 左右天然气产量来自小油气公司。因而，美国政府历来重视并积极扶持小油气公司。

1. 资源开放

《油气条例》§3102 关于承租人资格的规定是：只有美国公民，以及这类公民的公司，按美国或任何州、地区法律创办的公司和市政当局可以获得和拥有（土地）租赁权益。

美国是奉行"土地权主义"的国家，获得了土地租赁权益，也就获得了附属该土地的矿产资源的勘探开采权益。《油气条例》前述规定表明了，只要是美国公民，以及美国公民依法组成的公司（无论公司大小），都可以依法取得油气勘探开发许可。

《油气条例》§3101 规定：个人或实体不得同时在一个州获得 246080acre（合 1000km^2）以上的联邦油气租借地。此项关于公有地租让面积的限制，有利于小油气公司的生存和发展。

另外，在美国，小油气公司可以在储量市场里自由地购买或销售油气储量。

2. 资料共享

《油气条例》§3163规定，所有资料"均可公开，在办公时间里审阅或复制"。涉及商业机密以及地图、地质材料和数据，未经作业者同意，在12个月内不得公开；之后，作业者还可以请求再保密12个月。但是，"租让合同终止后，不论是否在保密有效期内"，前述资料均将予以公开。

此项规定，有利于小油气公司低成本获得和利用前人积累的地质和技术资料。

3. 资金支持

美国商务部设有 5×10^8 美元的专款，为小油气公司作贷款担保。最高额度一次可申请 1000×10^4 美元。

4. 技术指导

美国地质调查所（USGS）定期进行全国油气资源评价，指明待发现油气资源的分布区域，1995年以后更具体指明分布在哪些区带（Play）里。该项成果公开发表，有利于小油气公司选择工作区块。

20世纪90年代，石油界及政府的能源专家们认识到了石油上游领域转让先进技术的重要性。在1994年组建了一个国内非营利性的机构——石油技术转让委员会（PTTC），负责向独立石油公司转让先进技术。该机构设有国内总部及10个区域领导组织，在区域生产顾问组的指导下，负责技术培训班、资料中心、新闻发布及其他工作：

（1）PTTC于1999年出版了石油技术文摘（PTD），随《世界石油》杂志发送给独立生产商，读者达到1万人。1999年并根据14个技术培训班的信息，出版了《在油气田中解决问题》，很受欢迎。

（2）PTTC每季度出版的新闻公报有7000读者，其中2/3是从事勘探和开发的。

（3）PTTC于1998年开始发行技术转让的光盘，最初收成本费，后实行免费。

（4）在2000年财政年度PTTC各地区共举行148个培训班，参加人数达6020人次。据调查，有1/3的人已使用了学来的新技术，有一半的人对有关新技术已能加以评述。

（5）PTTC在与很多学术机构联系的同时，与AAPG，SEC和SPE的联系特别紧密，他们在技术和培训上，给予了很大帮助。

自1995年起，能源部承担了对小油气公司的技术支持。能源部国家石油研究项目中"通过独立石油生产商的应用研究以取得石油技术进展"（Petroleum technology advances through applied research by independent oil producers）是1995年至1998年间筛选出的22个与小石油生产商共同分担费用的子项目。其目的是想让小石油生产商直接或间接地参与他们感兴趣的国家所关注的4项领域。它们是：

（1）延长储层生产期；

（2）增加产量或储量；

（3）改善环境条件；

（4）拓宽技术信息交换。

至今已在 19 个州，开展了 57 个技术合作项目，能源部与小油气公司分担风险和费用。例如：

（1）在得克萨斯州已经大片地震测量区域内，补做少量地震后，连片处理和解释。费用 40×10^4 美元，能源部出 9×10^4 美元。

（2）在加利福尼亚州发展套管井测井技术。费用 20×10^4 美元，能源部出一半。

（3）在怀俄明州进行钙表面活性剂聚合物驱油试验。费用 20×10^4 美元，能源部出一半。

（4）为抽油机安装微透平机试验。费用 20×10^4 美元，能源部出一半。

此外，完善的技术市场（遍布美国大大小小的咨询公司和技术服务公司）以及完善的营销网络也有利于小油气公司生存和发展。

5. 税费优惠

在美国，联邦政府和州政府给予了小油气公司各式各样的税费优惠。例如：

联邦政府规定，日产油 1000bbl 以下的公司，可获得产量 15% 的耗减减免。无形钻井、开发费用扣减，大公司为 30%，中小公司为 40%。

普通类型的原油，其暴利税率为其暴利收入的 70%，但如为独立生产商生产的油，则为 50%。低产井矿区生产的油，暴利税率为 60%，但如为独立生产商生产的油，则为 30%。

州政府规定（以阿拉巴马州为例），闲置油田重新恢复生产时，凡从停产油层中产出的原油，免征采掘税。连续停产 12 个月的井恢复生产，免征 10 年采掘税等等。

四、从乱到治，严格管理

美国本土石油开发史，是一部从乱到治的历史。大体以 1933 年美国国会赋予总统有禁止"热油"（Hot oil，指非法生产的原油）进入州际市场的权力；总统授予内政部长有规定每州每月原油生产配额权力为分水岭。前 70 年，处于"掠夺式开采"的无政府状态。每每随着一处油气田的发现，大小公司蜂拥而上，掀起一股"石油潮"，原油产量飞速增长，原油价格急剧下跌，给经济生活带来一片狼藉。这样的"石油潮"先后在宾夕法尼亚州、加利福尼亚州、俄克拉何马州和得克萨斯州都发生过。"石油潮"期间，油井密集到钻机井架大腿相互交叉的程度；每桶原油的价格可以由往日的数美元，猛跌至 2~3 美分，有时还不如一杯水（5 美分）值钱！无序的恶性竞争，导致杀人和炸毁输油管的案件频频发生，法治和社会安定都濒临崩溃。1931 年，俄克拉何马州不得不宣布进入"紧急状态"，相邻的得克萨斯州则宣布处于"叛乱状态"，实行军事管制。一次次痛苦的教训，多数人终于认识到对油气资源的乱开滥采，既不符合国家利益，也不符合个人利益，因而支持政府采取强有力的管理措施。后 70 年，是美国依法治矿逐步走向完善的时期。今天，美国对本土的石油上游业管理是严格有效的。

从现行的《油气条例》中不难看出其管理的重点是：

（1）实行勘探开发许可制度，按区块管理。使石油资源得到及时、有序的开发。矿区土地分竞争性租赁（Competitive Leasing），租期 5 年；非竞争性租赁（Non Competitive Leasing）

两种。后者是为了促进开发评价较差的矿区，简化程序，同时将租期延长至 10 年。

(2) 有效地利用资源，保持较高的采收率。包括按核准的井距布井，直井井底间距不得小于 200ft ❶，按核准的产量计划生产，要求保持地层压力条件下生产，鼓励二次、三次采油和采取其他提高采收率措施等等。

由于作业者失误，或者未遵守有关规定、指令，造成油气损失和浪费的，造成环境污染的，作业者要承担责任。

(3) 协调各方面的利益。批准井位采用公开审查制度。作业过程中要求保证安全、保护环境和地下水源。废弃井要经过批准，实行井下封堵，地表复原和设立明显标志。总之，作业者要在保证安全，在浪费最小，在对其他矿产资源影响最小的情况下，得到油气开发的最大效益。

采用补偿井，或赔偿权利金（Compensatory Royalty）防止"盗采"，维护同一油田不同业主的合法权益。

(4) 强有力监督检查，保障各项要求的落实。

规定了详尽的报表和报告制度。设立了定期检查和随机抽查制度。检查的重点是油气产量高的单位，或有过违规违法活动的单位，每年至少检查一次。检查不事先通知，随时进行。

现场监督分为：①钻井监督，偏重安全与环境保护；②生产监督，防止"盗采"，防止资源浪费，防止污染；③产量测定，保证计量准确；④弃井监督，保护地下水源，其他矿产资源和恢复矿区地表。

内政部土地管理局（BLM），1992 年有专职现场监督人员 116 名，负责两万多个矿区，5 万多口生产井，每年一两千口新井，四五百口废弃井的监督检查工作。另外，联邦海域的石油开发活动由内政部矿管局（MMS）负责管理。

五、形成有美国特色做法的原因

形成美国本土上游业种种有特色的做法的原因很多，有历史的，有现实的；有自然因素，也有社会因素。但是，至少下列三点因素是不能忽视的。

1. 国家能源安全

2001 年切尼副总统主持起草的《美国国家能源报告》认为：对进口石油的依赖是一个严重的长期挑战，使美国经济极易受到破坏。加重依赖是能源政策上的失误。为此，要增加国内石油产量，措施是：(1) 扩大勘探；(2) 重视开发低品位资源，扶持小的油气生产商；(3) 提高采收率；(4) 推广先进技术；(5) 修改束缚勘探开发的法律法规。

2. 宏观经济效益和社会效益

1998 年，当油价为 11.5 美元 /bbl，处于最低谷时，美国州际石油天然气协调委员

---

❶　1ft=0.3048m。

会（IOGCC）曾做过分析研究，认为：如果因油、气价太低，而将 41.3×10^4 口低产油井，19.2×10^4 口低产气井全部关闭，美国本土将少产原油 4328×10^4 t，天然气 $385 \times 10^8 m^3$。产值将减少 93×10^8 美元，并且将减少 54431 个工作岗位。实际上正因为如此，在最低油、气价时，美国低产油、气井在政策扶持下仍然能继续生产。

3."众人拾柴火焰高"的开发理念

美国石油地质家协会（AAPG）第四任主席普拉特（W.E.Pratt），享年 97 岁，被誉为"历尽沧桑的老人"。在亲身经历了美国石油工业关键发展阶段后，1952 年发表了题为《找油的哲学》著名文章。文中普拉特回顾了一些美国最著名的石油专家一次又一次预测美国本土石油资源即将枯竭的预言，同时也讲述了"美国拥有的全部石油资源，放在整个地球上看是微乎其微的，但采出的石油却相当全世界消费量三分之二"的事实，深有感触地认为："人们的精神状态可成为探索石油的难以克服的阻力"。那些著名专家所以做出错误的预言，是因为他们"明白的东西太多了，忽视的东西也太多了"，"在尽人皆知的事实中作茧自缚，不敢越过雷池一步"。普拉特认为在石油地质条件并不是最优越的美国，能够生产出比世界其他地方多得多的石油的原因是：从石油工业兴起之日开始，美国的石油勘探开发，是由千百个独立自主公司，成千上万的单干户苦心经营的。每个人都有自己的思想和理论，认为哪里能找到油，就到哪里去打井。如果有了发现，就将获得他对社会贡献大小相应的报酬。这个信念鼓舞着每一个人不懈地勘探。有成千上万口井是钻在有人认为的"贫油区"。年复一年，"贫油区"不断发现油田，最终探井遍布美国大陆，使得发现了多得连任何人做梦都想象不到的大批油田。

普拉特讲述了历史事实，也揭示了油气勘探开发工作的真谛。油气是流体矿物，它们的矿藏是在运移中生成，并仍然处于运动中。除了少数石油地质条件特别优越的地区，形成了巨型或大型油气田外，更多的油气是在各种不同的条件下保存下来，形成多种多样、大小不等的油气藏。要找到它们并将其采出来，是一个漫长的实践—认识—再实践—再认识的过程，只有坚持实践才能不断发展。已经取得的认识有助于今后实践，但不能代替今后的实践。以阶段取得的认识当作"终极真理"，就会犯以偏概全的错误。群众性的探采活动，恰恰是修正专家们认识局限性的最佳良药。

"众人拾柴火焰高"开发信念是这样地深入美国石油业的人心，以至于 20 世纪 80 年代初，美国地质调查所代表团访问中国的时候，该团著名的石油专家 C. 马斯特斯就曾经这样建议：中国如能形成一种机制，让更多的地质家、工程师有机会发表找油气田的看法，而且获得实践的机会，中国的石油勘探一定会获得更多的成果。

参 考 文 献

1. Halbauty M T.Relationships between East Texas Field Region and Sabine Uplift in Texas [J]．AAPG Bulletin, 1982, 68（8）：1042-1054
2. 丹尼尔·尤金，薛绚译．石油世纪 [M]．台北：时报文化出版企业有限公司, 1991
3. 大庆编写组．国外砂岩油田开发 [M]．哈尔滨：黑龙江科学技术出版社, 1984
4. 胡文海，等．美国油气田分布规律和勘探经验 [M]．北京：石油工业出版社,

1995

5. Eaton G P.National Assessment of United States Oil and Gas Resources [C] . USGS Circular.1995

6. Dolton G L.Estimates of Undiscovered Recoverable Conventional Resources of Oil and Gas in the United States [C] . USGS Circular.1982

7. Lands K K.Petroleum Geology of the United States [M] . New York, John Wiley & Sons.Inc.1970

中国"低品位"石油储量—资源开发现状与前景

我国经济持续高速增长，对石油的需求迅猛增加，供需矛盾日益尖锐。2003年原油进口量已突破$9000×10^4$t，能源安全问题严峻地呈现在人们面前。但是，另一方面，我国已经探明的石油储量中，大体有五分之一尚未动用。这些储量大部分属于所谓的"低品位"储量。因而，能否经济有效地利用这些储量，增加石油产量，就成为能源可持续发展战略研究的重要组成部分。

我国"低品位"石油储量—资源，主要包括：（1）储存在低渗透油层中的储量—资源；（2）重油、稠油储量—资源。按照约定俗成的标准，在我国通常将渗透率小于50mD的油层称为"低渗透油层"；将密度大于$0.934g/cm^3$的原油称为"重油"；将油层条件下黏度大于50cP的原油称为"稠油"。

一、"低品位"石油储量和产量

截至2003年底，我国累计探明石油地质储量中，"低品位"储量占50.9%。由两部分组成：

（1）低渗透油层，储量$72.3×10^8$t，占全国探明储量30.9%。2003年动用$35.2×10^8$t，产油$3212×10^4$t，占全国同期原油产量的18.9%。

（2）重油，储量$46.7×10^8$t，占全国探明储量20%。重油中有部分稠油需要使用热采等特殊工艺才能开采，2003年热采稠油储量动用$9.6×10^8$t，原油产量$1220×10^4$t，占全国同期产量7.2%。

上述数字中，有两点是引人注目的：一是"低品位"储量形成的原油产量为$4432×10^4$t，占全国同期原油产量的26%，如果加上海域非热采稠油，所占比例将更大。二是"低品位"储量还有40多亿吨未动用。

二、经营得法，效益可观

"低品位"储量未得到充分动用的原因大体有两个：（1）开采技术要求更高；（2）和大庆长垣、胜坨、任丘等著名大油田的储量相比，经济效益较低。但是，经过长庆油田分公司、延长油矿、辽河油田分公司、大庆油田责任有限公司和吉林油田分公司等单位锲而不舍地努力，情况正在发生可喜的变化。他们的实践证明，随着科技进步，可进行工业化开采的储量越来越多。只要经营得法，经济效益依然可观。

1. 长庆油田分公司

这是中国石油天然气股份有限公司下属的一家分公司，工区在鄂尔多斯盆地。截至2002年底，累计探明石油储量 10.7×10^8 t，含油面积 2144 km²，储量丰度很低，为 49.9×10^4 t/km²，80%属于低渗透油层储量。油层物性差，主力层长6，渗透率为 1.6～2.6 mD；原油性质也不特别好，地下原油黏度为 1.97～3.03 cP；因而流度小，在 0.8～0.86 mD/cP 之间（表1）。

过去"井井有油、井井不流"无法开采。经过不断的探索攻关，依靠科学技术、依靠科学管理，已动用储量 70743×10^4 t，其中中低渗透和特低渗透层储量占92%（图1）。并且取得比较好的开采效果，三叠系延长统油层的采油速度达到了0.88%，平均单井日产量也达到了2.7t（表2）。近年来长庆油田分公司原油年产量迅速增长（图2）。而且取得了比较好的经济效益。

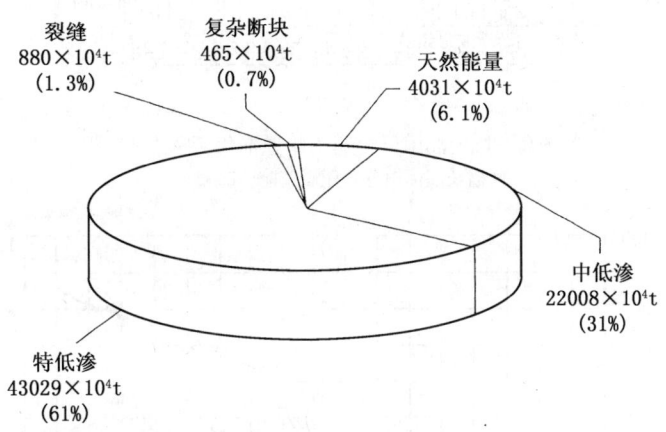

图1 长庆油田分公司动用储量分类（统计至2002年底）
（据长庆油田分公司研究院，2002年）

表1 三叠系延长统主力油层渗透率、地下原油黏度、流度数据表

层 位	渗透率 mD	地下原油黏度 cP	流度 mD/cP
长1–5上部	13～42	2～8	6.5～5.3
长1–5下部	2～6	1～2	2～3
长6	1.6～2.6	1.97～3.03	0.8～0.86

表2 长庆油田分公司原油生产状况表（截至2002年12月）

层位	动用储量 $\times 10^8$ t	年产量 $\times 10^4$ t	采油速度 %	油井数 口	单井日产 t	单井储量 $\times 10^4$ t
J	2.38	199.5	0.84	1504	3.84	15.8
T	4.68	410.5	0.88	4791	2.7	9.8
小计	7.06	610	0.86	6295	2.7	11.2

目前，长庆油田分公司尚有未动用储量 3.53×10^8 t，他们认为：从技术上讲这些储量几乎全部可以动用，可动用的 3.35×10^8 t 中，三叠系储量为 3.26×10^8 t，侏罗系储量为 0.09×10^8 t。从经济上讲，油价高于18美元/bbl即可动用，油价28美元/bbl，未动用储量

的80%均值得开采（图3）。

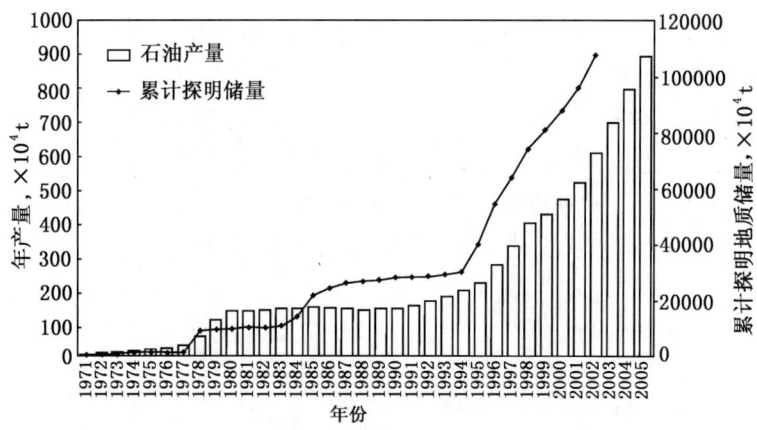

图2　长庆油田分公司历年原油年产量直方图
（据长庆油田分公司研究院，2002年）

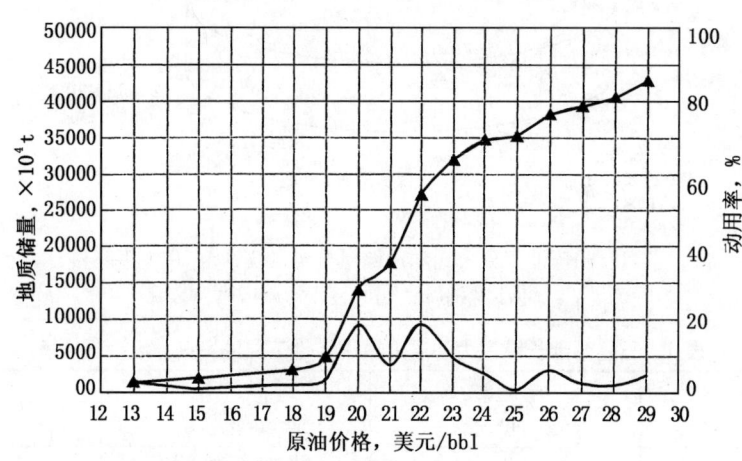

图3　原油价格与可动用储量关系图
（据长庆油田分公司研究院开发室）

当前国际油价高达30美元/bbl以上，然而长庆油田分公司与中国石油天然气股份有限公司结算价仅为18美元/bbl。因此要进一步动用"低品位"储量，首先要理顺各方面的利益分配问题。

2002年长庆油田分公司工业生产全员劳动生产率高达$69.48×10^4$元/（人·年），在中国石油天然气股份有限公司所属的13家油公司中名列第三位。

2. 延长油矿

这是一家陕西地方国有企业，也是我国大陆最古老的一家石油企业。至2007年，延长油矿将整整经历100年的开发石油历程。油矿位于鄂尔多斯盆地东部，累计探明石油储量$3.4×10^8$t，全部为低渗透油层储量。其条件比同盆地长庆油田分公司工区的更差、更困难，平均单井日产量在0.1t以下。由于这个原因，延长油矿由中央下放给陕西省，陕西省又下放给延安地区管理。自20世纪80年代起，根据周恩来总理生前扶持老区发展经济的指示精神，国家和陕西省对其实行了"以油养油、采炼结合、滚动发展"方针，当时的石油工业部在技术经济上给予了大力支持。通过油矿几代石油人艰苦创业，不断探索，因地制宜开发低渗透储量，不但油矿得到迅速发展，而且推动了我国"低品位"石油储量的开发利用。

2003年，油矿动用储量$2.5×10^8$t，年产原油$230×10^4$t。利润大幅度增长，1980年为$280×10^4$元，2002年为$3.5×10^8$元。由于我国大油公司所采用的工艺技术，"在这里几乎都在应用、试验和跟踪"，因而开采的技术水平也在不断提高——平均单井日产量1980年为0.14t，2002年提高到0.52t，几乎是前者的4倍；年采油速度达到0.95%，和常规砂岩油田的采油速度差距日趋缩小。

2003年，长庆油田分公司生产原油$702×10^4$t，延长油矿生产原油$230×10^4$t，加上延安地区和榆林地区14个县属钻采公司生产原油$323×10^4$t，整个鄂尔多斯盆地原油产量达到$1255×10^4$t，成为继松辽盆地、渤海湾盆地之后，我国陆上第三大油区。鄂尔多斯盆地的实践有力地表明，努力开发"低品位"石油资源，有利于解决国家能源安全问题。

3. 辽河油田分公司

这是中国石油天然气股份有限公司下属的分公司。主要工区位于渤海湾盆地北部的辽河坳陷里。储量和产量中稠油占极大的比重。

2002年底累计探明石油储量$21.4×10^8$t，其中，稠油储量$10.3×10^8$t，占48.1%。当年生产原油$1351×10^4$t，其中，稠油产量$946.5×10^4$t，占70.1%。

尽管该油田分公司拥有的储量品位是比较低的，但是由于技术使用得当，经营得法，经济效益依然不错。2002年辽河油田分公司工业生产全员劳动生产率为$39.7×10^4$元/（人·年）。在中国石油天然气股份有限公司13个油田公司中，名列第6位。

4. 大庆油田责任有限公司和吉林油田分公司

这两个油田公司的工区分别位于松辽盆地的北部和南部，"低品位"石油大体分为两部分：

（1）低渗透油层储量，主要分布于大庆长垣四周。至2002年底，累计探明$20.5×10^8$t，动用$9.6×10^8$t，年产油$860×10^4$t（其中，大庆油田责任有限公司$428×10^4$t，吉林油田分公司$432×10^4$t），占全盆地年产量$5444×10^4$t的15.8%。与著名的新疆准噶尔盆地相比，勘探开发效益相近（表3）。从我国石油工业发展的全局来看，准噶尔盆地的勘探毫无疑问要继续加强；同样，松辽盆地的勘探也绝对没有理由放松。

表3 松辽盆地（"低品位"储量）与准噶尔盆地勘探效益对比表

盆地	探明储量 $×10^8$t	年产油量 $×10^4$t	二维地震 km	三维地震 km^2	探井口	勘探效益	
						$×10^4$t/口	t/m
松辽	64.6（低品位20.2）	5669（804）	154417	4113	3590	154（56.2）	1184（370）
准噶尔	17.6	911	147000	19428	2448	71.9	379

注：2000年底统计数据。松辽盆地"低品位"资源勘探效益，以盆地全部地震、探井工作量为分母计算。

吉林油田分公司绝大部分原油产自"低品位"储量，然而，2002年该公司工业生产全员劳动生产率高达 24.6×10^4 元/（人·年）。

（2）稠油，主要分布在松辽盆地的西部斜坡上。已发现套保、富拉尔基和平洋等3个油田，探明储量 $3807 \times 10^4 t$。

由于套保油田稠油带砂冷采工艺试验成功，以及盆地西缘图牧吉油砂露头的发现，使松辽盆地最西侧，将近 $1 \times 10^4 km^2$ 的广大区域内，成为现实的油气勘探开发战场。

随着勘探开发工作的深入，人们日渐认识到，用开发大庆长垣那样的大油田、高产油田的经营管理模式，去开发"低品位"石油储量，显然是不合适的，经济上也是行不通的。近年来无论是大庆油田责任有限公司还是吉林油田分公司都在积极探索利用多种所有制相结合的小油公司去更有效地开发利用"低品位"石油储量，目前已经初步见到了较好的效果。

2003年松辽盆地里共有44家小油公司，分三类：（1）中外合作3家；（2）国内合作21家；（3）国内合资20家。

经调查，初步结论是：

（1）小油公司动用的储量，绝大部分确系"低品位"储量。

（2）2002年小油公司总计生产原油 $233 \times 10^4 t$，占全盆地"低品位"油层年产量的27%。

（3）上交了可观的税费，2002年为 3.5×10^8 元。

（4）获得了可观的利润，2002年为 4.25×10^8 元。

（5）创造了8721个工作岗位，有助于社会稳定。

（6）改善了矿区投资环境和治安状况。

（7）初步摸索出一套开发低丰度、低渗透油田的路子。

大庆头台公司和大庆榆树林公司认为：在当前油价下，流度（K/μ值）在 $0.25 \sim 0.5 mD/cP$ 以上的油层是值得开采的，大大降低了动用储量的技术经济"门槛值"，使扩大利用"低品位"石油储量成为可能。同时，由于因地制宜，针对性更强地采用各项开采工艺技术，大庆头台公司，目前采油速度达到0.72%，采出程度5.33%，综合含水为29.1%，开采效果也是比较好的。

5. 东胜精攻公司

该公司是一个股份公司，51%股份属于胜利石油管理局。

主要工区在渤海湾盆地济阳坳陷。1993年成立，至2002年底拥有石油探明地质储量 $15316 \times 10^4 t$（可采储量 $2154 \times 10^4 t$），其中，低渗特低渗储量占54.7%，稠油占21.2%，高凝油占8.5%，高含水储量占15.6%，均属于"低品位"石油资源。该公司通过艰苦创业，并充分发挥小油公司体制和机制的优势，年产油水平达到 $50 \times 10^4 t$，累计生产原油 $400 \times 10^4 t$。10年来，共创造产值 43.4×10^8 元，上缴税费 6.61×10^8 元，利润 9.35×10^8 元，取得了引人注目的成绩。

随着公司技术和经济实力增强，东胜精攻公司也正在走出国门，取得了蒙古国准拜音油田97PSC区块作业合同，为中国石油化工集团公司自国外拉回了第一车分成油；得到了阿尔及利亚扎尔则油田恢复生产项目，这也是中国石油化工集团公司在国外第一个整装油田项目。

综上所述，人们应当将过去"低品位等于低效益"，"小公司等于低水平"过时的印象彻底加以改变。要充分认识石油资源品位高低只是一个相对概念，是技术经济条件的函数，和经营管理方式密切相关的道理，从而更自觉地努力开发"低品位"石油资源。同时，要充分认识小油公司在世界石油工业中的地位和作用，充分认识20多年改革开放已经给小油公司的生存、提高和发展提供了前所未有的契机，更自觉地支持、利用小油公司这种形式去更多、更好地开发"低品位"石油资源。

三、"低品位"石油资源勘探开发前景

现代石油工业历史比较悠久的美国、加拿大和荷兰等发达国家，在其本土上长期开发石油的实践证明，在自然界中"低品位"石油资源的总量是巨大的，和"高品位"石油资源总量相近，甚至大大超过。因此，这些国家都十分重视"低品位"石油资源的开发利用。

仔细分析美国本土的年采油曲线，人们会发现几次石油危机，国际油价的变化对其年产量大小的影响并不明显，或许这是"多井低产"生产模式的优越性，有利于国民经济的平稳发展。

在世界上，我国属于石油地质条件十分复杂的国家之列，从理论上讲，"低品位"石油资源将占有举足轻重的地位。鄂尔多斯、松辽、渤海湾和准噶尔等勘探程度较高盆地的实践也初步证明了这一点。

1994年完成的全国第二次油气资源评价结论是：全国石油资源量为$940 \times 10^8 t$，其中，低渗透油层资源量占22.4%；稠油资源量占21.1%，二者相加，即"低品位"资源占43.5%。

中国石油天然气股份有限公司2003年完成的全国28个主要沉积盆地的油气资源评价取得的认识是：低渗透油层资源量占43%，稠油资源量占7.2%。二者相加，即"低品位"石油资源占总资源量的50.2%。

综上所述，我国石油资源中，"低品位"资源大体占一半。另外，世界石油工业发展的一般规律，一个油区随着勘探工作的加深，找到的石油储量中"低品位"的比例必将越来越大；一个油区随着开发时间的延长，剩余的资源中因开采多年而品位变差的资源的比例也会增加，油井中低产井的比例也将越来越大。如果我们不能面对这些现实，与时俱进，按照实际情况确定工作方针，我们的勘探开发工作路子将越来越窄；相反，国内的石油工业还可以有更快的发展。单以目前$40 \times 10^8 t$左右探明未动用的低渗透储量为例，以现有的技术经济条件，再动用$15 \times 10^8 t$储量，年采油速度按0.5%～0.7%计，就可多生产750×10^4～$1000 \times 10^4 t$原油。另外，50多年来大规模的开发，我们已经有了数万口关闭油井或废弃油井，如果利用新技术优选并恢复生产，再增加100×10^4～$200 \times 10^4 t$原油产量也是可能的。总之，只要观念创新、技术创新、经营管理方法创新，"低品位"石油资源是能够为我国持续发展作出更大贡献的。

四、抓住机遇、加快开发

当前是开发"低品位"石油资源的有利时机,理由有三:

(1)油价持续走高,开发"低品位"石油资源,不仅当前利润可观,而且在"高油价时期"快速收回各项投资费用后,也为今后"低油价时期"以极低的成本(主要是操作费)维持原油生产打下基础。

(2)经过长期摸索,对"低品位"石油资源有了较客观的认识,而且有了一套比较成熟的勘探开发技术。

(3)20多年来改革开放,为多种形式开发"低品位"石油资源提供了资本市场、技术市场和初步经验。

为了进一步开发好"低品位"石油资源,下列若干关键问题还需要认真加以解决。

(1)加深对"低品位"石油资源战略地位的认识。

国内外实践业已证明,开发"低品位"石油资源,不仅有社会效益,而且有经济效益,有利于可持续发展。

要辩证地对待经济效益问题。开发"低品位"石油资源,经济效益固然低于开发"高品位"石油资源。但是,和国内其他行业相比,经济效益仍然是很高的。以2002年工业生产全员劳动生产率为例,吉林油田分公司,开发主体是"低品位"石油资源,为 24.6×10^4 元/(人·年)。在中国石油天然气股份有限公司13个油田公司中名列倒数第三位,但是,却是电子通讯同期全员生产率 $[4.7\times10^4$ 元/(人·年)] 的5倍,冶金 $[3.5\times10^4$ 元/(人·年)] 的7倍,煤炭 $[2.4\times10^4$ 元/(人·年)] 的10倍。

(2)根据国际上的经验,大中小油公司相结合是开发利用石油资源的有效途径。我们要依据国情逐步推行。

(3)建立储量市场。发挥市场在优化资源配置中的基础作用。大油公司认为无利可图或利润菲薄的储量,应该通过市场及时转让给中小油公司开发利用。

(4)加强国家对石油资源的有效管理。完善并严格执行"特定矿种,一级管理"勘探开发许可证制度,保证每个区块得到及时、合理、有效的勘探开发。要按勘探开发难易程度及油质好坏,实行滑动的矿区使用费率和各项税率,以及激励开发"低品位"资源,限制牟取暴利等配套政策措施。

(5)正确引导小油公司:

①当前,国有大油公司控股,组建股份制小油公司是较好的形式。前者应认真挑选合作伙伴并监督运作。并要抓好原油统一收购和销售。

②有效地利用资源。国有大公司应代表国家督促合作者一要及时开采,二要达到一定的采收率。同时,国家要完善资源有偿使用制度。

③进一步改善投资环境。小油公司应有权直接获得勘探开发许可证,有正常渠道获得以往积累的技术和地质资料。按使用时限确定合理的土地有偿使用办法。

④认真总结延长油矿、大庆头台公司和东胜精攻公司等获得成功规范运作的经验,进一步推动"低品位"石油资源的开发利用。

(6) 坚持科技进步。要抓好关键技术的进一步开发和推广，包括：
①精细的油藏描述。
②精细的储层分析。深入分析岩石理化性质及对流体的敏感性。
③钻井—测试—改造—开采全程油层保护。
④合理的井网、井距、开采方式和开采强度。

中国东部油气区的资源潜力[1]

东部油气区是中国最重要的石油生产基地。2000 年原油年产量和剩余可采储量分别占全国的 72% 和 69%。

本区在大地构造区划上包括 3 个单元：北部是兴安岭—天山海西褶皱带；中部和南部分别是华北克拉通和扬子克拉通[1]。当前，油气主要产自中、新生界盆地的白垩系和古近—新近系含油气系统，克拉通区的前新生代也具有良好的含油气前景。

自 1959 年发现大庆油田以来，在松辽、渤海湾、南襄、江汉和苏北等盆地先后有大量的油气田投入开发。经过几十年高速开采，大庆、胜坨、任丘等大型油气田已陆续进入高采出程度、高含水阶段，产量明显递减。老区新探明储量规模和品位下降；新区迟迟没有重大突破。若干专家认为该区的勘探已进入中、后期，前景不容乐观。但是，笔者通过分析，得出了不同的结论。

一、勘探分期标准及勘探领域

东部油气区总面积约占我国陆地面积的 1/4。1994 年完成的《第二次全国油气资源评价研究报告》，曾对本区 55 个盆地进行了地质研究和资源评价。这些盆地总面积达到 $1.02 \times 10^6 km^2$。在不同区带和不同层位，其勘探程度相差悬殊。为了正确描述其勘探状态和特点，在系统分析各区的勘探成果及可预见勘探目标的基础上，参照国外有关论著和资料[2]，提出了半定量的勘探分期标准（表 1）。

表 1 勘探分期标准

分 期	勘探早期	勘探中期	勘探晚期
每口探井控制面积，km^2/口	> 100	100 ~ 5	< 5（复杂区 < 2）
储量年增长曲线	上升段	稳定增长段	递减段
储量发现率曲线	快速上升段	稳定增长段	停滞段
资源探明率，%	< 30	30 ~ 60	> 60

依照上述标准，东部油气区显然存在着以下两类不同的勘探领域：

(1) 老区生产层系。如松辽盆地的白垩系，渤海湾、南襄、江汉和苏北诸盆地的古近—新近系。它们目前处在勘探中期。

(2) 新区和老区的新层系。前者如松辽、渤海湾盆地周缘的诸盆地；后者如松辽盆地的前白垩系，渤海湾、江汉等盆地的前古近系。它们目前均处在勘探早期。

---

[1] 原载于《石油学报》，2003 年，24 卷，5 期，1 ~ 3 页，9 页。论文第二作者为何文渊。

二、老区生产层系的特征

1. 勘探程度

老区生产层系总面积约为 $46 \times 10^4 km^2$,每口探井控制的面积,松辽盆地为 $50 \sim 60 km^2$,渤海湾(陆地部分)、南襄等 4 个盆地为 $10 \sim 20 km^2$。即使在探井最密集的坳陷里,每口探井所控制的面积也只有 $5 \sim 10 km^2$。上述坳陷总面积不超过 $1.3 \times 10^5 km^2$,只占老区面积的 1/3。这样的探井密度,远低于国外勘探历史悠久的同类型盆地。如果再考虑到我国石油地质条件的复杂性,东部油气区的勘探还未达到"饱和"的程度。

2. 储量增长曲线

在经历了第一个储量增长高峰和低谷之后,近 20 年来几乎全部的盆地(坳陷)的探明储量均处于"稳定增长段"(图 1、图 2)。松辽盆地近 10 年每年新增探明储量 $1 \times 10^8 t$ 以上;济阳坳陷更创造了近 20 年来每年新增石油探明储量 $1 \times 10^8 t$ 以上的新水平。

我国复杂的石油地质条件是引起"多峰"的主要原因[3]。面对众多的勘探领域,从突破一个领域取得重大成果到突破另一个领域往往需要一定的探索和准备时间。

3. 储量发现率曲线

各盆地(坳陷)的储量发现率曲线目前均呈现"稳定增长段"(图 3)。这些曲线分为松辽型和济阳型。(1)松辽型的"快速上升段"与"稳定增长段"分得很清楚。在"稳定增长段",累计探明石油储量 $20 \times 10^8 t$,形成了年产 $800 \times 10^4 t$ 原油的能力,与著名的准噶尔盆地累计探明储量、年产量规模相当。(2)济阳型的"快速上升段"与"稳定增长段"区分不明显。曲线以稳定的斜率增长,说明勘探效率始终较高。另外,这两类曲线也反映了不同盆地油气分布规律的差异。前者最大的油田(1 号油田)和随后的 2 号、3 号油田规模相差悬殊;后者则有多个规模相近的大油田,但它们分属于不同的勘探领域,具有不同的石油地质特点,因而其发现期比前者要长得多。

4. 资源探明率与勘探领域

各盆地(坳陷)的资源探明率均小于 60%。

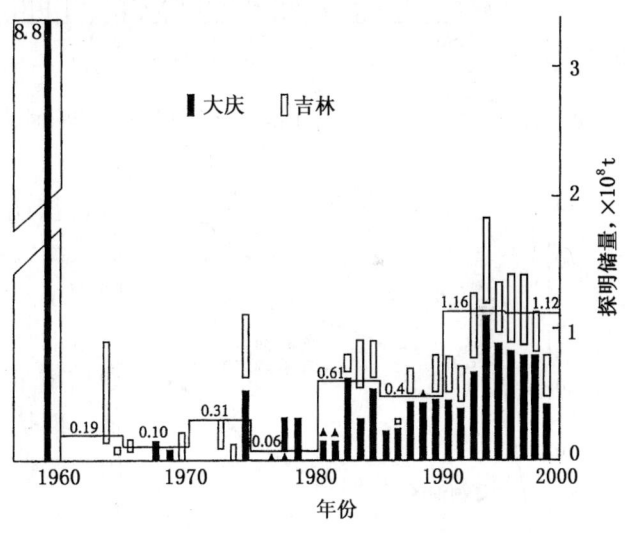

图 1 松辽盆地石油探明储量年增长曲线

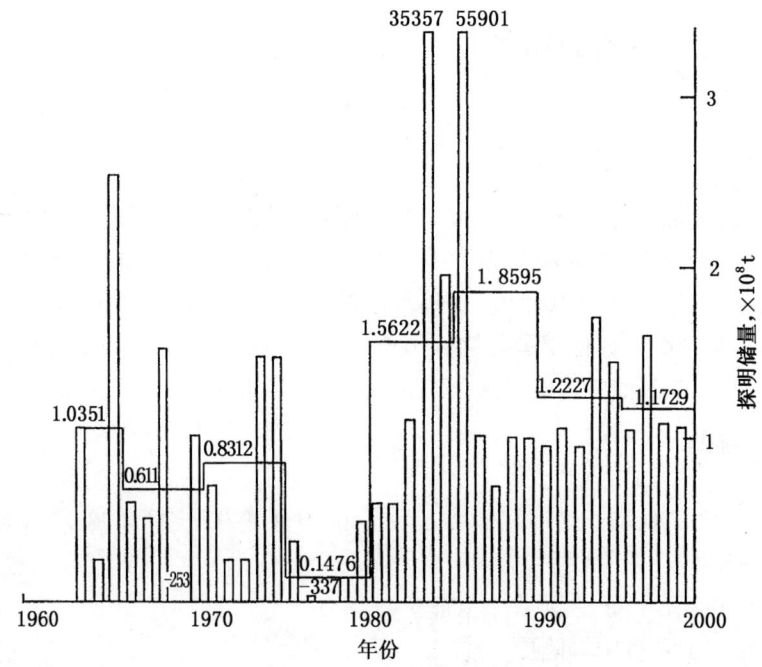

图 2　济阳坳陷石油探明储量年增长曲线

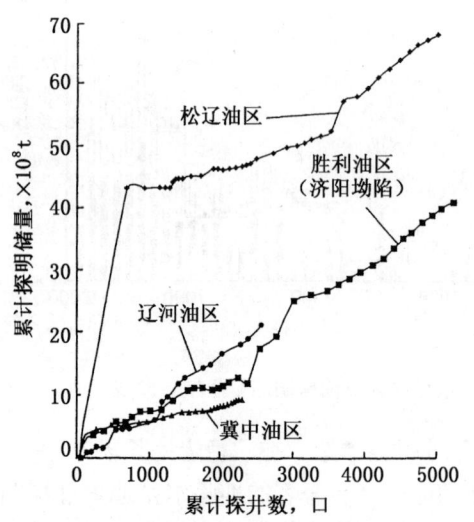

图 3　石油储量发现率曲线

(1) 松辽盆地目前探明率为 33%。预计可再探明 $20 \times 10^8 \sim 40 \times 10^8 t$ 石油储量。这些储量绝大部分蕴藏在大庆长垣周缘的构造岩性圈闭里。其中，西侧的龙虎泡—英台—红岗子一带油气富集，近期可以探明数亿吨储量。盆地广阔的西部斜坡和北部倾斜区工作程度很低，但是在前者最外侧已经发现了富拉尔基油田和套保油田；在后者探井中也有多处油气显示。它们具有良好的勘探前景。另外，即使在开发多年的大庆长垣和扶新隆起区也还有 $2 \times 10^8 \sim 3 \times 10^8 t$ 待探明储量。

(2) 渤海湾盆地（陆地部分）目前资源探明率在 39%～43%。预计可再探明 $20 \times 10^8 \sim 30 \times 10^8 t$ 石油储量。由于本区前古近系块体多次"解体"与"合并"，块断活动对上覆的古近—新近系沉积和构造有明显的控制作用[4]。"内源区"的存在，使坳陷中心部位也能找到众多的碎屑岩储层；在块体的不同部位形成了不同类型的圈闭。这些因素相互叠置，使该区具有广阔的找油领域。现阶段主要的勘探方向是：①岩性油气藏；②潜山内幕油气藏；③复杂的断块油气藏；④浅层油气藏；⑤深层和深潜山油气藏；⑥勘探程度较低的凹陷。

综上所述，老区生产层系的资源潜力不小，只要保持一定的勘探工作量，在今后的10年内，石油储量仍可保持目前的增长幅度。

三、新区和老区新层系的勘探前景

1. 新区

已获部分探明储量的新区包括：海拉尔、开鲁、二连白垩系断陷群，依兰—伊通地堑和渤海湾盆地的滩海区。

断陷群中包括100多个单个面积在1000～3000km²的凹陷。白垩系烃源岩广泛分布，目的层埋深适中。目前在二连和开鲁的阿南、吉尔格朗图、陆家堡等凹陷进行着商业性开采。海拉尔的乌尔逊、贝尔等凹陷已经获得商业性油流。

依兰伊通地堑位于著名的郯城—庐江走滑断裂系的北段，石油地质条件与辽河油区相似。古近系是主要的烃源岩，目前已经探明长春、莫里青油田和1个气田。

滩海区是渤海湾盆地陆上和海域多个含油气构造带的直接延伸部分。目前已经探明了5×10^8t的石油储量。

上述3个区域，总勘探面积约2.0×10^5km²，预计待探明储量在20×10^8t以上，有利于快速增长储量和发现大油气田。

2. 新区和老区新层系

松辽盆地周缘有20多个较有利的中小型盆地，可勘探面积约为1.8×10^5km²。其中，延吉、大杨树、鸡西等盆地已经发现油气显示。

在渤海湾盆地及其周边的前古近系，有利勘探面积约1.8×10^5km²。在中生界、石炭—二叠系都已经获得油气流，在寒武—奥陶系也发现了原生油气（乌马营、霸州二台阶）。特别是冀北的元古界下马岭组、铁岭组和洪水庄组均有优质的海相生油层，油苗分布普遍，是一个很有前景的领域。

3. 天然气勘探领域

经过多年勘探，在东部油气区已先后找到了汪家屯、昌德、兴隆台、板桥、千米桥和苏桥等一批单个储量规模大于1.0×10^{10}m³的气田。随着勘探工作向深层和浅层延伸，预计天然气储量将会有较快的增长。现实的勘探领域包括：松辽盆地下伏由白垩系下部和前白垩系充填的30多个断陷，渤海湾、江汉等盆地古近—新近系深层及前古近系。另外，在克拉通区广泛分布的煤层甲烷也是值得重视的勘探领域[5]。

四、结论

东部油气区具有广泛的、多种类型的待勘探领域及巨大的油气资源潜力。不仅在勘探早期的新区和老区的新层系有着良好的勘探前景[6]，而且勘探开发多年的老区生产层系也处在勘探中期,仍拥有巨大的待探明资源。只要锲而不舍地勘探,并有适当规模的投入,在今后 10 年内,前者石油储量可能快速增长,后者储量可以持续增长。经过努力,在本区实现"储采平衡",即每年新增可采储量大于或等于年采油量是完全可能的。

参 考 文 献

1. 田在艺,张庆春. 中国含油气盆地论 [M]. 北京:石油工业出版社,1996:12-15

2. Sneider R M, Meckel L D.Exploration in Mature Basins [C].AAPG Convention, Short Course,1988.3:1-70

3. 查全衡. 石油天然气资源经营管理基础 [M]. 北京:石油工业出版社,1999:118-119

4. Zha Quanheng.Jizhong Depression, China——It's Geologic Framework, Evolutionary History, and Distribution of Hydrocarbon [C]. AAPG Bulletin, 1984, 68 (8):983-992

5. 李文阳,马新华,赵庆波,等. 中国煤层气地质评价与勘探技术新进展 [M]. 北京:中国矿业大学出版社,2001:3-10

6. 翟光明,何文渊. 渤海湾盆地资源潜力和进一步勘探方向探讨 [J]. 石油学报,2002,23(1):1-5

为"稳定东部",努力勘探松辽、渤海湾等盆地[1]

东部油气区是我国最主要的石油生产基地。2000年底,累计探明石油储量占全国的74.4%;2000年原油产量占全国的72.2%。稳定并发展东部油气区的勘探开发,直接关系着国家的能源安全。

正确的勘探战略和部署,来源于正确的形势分析。经过50多年的大规模勘探开发,东部油气区目前面临着什么样的形势?怎样做才能实现"稳定东部"的目标?

一、"稳定东部"的关键在中国石油天然气股份有限公司

东部油气区2000年年产原油$11434×10^4$t,其中,中国石油天然气股份有限公司所属油公司$7957×10^4$t,占69.6%;中国石油化工集团公司所属油公司产油$3477×10^4$t,占30.4%。2002年,后者产油$3492×10^4$t,与2000年相比"稳中略升",按中长期规划,这种趋势将保持下去。同年,前者产油$7704×10^4$t,比2000年减少$250×10^4$t,按规划,至2010年将继续下降至$6375×10^4$t,即比2000年减少$1582×10^4$t。其中,大庆油田责任有限公司下降$1550×10^4$t,辽河油田分公司下降$294×10^4$t。因此,要"稳定东部"就必须加强松辽盆地、渤海湾盆地以及与他们毗邻区的勘探工作。

二、东部油气区有广阔的勘探空间

第二次全国油气资源评价涉及了东部油气区55个盆地,有效勘探面积$102×10^4km^2$。可以分为两类勘探领域:

(1)老区生产层系。如松辽盆地的上白垩统,渤海湾、南襄、苏北等盆地的古近—新近系。总面积为$46×10^4km^2$。但是,其中探井密度达到每$5～10km^2$ 1口井的面积仅有$13×10^4km^2$。与勘探历史悠久的美国二叠盆地、墨西哥湾油区相比,我们的探井密度低得多。再加上我国石油地质条件比美国复杂,因此东部油气区即使是老区生产层系,也远未达到"饱和勘探"的程度。

(2)新区和老区新层系。新区总面积达到$56×10^4km^2$。老区新层系指的是松辽盆地和渤海湾等盆地的深层,可勘探面积在$10×10^4km^2$以上。

两类领域具有各自的特点,具不同质的矛盾,应当用不同质的方法去解决。对于新区和新层系的勘探,人们是"轻车熟路"。但是,对于老区生产层系勘探,面临资源品位总体下降,勘探对象日趋复杂,技术方法更新更高,经济评价要求更细等特点,人们还有一个认识过程。美国著名石油地质家笛克1958年说:"在一个老区运用老思路很少能发现大量

---

[1] 2003年3月12日和3月14日在中国石油天然气股份有限公司勘探技术座谈会上的发言。

的石油。在过去的年代里，有时，我们曾经认为无油可找，实际上，我们是缺少新的思路而已。"这确实是找油的经验之谈。勘探是一个不断探索过程。我们时不时地会陷于"横看成岭侧成峰，远近高低各不同。不识庐山真面目，只缘身在此山中"的境地。

三、老区生产层系仍处在勘探中期，其余领域均处于勘探早期

"分期"是一个概念。集中反映了人们对一个特定的勘探领域（盆地、坳陷、层系）的油气资源潜力，及其勘探特点的一个总的估计。这是战略学必须研究的重要内容。根据我国的实际情况，并参考了国内外有关文献资料，拟定了勘探分期标准（表1）。

表1　勘探分期标准

分　期	勘探早期	勘探中期	勘探晚期
每口井控制面积，km^2/口	> 100	100~5	< 5（复杂区 < 2）
储量年增长曲线	上升段	稳定增长段	递减段
储量发现率曲线	快速上升段	稳定增长段	停滞段
资源探明率，%	< 30	30~60	> 60

目前，东部油气区即使勘探程度最高的"老区生产层系"，探井密度也有限；储量年增长曲线和发现率曲线均处在"稳定增长段"；资源探明率在40%左右，仍处于"勘探中期"，有很好的勘探前景。在东部油气区中国石油天然气股份有限公司工区内，今后至少可以再探明石油储量 $50 \times 10^8 \sim 80 \times 10^8 t$，天然气储量 $8000 \times 10^8 m^3$。

四、松辽盆地待发现储量

松辽盆地待发现储量：石油 $20 \times 10^8 \sim 40 \times 10^8 t$，天然气 $8000 \times 10^8 m^3$ 以上。

1. 松辽盆地是一个叠合盆地

上部由上白垩统至第四系构成"坳陷构造层"；下部由下白垩统和前白垩系构成"断陷构造层"。目前，前者含有上白垩统的"生产层系"，处在勘探中期；后者已获商业性油气流，处在勘探早期。

2. 坳陷构造层

主力烃源岩青山口组、嫩江组基本覆盖全盆地，油源充沛，盖层良好。拥有两大类砂体：上部和中部含油组合，是高水位期砂体，无论是顺盆地长轴，或是顺短轴砂体都有较清晰的砂体尖灭带，但不同时期的位置摆动很大。下部含油组合，是低水位期砂体，就是在盆地最中心仍然有有效的砂岩储层存在。两类砂体空间相互叠置，形成了"满盆含油"。今后的勘探方向有三个：

（1）大庆长垣和扶新隆起，还可能找到 $2 \times 10^8 \sim 3 \times 10^8 t$ 石油储量。

(2) 长垣两侧的岩性和构造—岩性油藏，大体有 17×10^8t 石油储量。其中西侧的龙虎泡—大安一带，面积约 5000km²，处于构造转折处，断裂和构造较发育；也处于中、上含油组合三角洲和扇体的前缘，砂体发育适中，物性好，是一个富集高产带，可作为近期增储上产的重点。吉林油田分公司在英台—四方坨子地区的生产能力迅速增长就是证明。

(3) 西坡和滨北地区，面积约为 10×10^4km²，预测石油资源量 30×10^8t。这是盆地勘探程度很低的区域。西坡外缘已经发现富拉尔基、平洋和套保油田，在泰康一带发现了一些小气田。滨北区也广泛见到油气显示，可先从组合较好的青一段入手。

如果转换勘探思路，由单纯找构造油气藏，转而重点找地层和岩性油气藏，肯定会有重大突破。西坡和滨北都要补做地震工作。为了提高效率和效益，可垂直河道方向（滨北是近南北向，西坡为近东西向）先做少量攻关测线，技术过关后再铺开施工。

经用成因法、"钟形"曲线和区带目标分析等方法测算，坳陷构造层至少还可以探明 $20\times10^8\sim40\times10^8$t 石油储量。

3. 断陷构造层

总体上"中隆侧坳、凸凹相间"，有良好的生、储、盖组合。营城—沙河子组暗色泥岩 $200\sim500$m，推测最厚可达 2000m 以上。

初步资料表明，凹陷总数在 30 个以上。目前，在大庆油田责任有限公司和吉林油田分公司工区可以"六凹一带"为重点。六凹是：徐家围子、莺山庙台子、常家围子古龙、英台、德惠和长岭凹陷。一带是：中央潜山带。在辽河油田分公司工区可以陆家堡、龙湾筒、钱家店、茫汉和张强等 5 个凹陷为重点。上述区域石油资源量为 14×10^8t，天然气资源量为 1.6×10^{12}m³。已探明储量，石油 0.71×10^8t，天然气 199×10^8m³，具有"南油北气"的分布特点。

4. "储采平衡"设想

按中国石油天然气股份有限公司的规划，松辽盆地石油年产量，2000 年为 5669×10^4t；2010 年 4415×10^4t，下降 1254×10^4t。

现按每年产油 5000×10^4t 设想，每年至少应动用储量 2×10^8t。目前看来，只要努力工作，每年松辽盆地新探明储量 1.5×10^8t，动用未动用储量和提高采收率 $0.3\times10^8\sim0.4\times10^8$t，海拉尔等外围盆地探明 $0.1\times10^8\sim0.2\times10^8$t 是可能的。此外，松辽深层 10 年探明天然气储量 1000×10^8m³，形成一个新的大气区，也是很现实的。

五、渤海湾盆地（中国石油天然气股份有限公司工区）待发现储量

渤海湾盆地（中国石油天然气股份有限公司工区）待发现石油储量为 $22\times10^8\sim28\times10^8$t。

渤海湾盆地是叠置在中生界、古生界、元古界和太古界之上的古近—新近系断陷盆地。下伏的四套地层均已发现"新生古储"的潜山油气藏，并且在中生界、古生界和元古界中见到"自生自储"的油气。

古近—新近系是目前的生产层系。前古近系块体多次"解体"和"合并",对古近—新近系沉积和构造起着明显的控制作用,形成了众多的构造、断块、不整合和岩性尖灭带。"多凸多凹"的格局,"内源区"的存在,使坳陷中心区也能找到良好的碎屑岩储层。在块体的不同部位,不同层位形成了不同类型的油气藏,复式油气聚集带是本区的基本特点。

积本区40多年勘探之经验,"复杂即潜力"。今后的勘探将更显现这一特点。"复杂"有两重含义:一是地质体确实复杂;二是人们对客观的认识一时跟不上形成的暂时性复杂。

1. 七个主要勘探方向

1) 岩性油气藏

华北油田分公司近期在岩性油气藏勘探取得的成果,给人们留下了深刻的印象。陆相地层,多变的岩性为这类油气藏的形成提供了广阔的空间。根据南堡、东营和辽河西部凹陷的资料,储存在岩性和构造岩性圈闭里油气储量约占各个凹陷总储量的30%～50%。目前,渤海湾盆地就整体而言,还刚刚进入"构造和岩性并举","正向带与负向带并举"的勘探新阶段。

2) 潜山内幕油气藏

前古近系有多套储层,经历了多期构造运动,又经历了多期岩溶。从理论上讲,潜山内幕油气藏应该具有巨大的勘探前景。以往潜山勘探主要在山头(风化壳)获得重大成果,随着技术手段的进步将会发现越来越多的内幕油气藏。近期,冀中南马庄,济阳车古20等内幕油气藏的发现,就是一个开端。

3) 复杂断块油气藏

在断块油气藏里已经找到数以几十亿计的储量,但是仍然具有巨大的资源潜力。冀东油田分公司在开发多年的老油田里,做了二次三维地震,对断块有了新的认识,随之储量增加了,产量增加了。他们做了237km^{2}二次三维地震,花了7000×10^{4}元,新增570×10^{4}t可采储量,如果卖储量,价值约20×10^{8}元,有很好的经济效益。

4) 浅层油气藏

渤海海域PL19-3等一系列亿吨级新近系大油田的出现,引起了人们对陆地(含滩海,下同)浅层的重新认识。截至目前,已经找到石油储量16.5×10^{8}t,动用率高达70.4%～85.4%。

已发现有3种油气藏:披覆背斜油气藏,如孤东油田、孤岛油田;

滚动背斜、压扭背斜油气藏,如胜坨油田、东辛油田。

5) 深层与深潜山

渤海湾盆地陆地部分,古近—新近系埋深大于3500m的区域有26800km^2,工作程度很低,每25～50km^{2}才有一口探井。地震资料也仅有20%达到Ⅰ类,因此,这个领域基本上是一块待勘探的处女地。考虑到储层随埋深变化的特点,可选择大型的碳酸盐岩潜山入手。冀中的兴隆宫、固安潜山可作为首选。

6) 勘探程度较低的凹陷

在这个盆地中国石油天然气股份有限公司的区内,此类凹陷有19个,面积26000km^2。

可选择武清、保定和邱县凹陷入手。

武清凹陷是冀中东部凹陷带（当前的生产带）北端已经出油出气，但未经详细勘探的部位；保定凹陷是太行山东麓一连串断凹中的一个，一旦突破，将开拓一个新的、广阔的勘探区带；邱县凹陷是探索古生界油气藏兼顾中新生界的区域。

7）滩海区

面积约7100km²，资源量：石油为$22.3×10^8$t，天然气为$4261×10^8$m³。本区大部分区域是陆上或海上已知油气聚集带的延伸部分，是地质风险较小的，最现实的增储上产领域。当前的困难主要是海洋工程方面的。

2. "储采平衡"设想

该盆地中国石油天然气股份有限公司工区内，待发现的石油储量约为$22×10^8$～$28×10^8$t（滩海为$9×10^8$～$10×10^8$t）。仍然具有相当规模的储量增长空间。按中国石油天然气股份有限公司的规划，石油年产量2000年为$2288×10^4$t，2010年将降至$1960×10^4$t。其中辽河油田分公司由$1371×10^4$t，降至$1077×10^4$t，减少$294×10^4$t。

考虑到辽河油区稠油产量占其总产量的60.8%，普遍进入蒸汽驱阶段后，产量的递减规律还是最大的未知数，建议双管齐下保储采平衡：

其一，辽河油区每年新增储量$4000×10^4$t（陆上$2000×10^4$～$3000×10^4$t，滩海$1000×10^4$～$2000×10^4$t，陆家堡等外围盆地$1000×10^4$～$2000×10^4$t）。

其二，大港油区年产量由$400×10^4$t提高到$700×10^4$t。根据有两条，一是渤海湾盆地陆地部分共有5个坳陷，大港油区所在的黄骅坳陷石油地质条件十分优越，其余的4个坳陷都达到过年产$700×10^4$t的水平。至2010年，黄骅坳陷累计探明储量将达到$10×10^8$t以上，已动用的$6×10^8$t保持现有的$400×10^4$t生产水平，另$4×10^8$t储量，再建$300×10^4$t生产水平是完全可能的。二是冀中坳陷古近—新近系储层物性是全盆地中最差的，它的采油速度能达到1%，黄骅坳陷也应该达到。

六、问题和措施

1. 发展老区、开拓新区、加强找气

这是从东部油气区资源潜力以及资源分布特点出发，应当采取的工作方针。

2. 两类领域，分类指导

老区生产层系："精雕细刻、重新认识、滚动发展"。关键在"重新认识"。
新区和新层系："整体研究、择优歼灭、跨越发展"。只有整体研究，才能择优。

3. 辩证地对待"低品位"资源

（1）"低品位"是一个相对概念。
（2）自然界中，许多著名的盆地，如加拿大的阿尔伯达盆地，美国的二叠盆地、墨西哥湾油区,"低品位"资源量大于或等于高品位资源量。松辽盆地看来也是如此。

(3) 和美国、加拿大、荷兰等发达国家精心开发本土资源相比,无论从认识上,还是从做法上,我国都存在着很大的差距。换言之,我们也存在着巨大的发展潜力。

(4) 由于我国复杂的石油地质条件,"低品位"资源在资源总量中占有很高的比重。而且,在东部老区,随着勘探的深入,其重要性将与日俱增。

(5) 吉林油田分公司、长庆油田分公司和大庆油田责任有限公司的实践证明,经营"低品位"资源,是"有利可图"的。而且改进开发方式和经营管理办法,还可以进一步提高效益。

4. 组织5个战役

1) 松辽盆地"低品位"储量增储上产战役

动用 $18×10^8$t 石油储量(其中新探明 $15×10^8$t),建成 $1000×10^4$t 生产能力。

2) 大港油区增储上产战役

已动用 $6×10^8$t 石油储量,保 $400×10^4$t 稳产;再动用 $4×10^8$t 石油储量,新建 $300×10^4$t 生产能力。

3) 辽河滩海战役

再探明 $2×10^8$t 石油储量,择优新建 $100×10^4$ ~ $150×10^4$t 生产能力。

4) 东北断陷群战役

首先在海拉尔、开鲁、二连断陷群,以及依兰伊通地堑,再探明 $3×10^4$t 石油储量,建 $200×10^4$ ~ $300×10^4$t 生产能力。同时,积极展开其他断陷的勘探工作。

5) 松辽盆地深层天然气战役

先探明 $1000×10^8$m^3,建 $30×10^8$ ~ $40×10^8$m^3 生产能力。

5. 坚持技术进步

尤其要重视老区深化勘探所带来的种种特点,形成特有的、先进而适用的技术系列。

6. 整体研究,重新认识,加强交流

应在近年来区块精细研究的基础上,重新认识全盆地、二级带,以明确新的找油思路。

加强交流。既有成果交流,也可有人才交流(包括多种形式的合作研究,合作开发等)。建议以勘探程度最高的辽河油区为实例,举办《辽河油区过去、现在和未来勘探》为题的勘探骨干研讨班。进一步增强在东部勘探的信心,增加进取精神,增添精细作风。

7. 大力加强前期准备和预探

东部油气区还有巨大的资源潜力,广阔的勘探空间。但是,目前普遍闹"靶区荒"、"圈闭荒"。要改变这种情况,首先要下大力气抓好综合研究和物探先行工作;要加强预探工作。

8. 加大勘探实物工作量

东部油气区勘探工作量,"九五"和"八五"相比,二维地震减少了34.3%,三维地震减少了6.5%,探井减少了24.1%。目前实物工作量逐年减少的趋势,和东部油气区资源潜力及中国石油天然气股份有限公司拥有的财力、物力不相称,同时也不利于"稳定东部"。

9. 改进决策和考核办法

老区的勘探战果,通常是积少成多。从量变到质变延续时间很长,情况很琐碎多变,中国石油天然气股份有限公司跟踪困难。因而,老区的勘探决策可适当下放。

要进一步完善考核办法,以激励人们勇于探索勘探新领域。

中国石油地质的若干特点及其对储量增长的影响[1]

中国石油工业崛起于20世纪60年代,创造了辉煌的业绩;30年后,石油重新成为制约我国经济发展的"瓶颈",石油工业发展前景问题又一次提上了议事日程。经验证明,取得正确答案的途径只能是:对我国石油地质条件加深认识,对我国石油工业发展轨迹认真分析。

近半个世纪以来,我国的石油勘探开发工作主要集中于东北、华北、西北和近岸海域,其他地区投入工作量很少,广大的南方地区、辽阔的青藏高原和南海中南部更是待开垦的处女地。本文的若干认识主要来自中国大陆及近岸海域工作程度较高的区域。

中国大陆及近岸海域居于亚欧、太平洋和印度三大板块的结合部,特定的大地构造位置及其演化历史使本区油气分布和储量增长具有鲜明的特色。

一、两大套沉积岩系

中国大陆及近岸海域的沉积岩系可粗略地分为两大套:下部的中新元古界、古生界以及南方的三叠系中、下部,以海相沉积为主;上部的中、新生界以及北方的二叠系,以陆相沉积为主。

在中新元古代和古生代,本区存在着中朝、扬子和塔里木3个克拉通,称之为"地台"。其上以台地相沉积为主;在环绕"地台"的"地槽"区内以盆地相沉积为主。这3个"地台"和著名的俄罗斯地台、北美地台相比,规模小、活动性大,因而油气分布规律也更为复杂。

在中、新生代(北方含二叠纪)本区有众多的、具有相当规模的湖泊,形成了巨厚的陆相沉积和多套生储盖组合,蕴藏着丰富的油气,这是我国石油地质的一大特色。但是,在海域的盆地里,南海和东海诸盆地的中、新生界也有海相沉积,在南海的海相层中已经发现了不少油气田。

二、中新元古界以来两次重大的构造事件

印支期前,近东西向展布的中朝、塔里木和扬子"地台",与毗邻的"地槽"区,槽台相间使中国大陆"南北分区"。印支期前的历次构造运动使中新元古界和古生界发生形变,"地槽"区逐步回返形成不同时期的褶皱带,不断地拼合到"地台"四周,使中国大陆不断增生[1]。不过这种增生也是波浪式向前发展的,在震旦纪末和寒武纪初期古中国地台解体;二叠纪后海西运动又造就了古欧亚大陆[2]。

---

[1] 原载于《石油学报》,1999年,20卷,5期,1~6页,论文第二、第三作者分别为韩征、刘殿升。

印支期、燕山期和喜马拉雅期，太平洋板块和印度板块的剧烈活动，改变了早期大地构造单元"南北分区"的面貌，中国大陆被分成了东、中、西三大含油气区[3]。

东部区，大体以太行山、巫山和武陵山为其西界。区内以北北东向和北东向构造线为主。众多的张性断裂与巨大的郯城—庐江走滑断裂系共同造就了松辽、渤海湾等一系列的中、新生界含油气盆地。

西部区，大体以贺兰山、六盘山和龙门山为东界。区内以北西向构造线为主，包括塔里木、准噶尔、吐哈、柴达木和酒泉等盆地。

中部区，夹持于东、西部区之间，以鄂尔多斯和四川盆地为代表。盆地中央都有坚硬而稳定的"地块"，其上覆构造极其平缓，成带性不明显；其周缘则由明显的褶皱带所环绕。

中新元古界以来，两期性质迥然不同的构造事件所产生的构造形变，相互叠置、继承和改造，使中国大陆呈现为"镶嵌的地壳"[4]并有若干"活化区"[5]。

三、两类中、新生界分地

当前，中国的全部油气产量均来自中、新生界盆地。这些盆地以下伏层的大地构造属性不同，可以粗略地分为Ⅰ类和Ⅱ类两大类：

Ⅰ类，下伏层以"地台"型海相层为主，如渤海湾、鄂尔多斯、四川、苏北、江汉和塔里木等盆地。

Ⅱ类，下伏层以"地槽"型海相层为主，如松辽、准噶尔等盆地。

在上述两类盆地里，年轻的陆相地层都是重要的油气生产层，不过，中部区和西部区以中生界产层为主，并在第四系找到了工业性油气藏；在东部区中生界产层与新生界产层大体平分秋色。中、新生代时期，东部区块断活动十分显著。随着基岩块体的解体和合并，沉积盆地的发育也相应出现断陷期和坳陷期[6]。有的盆地断陷、坳陷期还交替多次，例如苏北盆地和江汉盆地[7]新生代期间至少经历了坳陷—断陷—坳陷3个阶段：古近纪早期（江苏的阜宁组和江汉的沙市组上段—新沟嘴组）是坳陷期；古近纪中、晚期（江苏的戴南组—三垛组和江汉的荆沙组—潜江组）是断陷期；新近纪和第四纪又为坳陷期。

古老的海相地层，在东部区的Ⅰ类盆地里因后期太平洋板块剧烈活动而遭受显著的改造，尽管井下油气显示众多，然而至今只发现了少量的油气藏；中部区的Ⅰ类盆地里，后期构造运动影响较小，其海相地层已经成为当前中国最主要的天然气生产层；西部区的Ⅰ类盆地里，前中生界海相地层曾经遭受过印度板块的多次挤压，但是深、浅构造线的走向大体一致，再造其"三史"——沉积史、构造史和烃类演化史较东部区相对容易，因而随着勘探深化，在塔里木盆地里已经有了越来越多的重要发现。

在Ⅱ类盆地里，对前中生界海相地层的探索还刚刚开始。这些地层不同程度的褶皱变质，并经历了多期岩浆活动。它们作为储油层，构成"新生古储"油气藏的可能性，业已被酒西盆地鸭儿峡志留系油藏、准噶尔盆地西部石炭系火山岩油藏的存在所证实。另外，某些未变质或轻微变质生油岩，如准噶尔盆地北部的石炭系，也可能与周边与上覆的岩层形成"自生自储"的油气藏。

四、储量构成的特点

在我们广袤的国土上,东起吉林延吉,西至新疆泽普,北自内蒙古的海拉尔,南抵南海最南缘都发现了油气田。含油层系也很多,包括第四系、新近系、古近系、白垩系、侏罗系、三叠系、二叠系、石炭系、志留系、奥陶系、寒武系、震旦系和中新元古界等。

截至1995年底,全国累计探明储量在构成上,具有以下特点。

1. 层位以中、新生界为主

石油探明储量中,中、新生界占87%。天然气探明储量中,中、新生界占48.8%。其中,气层气探明储量约有49%属于中部区的古生界和中新元古界产层(图1)。

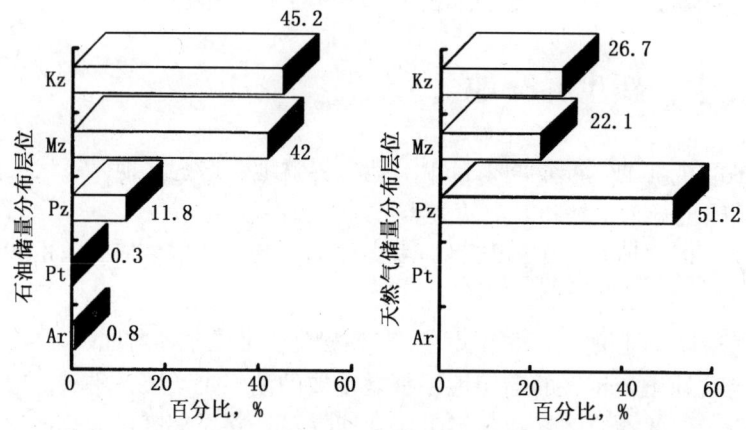

图1 石油、天然气探明储量在不同地层层位中所占的比例

2. 区域以东、中部区为主

石油、天然气探明储量,东部区分别占61%和18%。气层气储量,中部区占49%(图2)。

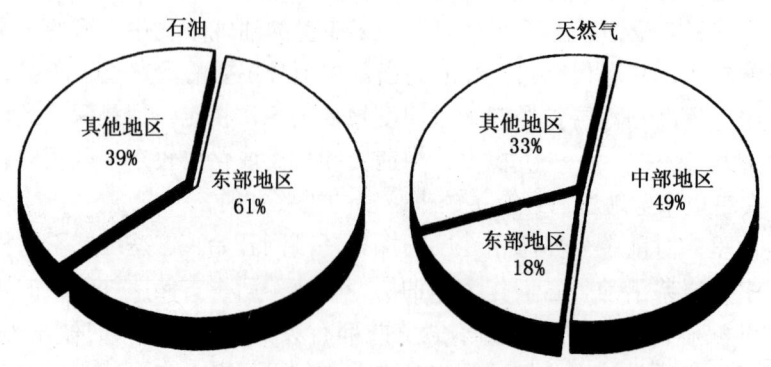

图2 石油、天然气探明储量在不同地区所占的比例

3. 类型以构造油气藏为主

根据"八五"期间探明储量分析,构造油藏和气藏的储量分别占总探明储量的58.7%和89.9%。"八五"以前探明储量中,构造油气藏的储量比重更大。

根据我国石油地质特点及世界上油气勘探一般规律可以看出,随着勘探工作的展开和深入,上述特点肯定会发生变化。在探明储量中,古生界和元古界,中、西部区和非构造类型油气藏储量所占的比重将会不断的加大。

五、储量增长的前景

新中国石油工业近半个世纪的实践,做了两件大事:第一,否定了"中国贫油论";第二,积累了丰富的资料。可以有根据地预见我国油气储量和产量还将继续增长。

1. 全国油气勘探工作程度低,油气资源探明程度低

自1949年至1995年的46年间,我国共打探井3.2×10^4口;而美国自1949年至1988年40年间累计打探井44×10^4口。年均打探井前者为700口,后者为11000口,相差近16倍。截至1995年底我国有油气开发井近10×10^4口,而美国高达87×10^4口,相差近9倍。中美两国沉积岩分布规模大体相仿,工作程度上的巨大差异表明我国拥有广阔的待勘探领域,如南方、青藏高原都有很好的含油气前景[8];南海中南部的油气潜力已为初步的工作和周边国家油气勘探成果所证实。

以中国石油天然气总公司1994年完成的《第二次全国油气资源评价研究报告》估算的资源量为标准,截至1994年底,我国累计探明石油和天然气储量仅分别占资源量的18%和3%,探明程度很低。特别是陆上的西部区和海域,石油资源的探明率分别只有8.1%和1.1%;天然气资源的探明率只有1.9%和0.1%,潜力很大。1995年7月查全衡等为全国人民代表大会环境与资源委员会拟定的一份报告中指出:"根据一组石油专家用特尔斐法进行统计分析得出的谨慎预测","从当前的技术、经济条件出发,并考虑今后技术进步",到21世纪上半叶,石油探明储量翻一番,天然气储量增加4~5倍是可能的。

2. 近15年来我国油气储量进入了新的高速增长期

1996年笔者曾指出[9]:"'六五'以来,全国每年大体钻1000口左右探井,增加$5 \times 10^8 \sim 6 \times 10^8$t石油储量。近15年探明的天然气储量,大体相当于前30年的3倍。连续15年石油储量恒量增长和天然气储量加速增长的事实,进一步证明我国油气资源潜力确实是很大的。"详见图3。

3. 勘探程度较高的东部区,仍有相当大的储量增长潜力

近15年里,全国每年探明储量中,东部区石油约占79%,天然气约占16%。而且这种增长趋势还将长期延续下去。

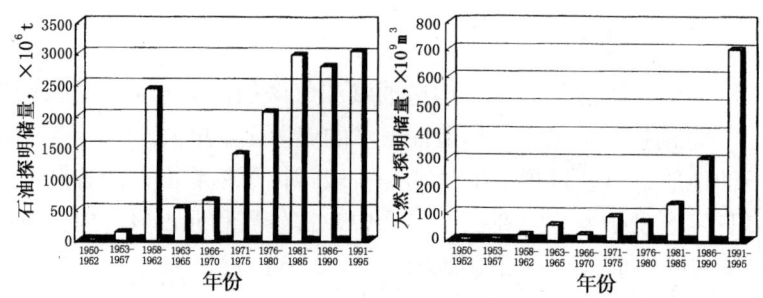

图3　1950—1995年石油天然气探明储量增长图

松辽盆地和渤海湾盆地是东部区勘探程度最高的区域，累计探明石油储量分别占其资源量的47%和41%。即使如此，仍有众多的领域有待勘探：松辽盆地的古龙凹陷、松花江以南区域是现实的增加储量的战场。盆地深部前白垩纪的断陷具有良好的勘探前景。其东侧的德惠、梨树一带钻井证实侏罗系约有700m厚的成熟—过成熟的生油岩，并且已经发现了油气层；盆地中部汪家屯东、昌德东侏罗系登一段气藏的出现令人鼓舞。

渤海湾盆地石油地质条件极其复杂，在已知油气田的周边以及新凹陷和新区带将长期不断地出现新成果。尤其是1万多平方千米的滩海带和5万多平方千米的海域，石油地质条件和盆地的陆地部分相似，勘探的地质风险并不大。埕岛、秦皇岛32-6、海南和赵东等亿吨级或高丰度油田的发现更给人以启迪和信心。此外，盆地4000m以下的地层根据地质资料预计也应有良好的含油气前景。

江汉盆地和苏北盆地是东部区勘探程度较高的两个中型盆地，经过一段时间摸索之后，勘探工作逐步由上部的"断陷构造层"进入下部"坳陷构造层"，分别在古近系新沟嘴组和阜宁组获得突破，出现了新的储量增长高峰。

东部某些凹陷油气丰富程度大大超出了人们的预料，辽河大民屯凹陷和胜利的东营凹陷，累计探明储量已经达到每平方千米30×10^4t以上。而且后者1997年探明储量依然占胜利油区年探明储量的将近一半。

渤海湾、江汉、苏北等Ⅰ类盆地下伏的前中生界海相层，以及与这些盆地毗邻的相应层位分布区都有很好的找油气前景。无论是燕山山脉的轻质油苗和沥青，还是江南山区规模宏大的古油藏和油气苗，以及井下广泛见到的油气显示都给人们留下了难忘的印象。邻区四川盆地众多气田和鄂尔多斯中部下古生界大气田和上古生界气藏的相继发现，更坚定了人们在东部区中朝地台和扬子地台延展部分寻找前中生界油气的信念。

此外，东部区还有海拉尔、三江、二连、周口、合肥、句容、南陵、无为等一大批中、新生代盆地可供勘探。综上所述，东部区的油气勘探还远未穷尽。

4. 盆地油气储量增长曲线呈"多峰型"是普遍规律

在我国，不仅全国油气储量增长曲线呈"多峰型"，而且大多数盆地的储量增长也呈多峰型特点。以松辽盆地为例，储量增长有两个高峰："二五"期间，发现了大庆长垣成为第一增长高峰；"六五"至"八五"期间，在三肇坳陷和松花江以南区域相继探明了一批大面积含油的低渗透油田，形成了第二增长高峰。应当指出，如果没有先进而适用的勘探开发低渗透油层的技术，没有正确的资源经济评价方法，第二个高峰是不可能出现的。

1987年原石油工业部勘探工作会议总结报告曾经指出[10]：储量增长具有"多峰型"的特点，这种现象说明了：(1) 石油工业发展确有后劲；(2) 我国复杂的石油地质条件是引起"多峰"的重要原因。我们突破一个领域取得重大成果，到突破另一个领域需要一定的准备和探索时间。尔后的实践证明了上述认识是正确的，是符合我国石油地质实际的。

5. 中国独特而复杂的石油地质条件，应该有较多的非构造油气藏储量

根据Nehving（1981）对美国陆上2300个重要油气田统计[11]，其中：构造圈闭占55%，地层圈闭占14%，复合圈闭占30%。基于下列理由，我国非构造油气藏所占的比例应当更高一些。

(1) 中国大陆及近岸海域具有更大的活动性，利于形成众多的地层油气藏。

(2) 中国陆相储层发育，储层岩性和物性在空间里巨大的变化，有利于形成众多的岩性油气藏。

(3) 勘探程度较高的冀中坳陷和下辽河坳陷非构造油气藏储量分别占总储量的68%和58%，即使在吐哈那样典型的"山间盆地"里，在盆地南部也正在发现越来越多的与不整合有关的油藏。

六、结论

中国还是一个油气勘探程度比较低的国家。在当代的地质理论和技术经济条件下，尚有众多的前景很好的领域等待勘探。可以有根据地预见，21世纪上半叶，中国的油气储量和产量将持续增长。

中国独特的石油地质条件，既孕育了丰富的油气资源，又给勘探开发带来许多困难。在中国勘探开发油气田，要在不断引进新理论、新技术的同时，认真地研究中国特有的油气分布规律。

参 考 文 献

1. 王尚文，等．中国石油地质学 [M]．北京：石油工业出版社，1983
2. 黄汲清，等．中国大地构造及其演化 [M]．北京：科学出版社，1981
3. 李德生．中国含油气盆地的构造类型 [J]．石油学报，1982，3（3）：1-11
4. 张伯声，等．镶嵌构造波浪运动说 [M] // 构造地质进展．北京：科学出版社，1982
5. 陈国达．活化（地洼）构造理论的历史回顾与发展现状 [J]．中南矿冶学院学报，1991
6. Zha Quanheng.Jizhong Depression，China—It's Geologic Framework，Evolutionary History，and Distribution of Hydrocarbons [C]．AAPG Bulletin. Vol. 68. 1984：983-992
7. 戴世昭，等．江汉盐湖盆地石油地质．北京：石油工业出版社，1997
8. Zha Quanheng. Outlook for the Upstream of Onland Petroleum Industry of China [J]．

China Oil & Gas，1994，1（1）

9. 查全衡．我国的石油资源经营管理［J］．勘探家，1996，1（1）

10. 查全衡．依靠科学技术，依靠科学管理，加强勘探，提高勘探效益［M］∥石油天然气勘探经验和技术．北京：石油工业出版社，1989

11. 胡文海，等．美国油气田分布规律和勘探经验［M］．北京：石油工业出版社，1995

关于组织库车—塔北油气勘探战役的建议[1]

8月11日至15日，陪同中国国际工程咨询公司两位副主任等，在塔里木盆地就"西气东输"问题进行调研和咨询。

在此期间，协助塔指，讲明了4个观点：

（1）库车—塔北地区，面积35000km²。天然气探明储量，今后可能达到$1×10^{12}m^3$以上，是一个大气区，可作为"西气东输"的基础。

（2）根据国内外相似气田开发实践，本区地质储量的采气速度可以是3%~4%。按914mm管线起输量$80×10^8m^3/$年计，只要有$3000×10^8m^3$以上探明储量，"西气东输"就可以实施。

（3）本区已有天然气探明储量$1200×10^8m^3$，只需要再探明$2000×10^8m^3$。而且目前已有克拉2、依南2等有希望的含气圈闭可供进一步工作。

（4）近年来，无论在我国西部，还是在塔里木盆地，天然气探明储量都有大幅度的增长。"西气东输"应当提上国家的议事日程，并开始启动。

从会上会下的交谈看，国际工程咨询公司的领导和专家们基本赞同这些观点。

今年5月，我曾带领一组专家到盆地工作了9天。主要是为克拉2、依南2等含气圈闭的储量探明工作进行咨询服务。这次，在前述工作的基础上，着眼全局，从战略高度，从"西气东输"角度重新审视了这里的工作，有下列一些想法和建议。

中国石油天然气集团公司成立后，广大石油职工都热切期盼着新的领导班子能够带领大家开创石油工业的新局面。一般来讲，作为矿业公司，能够低成本的、迅速增储上产，就容易开创新局面。我认为库车—塔北地区正是这样一个容易形成气候的地区。

要把希望变成现实，需要扎扎实实地做好各项工作。其中有几点我想强调一下。

（1）以复式聚油理论为指导，组织库车—塔北勘探战役。

库车—塔北地区基本石油地质条件是优越的，具备形成大气区的基础。目前在南侧找到了牙哈、英买7和雅克拉等7个气田；北侧的克拉2和依南2圈闭的控制储量和预测储量都有相当大的规模。同时，还发现了一批大中型的，含油气前景很好的圈闭。本区不仅有气、凝析油，还探明了依奇克里克、大宛齐等油田。含油气层系众多，包括下古生界、侏罗系、白垩系、古近系、新近系，乃至第四系。

该区位于天山山前，新构造运动强烈，推复断层发育，盐层塑性流动显著，因而油气在纵、横向上分布广泛，油气藏类型多种多样，是典型的复式油气聚集区。加上地形复杂，当前总体工作程度不高，增添了实践和认识的困难。积我国油气勘探多年的经验，在这样的区域里不坚持"整体部署、分批实施、多种设想、及时调整"原则，就容易错失和贻误战机。

---

[1] 摘自1999年8月16日给中国石油天然气集团公司主要领导并党组的信。

此外，塔里木盆地年产原油 400×10^4t 左右，以现有的 2.5×10^8t 探明储量要维持较长时间的稳产也是困难的。现实要求在大力找气的同时，也要努力找油，二者不可偏废。

因此，及时组织勘探战役，高效率、高效益地拿下成果，既是稳定供气的需要，也是保持原油稳产的需要。

(2) 尽快探明 $2000\times10^8m^3$ 以上的天然气储量。

$3000\times10^8m^3$ 天然气探明储量，这是"西气东输"资源保障的下限，也是说服各方面支持实施"西气东输"工程最有力的根据。否则，我们永远摆脱不了"鸡生蛋还是蛋生鸡"的怪圈。

为了再探明 $2000\times10^8m^3$ 天然气储量，必然要再投入一些钻井和地震等工作量，我认为这笔钱是起 99℃ +1℃ 作用的，从战略高度考虑是值得花的。

克拉2号是新增探明储量的重点战场，但是，眼下还存在着若干不清楚的问题，主要有5个：

①构造西部是宽是窄？

②南部断层的准确位置及与气藏的关系？

③气藏内部断层的影响？

④储层在空间上的变化（尤其是储层向西延伸，其顶部的削蚀情况）？

⑤气藏是块状还是层状？

为此，5月份我们建议将地震测网加密至 1km× 1 km，赞成西部打一口探井，而且井位最好偏向北翼。考虑到勘探的风险性和工作的接替，应该在依南2等有利圈闭上，力争再多探明一些储量。同时，重点圈闭的地震测网均应达到 1km×1km，经过深入的分析研究，择优预探，力争有更多的发现。

为了对国家负责，也是对中国石油天然气集团公司负责，新增 $2000\times10^8m^3$ 天然气的储量应当组织各方面的专家进行最严格的审查。

(3) 多干少说，干成了再说。

油气勘探是高风险的事业，但是外界并不很了解这一点。鉴于历史的原因，中国石油天然气集团公司对库车—塔北地区的勘探应该多干少说，干成了再说，这样做弊少利多。

以上意见供参考，不当之处请批评指正。

关于《西气东输管道工程预可行性研究》（资源部分）的评估意见[1]

西气东输工程是西部大开发的序幕，具有重要的战略意义。是一项仅次于长江三峡工程的巨大的系统工程，因此我们既要积极，又要按科学程序办事。

一、年供 $120\times10^8m^3$ 天然气的储量基础

塔里木盆地，面积 $56\times10^4km^2$，是我国最大的含油气盆地。根据 1994 年完成的全国第二次油气资源评价结果：盆地的石油资源量为 107.6×10^8t，占全国的 11.4%；天然气资源量为 $8.4\times10^{12}m^3$，占全国的 22.1%。

截至目前，盆地已找到气田和气藏 22 个，获得国家储量管理机关评审认定的天然气探明储量为 $4941.37\times10^8m^3$。

选择库车—塔北区的克拉 2、牙哈、羊塔克、玉东、英买力和吉拉克等 6 个气田作为西气东输的第一期开发对象是恰当的。上述气田现已探明天然气储量 $3609\times10^8m^3$，均已编制了开发概念设计或开发方案，总计可建设天然气年生产能力为 $140.8\times10^8m^3$。其中牙哈气田前 9 年为循环注气开采凝析油，自第 10 年起可年供气 $10\times10^8m^3$，预计稳产 6 年。经过核实，克拉 2 气田年产气 $100\times10^8m^3$，只能稳产 12～13 年，6 个气田总的稳产期为 11 年。但是二者在报告中均定为 15 年。

为了使西气东输的启动工作做得更扎实可靠，下列 7 个问题应进一步深入研究。

(1) 克拉 2 气田北翼的陡、缓问题。应结合开发部署，尽快钻井探明。

(2) 迅速完成克拉 203 井系统试井资料的整理解释工作，进一步确定气井的无阻流量和合理的单井产能。

(3) 查明断裂对白垩系巴什基奇克组下部隔层的影响。

(4) 超高压气层，压力下降对气层孔、渗性能的影响。

(5) 气柱高度小，有底油和底水气藏的采气工艺。

(6) 有条件时，对气田进行必要的试采试验。

(7) 对国内外异常高压气田的开发作深入的调查。

二、年产 $120\times10^8m^3$，稳产 30 年的储量接替问题

(1) 根据国家法定的《天然气储量规范》，对 Ⅱ 类和 Ⅲ 类探明储量，允许有 20% 和

---

[1] 写于 2000 年 5 月 19 日。

30%的误差。

（2）主力气田只有克拉2气田1个，担当了六分之五的天然气产量。单井日产量和采气速度比较高，而且只能稳产12～13年。

（3）目前控制储量太少，增大了接替难度。因此，面对储量接替时间紧迫的形势，报告应在下列三方面加以充实和完善。

①充分利用已探明的天然气储量。

除了克拉2等6个气田外，中国石油天然气股份有限公司还探明了吉南4、提尔根、红旗1、解放渠东、东河塘、塔中4、塔中6、桑塔木等8个小气田，共有探明储量$169\times10^8m^3$，可建产能$5.5\times10^8m^3$。另有和田河气田，储量$616\times10^8m^3$，可建产能$20\times10^8m^3$。

②切实加强勘探工作。

首先要着眼全盆地，寻找大气田和高产气田，当前的工作重点可以放在库车—塔北和塔西南"新月形"地带。考虑到塔里木盆地石油地质条件的复杂性，具体部署、工作量和投资的测算应按主要发现中小型气田群为基础进行，以留有足够的余地。

希望在明年上半年，即评估可行性报告之前，大北1、吐孜1、却勒3和迪那1等4个以第三系和白垩系为主要储层，圈闭资源量都在800×10^8～$1000\times10^8m^3$的构造，钻探能够获得突破，力争有一半的资源量转化成控制储量。

③充分考虑新星石油公司在这里的工作成果和工作计划。

三、长庆油区2003年供气总量达到$64.5\times10^8m^3$问题

截至目前，长庆油区已探明天然气储量$3385\times10^8m^3$，其中下古生界为$2385\times10^8m^3$，上古生界为$1000\times10^8m^3$。报告依据储量状况作了如下安排：长庆油田分公司，经过优选，动用下古生界储量$1780\times10^8m^3$，建设产能$45\times10^8m^3$；上古生界建设产能$5\times10^8m^3$。另外榆林合作区建设产能10×10^8～$30\times10^8m^3$。赞成上述安排，但是建议：

（1）报告中应说明该区因受地震等认识手段的限制，下古生界开发井的成功率为80%左右，因而在部署新一轮开发工作时，要充分考虑到这一风险，工作量和投资要有余地。

（2）上古生界储层物性差，单井产量低，每口井均需要压裂改造后才能投产，能够稳产多久心中还没有底。应该迅速开辟生产试验区取得更接近实际的认识。同时对建成上述产能需要的工作量、时间和投资进行详细的测算，以利于决策。

（3）榆林合作区尚处于评价研究阶段，应该对壳牌公司因评价结论不高而终止合同的可能性准备好应对措施。

努力开创我国的天然气时代[1]

我国有丰富的天然气资源。据第二次全国油气资源评价结果，我国天然气资源量在 $38\times10^{12}m^3$ 以上。在近20年里，全国天然气探明储量也成倍增长："六五" $1345\times10^8m^3$，"七五" $2993\times10^8m^3$，"八五" $7005\times10^8m^3$，"九五" $11566\times10^8m^3$。事实证明，我国天然气具有快速发展的客观基础。随着西气东输管线、涩宁兰管线、川汉管线、陕京管线以及俄中管线的陆续兴建，我国的天然气业将以前所未有的速度向前发展。

目前，我国天然气业尚处于起步阶段。2000年产气 $260\times10^8m^3$，其中气层气 $191\times10^8m^3$。天然气在我国能源构成中仅占2%左右，而世界平均水平已大体达到20%左右，相差10倍。因此，只要从我国国情出发，认真总结和汲取国内外石油业的经验和教训，正确处理下列四方面的关系，我们就会比较顺利地开创我国的"天然气时代"。

一、从资源特点出发，正确处理大、中、小气田的关系

世界上大气田是少数，中、小气田占大多数。但是后者累计资源量—储量的规模仍然相当可观。

中国大陆的构造运动剧烈而频繁，石油地质条件极为复杂。因而，可以预计中、小气田无论在数目上还是在资源量—储量上都会占据更大的份额。截至2000年底，我国已探明气田185个，其中储量大于 $1000\times10^8m^3$ 的气田只有3个，储量占全国总探明储量的29%。显而易见，要发展天然气业，就必须充分合理地开发利用好中、小气田的资源。在这方面，荷兰实行"小气田政策"的经验是值得借鉴的。至1996年底，荷兰共探明261个气田，其中储量大于 $1000\times10^8m^3$ 的只有1个，即格罗宁根大气田，储量为 $25000\times10^8m^3$。荷兰年产气 $800\times10^8\sim900\times10^8m^3$，其中中、小气田产量占一半。实际上，单是格罗宁根气田，年产能力就可以达到 $800\times10^8m\sim900\times10^8m^3$，但是荷兰只让它发挥一半的生产能力，另一半以备应急调峰之用。荷兰人认为："长期保存格罗宁根气田的气，为国家提供了巨大的战略储备。"

二、从安全供气出发，正确处理西部、东部和海洋的关系

就天然气用气量而言，存在着季节性和昼夜间巨大的峰谷差。天然气离开了管网就难以大规模运送，这些特点都有别于石油开发。为了安全供气，人们通常采用多源供气、环线供气和修建储气库等办法。

当前，我国的气区多分布于西部，而主要用户又集中在经济比较发达的东部。二者之

---

[1] 原载于《石油商报》，2001年12月21日，2版。

间以输气管线连接，彼此相距短者数百千米，长者4000多千米。为了安全供气，沿线将兴建若干地下储气库。据初步测算，每 $1\times10^8m^3$ 有效库容，成本很高，因而库容规模受制约，调峰和应急能力有限。另外，经过50多年的勘探，我国东部，从松辽平原到长江中下游，找到了一批气田，东海也找到了近千亿立方米的天然气储量。随着勘探工作向深层和浅层延伸，天然气的发现将会越来越多。因此，我们完全可以，也完全应该在开展大规模的西气东输、积极引进国外天然气和液化天然气的同时，努力勘探开发东部和海洋天然气资源，开辟新的、经济可靠的调峰和应急气源。这些气田采到一定程度后，有的可以作为地下储气库。一举两得，何乐而不为？

三、从勘探固有的规律出发，正确处理"十月怀胎"与"一朝分娩"的关系

众所周知，由于工作对象深埋地下，油气勘探是看不见，摸不着的，只能走实践—认识—再实践—再认识的路。因而，要得到理想的成果，往往需要较长的探索时间。以我国陆上近期一些重要成果为例，海拉尔盆地从出油到获得高产油流历时16年；酒西盆地青西油田从出油到高产稳产花了15年；准噶尔盆地卡因迪克油田从开始钻探到出油历时50多年；鄂尔多斯盆地从开始勘探到进入油气储量增长高峰，走过了将近一个世纪；塔里木盆地克拉2气田是"两新两高"的产物，但是从开始勘探到探明也至少花费了10年时间。

另外，就我国目前的整体勘探技术和水平而言，还远远达不到"要气就有气，要油就有油"的程度。换言之，勘探工作仍然具有很大的风险性，因此，在规划和计划一些大的天然气开发建设项目的时候，必须有一定数量的探明储量作基础，这是完全必要的。

人们常采用储采比，即剩余可采储量与年产量之比来衡量项目的储量基础。2000年，我国产气量为 $191\times10^8m^3$，年底，天然气剩余可采储量为 $13503\times10^8m^3$，储采比为70.5。表面看来，储采比不低，但是实质是年产量太小。如果站在尽快改变我国能源结构的高度，例如将天然气在能源构成中的份额由2%提高到10%，即年产量达到 $1000\times10^8m^3$ 以上，那么储采比就会下降到13以下，另外，从某些具体项目看，储量的保证程度也不算高。以西气东输工程为例，现有的探明储量只能保证年输气 $120\times10^8m^3$，稳定供气14～17年。如果要提高项目的经济效益，将年输气量提高到 $200\times10^8m^3$，则现有的探明储量就更显得不够了。我们深信，塔里木盆地具有丰富的油气资源。但是，唯有大力加强勘探，才能把预测的资源转变为储量。正如只有"十有怀胎"才能"一朝分娩"，这是人所共知的常识。

四、从可持续发展出发，正确处理"常规气"和"非常规气"的关系

尽管我国天然气资源总量很大，但是人均占有量却很少。据第14届世界石油大会资料，我国在世界排名上居第49位。为了实现可持续发展战略，我们应当在开发常规气的同时，积极对非常规气进行探索，做到未雨绸缪，不断扩大气的来源。所谓非常规气，通常

指的是煤层气（煤层甲烷）、水合物中的气、水溶气等。在我国煤层气是最现实的新气源。我国拥有丰富的煤炭资源，总资源量达 5 万多亿吨以上。与之相伴生的煤层气，单是赋存于海拔 −2000m 以内的就达 $30 \times 10^{12} \sim 35 \times 10^{12} m^3$，和常规气资源规模差不多。目前已探明储量近 $1000 \times 10^8 m^3$，应当及时开展工业性生产试验。

我国拥有良好的发展天然气业的客观物质基础，目前又处于可以加速发展的有利时机。只要我们站在战略的高度，精心谋划，努力实践，就一定能够较快地开创我国的"天然气时代"。

勘探要加强，再加强[1]

听了塔里木油田分公司、石油地球物理勘探局、北京石油勘探开发科学研究院6个报告很受鼓舞和启发。

一、成果——很不错

（1）2001年油气勘探双丰收。天然气勘探在库车有重大发现，其东西两侧取得战略性的突破；古生界找油也有显著的成果，碳酸盐岩以轮南油田为代表，砂岩以哈得逊油田为代表。

（2）会战13年，找到当量储量近$8×10^8$t，成果很不错。

二、储量——还不够

今年塔里木油田分公司原油年产量可以上$500×10^4$t，但是储量基础是比较单薄的。就整个塔里木盆地而言，1999年已经上了$500×10^4$t，当时，可采储量$1.04×10^8$t，剩余可采储量$0.75×10^8$t，采出程度28%，历时11年。同样上$500×10^4$t，华北油田分公司用了2年，大庆油田责任有限公司5年，胜利油田分公司10年，辽河油田分公司11年。他们当时剩余可采储量$1.5×10^8 \sim 2.0×10^8$t，采出程度不到15%。

每年只增加几千万吨石油储量，稳产难，上产更难。这和国人对塔里木油区的期望值相差太远。所以1999年8月16日我给中国石油天然气集团公司党组的建议中说："目前塔里木盆地年产油$400×10^4$t左右，探明的$2.5×10^8$t石油储量保持长期稳产有一定的困难。因此，在大力找气的同时，也要大力找油，二者不可偏废。"

三、勘探——再加强

从原石油工业部到中国石油天然气集团公司、中国石油天然气股份有限公司，历届领导都十分重视塔里木油区的勘探。但是，新形势下，塔里木油区所处的重要地位和担负的历史责任，要求这里的勘探工作加强，再加强。勘探涉及众多环节，这里只试着讨论3个问题。

1. 加强综合研究问题

塔里木油区的油气非常丰富，已取得的成果证实了这一点；石油地质条件也十分复杂，

---

[1] 2002年1月28日在2001—2002年塔里木油田分公司勘探开发技术座谈会上的发言。

大力推行"两新两高"条件下,塔里木油田分公司年产上 $500×10^4$t,整整花了13年的时间。勘探领域又十分广泛,显而易见,离开了深入的、高水平的综合研究,很难达到高速度、高效益、持续发展的目的。

怎样加强?

首先,若干年内应以何处寻找大油田,怎样才能高速拿下大油气田作为研究的主旋律。能否每2~3年,提供一个4000~5000km^{2}可供解剖、可供组织勘探战役的战场。

其次,发扬我国石油地质综合研究的优良传统和优势。

洋人最欣赏、最羡慕我们的是:

(1) 对盆地和盆地内二级单元的整体研究。这是孕育油气,形成规模聚集最重要、最直接的条件。

(2) 深入细致的基础工作。

(3) 比较充分的国内交流。

改革开放以来,板块研究,区块内的精细研究都有了长足的进步,很可喜!但是对盆地和盆地内二级单元研究,有所忽视,很可惜!我曾说过现在的研究有 Plate(板块)、Block(区块),没有 Basin(盆地)和 play(区带)。即有 P、B,没有 B、P。

世界上没有相同的盆地,也没有相同的油气田。因此石油地质学带有明显的地区性和经验性。石油地质学家更像中医,对一个地区应该望闻问切、辨证施治。对"模式"也得一分为二。模式可以指导实践,但不能代替实践。

模式有两种:一种是书本上的;一种是人头脑中的,后者需要充分的交流。

轮南古生界,目前是"五忽":忽有忽无,忽油忽气,忽上忽下(层位),忽稠忽稀,忽高忽低(产量)。只有油气井,没有油气藏和油气田。任何一个油区没有掌握规律时都是这样。

大家做了许多很好的工作,但至少有3件事还可以进一步做一下:

第一,奥陶系的细分层对比,进而明确其空间分布特点。伽马曲线很好对比,地震和倾角测井有助于问题的解决。

东部油气区的经验,潜山储层的发育程度取决于3个因素:

(1) 岩层的岩性。这是物性变化的内因。塔里木油田分公司研究这一方面的问题似乎做得不够。

(2) 构造断裂作用的强度。

(3) 岩溶作用的期次和强弱。

第二,流体在空间的分布规律和控制因素。可以勾几张等值线图,多因素地分析一下。

第三,组织一些专题交流。

轮南潜山,华北油田分公司来的人会与任北奥陶系比较;胜利油田分公司来的人会与草桥奥陶系相比。新星石油公司的人可能讲得更具体些。矿区划定后,交流对国家有利,对企业也有利。交流是"双赢"。

2. 加强物探工作

有成效的勘探,一般都是"物探先行",这是人们的共识。

塔里木油区物探程度是不高的。二维地震，渤海湾油区陆地 $4km/km^2$、海域 $4km/km^2$，而塔里木油区才 $0.54km/km^2$。物探资料质量高低直接影响效益。渤海湾油区海域与陆地比，辽河油区与华北油区比，可以看出随着地震资料质量的提高，勘探效益也明显提高。

加大物探攻关力度和工作量，对勘探是"一本万利"的事。

3. 在提高经济效益的基础上，加大勘探投入

勘探具有高风险、多阶段、长周期特点。前期投入是"十月怀胎"，发现是"一朝分娩"。要处理好二者的关系。

在中国石油天然气集团公司当前利润比较丰厚的时候，应该加大勘探的投入。

试论新时期的"物探先行"❶

新时期有 3 个特点：(1) 运行机制变了，由计划经济向市场经济转变；(2) 石油地球物理勘探局（以下简称物探局）的角色变了，由吃皇粮的"御林军"，变成了自负盈亏的服务公司；(3) 工作对象变了，既有新区，又有老区。在这样的背景下，1 年来取得如此丰硕的成果是非常不容易的。

下面试着讨论一下，新时期的"物探先行"问题。

一、坚持"物探先行"，是大幅度提高勘探效益的需要

绝大部分的重大发现，都是和"物探先行"分不开的。近年来如果没有山地地震技术的突破，塔里木盆地克拉 2 大气田和酒泉盆地青西大油田的发现是不可能的。

如果对我国石油勘探历史作深一点的分析，就会更深刻地理解这一点。渤海湾盆地里，辽河坳陷是油气最丰富的地区。但是，头 300 口探井累计探明石油储量仅 1.6×10^8t。而冀中坳陷相同的探井却累计探明 6.1×10^8t；渤海湾油区海域更高达 8.5×10^8t。原因就在于辽河油区初期的地震资料质量不行。3 家中，海域由于有一层蔚蓝色海水帮忙，地震资料的质量比陆地的普遍要高一个台阶。因此，勘探效益更高。

二、怎样才能"物探先行"

这两天会议上的报告，实际上已经做了回答，就是"两条腿走路"。一是跟踪世界上先进的理论和技术，别落下，在某些方面还要力争超过；二是紧密结合生产，对未来重要的勘探领域，未雨绸缪，早动手，早做技术准备，从中开发出有自己知识产权的技术。

在新时期里，物探局要争"国内第一，世界一流"，说明局的领导层是高瞻远瞩的。特别是自筹资金，开展我国中西部前陆盆地研究，更证明了这一点。但在我国具体条件下，物探局要实现上述目标，无论是国内还是国外目标，都需要中国石油天然气集团公司和中国石油天然气股份有限公司的支持和指导。在新时期里怎样衡量勘探（包含物探）工作的效益，是能否坚持"物探先行"的一个关键。勘探是一个庞大的系统工程，也是一个长周期的工作。我们既要对子系统进行年度考核，更要从整个系统，按勘探工作固有的周期进行考核。也就是既算小账，更要算大账，有了这样的大环境，物探才能真正先行。

---

❶ 2001 年 12 月 22 日在石油地球物理勘探局 2001 年技术成果交流会上的发言。

三、老区勘探开发，物探也要先行

新时期里，物探工作面临着老区和新区两个各具特点的工作领域。这与20世纪50年代只有新区的情况不同，这是一种发展，一种进步。任何一个国家，现代石油工业发展到一定程度都会面临这样的问题。

1. 老区有相当规模的待发现储量，勘探工作将长期进行下去

美国石油工业有140多年的历史，近50年来86%的新增储量来自老油气区的新层、新块和储量复核，以及采收率的提高。物探工作和技术也有了相应的发展和提高。

我国的老油区，主要是东部老油区，仍然有巨大的油气资源潜力，众多新的、更隐蔽、更复杂的勘探目标，对物探工作将提出更高的要求。

2. 老区物探有许多特点

（1）工作对象更隐蔽、更复杂、更多样。既对物探技术提出了新要求，同时，随之而来的是大量的物探工作量。以东部油区为例，至少有9个待发现储量规模都很大的领域。

①低丰度、低渗透岩性油气藏。以松辽盆地中央坳陷为代表，待发现储量总量在 $20 \times 10^8 t$ 左右。油层薄，小断层多如牛毛。这次展示的你们在英台、三肇的高分辨处理、解释；油藏精细描述；相干体技术都给人留下了深刻的印象，问题是怎样达到工业化生产。

②复杂的小断块群。渤海湾盆地此类油气藏资源潜力依旧不小。济阳坳陷的东辛构造带，勘探30多年，至1992年累计探明石油储量 $2.16 \times 10^8 t$。坚持勘探，1992—2000年期间又新增 $3300 \times 10^4 t$ 储量。有的块虽小，但丰度挺高。永安镇构造带，经过几十年勘探，1999年发现永8断块，含油面积 $0.9 km^2$，储量 $1267 \times 10^4 t$，是东营凹陷含油丰度最高的断块。

小断块，含油宽度仅 $200 \sim 300m$。只用相干体画出断层位置是不够的。要打"聪明井"，就要求断面三维精确成像，要可视化。

③深层。辽河西部凹陷，3500m以下工作程度很低，地震资料仅有10%合格，攻关成功后，全部需要重做。

④浅层。如渤海湾盆地东营组以上地层，以往重视不够，得重新处理、解释。0.5s以上初至切除的，该重新采集的得重新采集。

⑤渤海湾盆地的岩性油藏。冀中坳陷路70东营组油藏的发现给人重要启示。油藏处在两个构造间的鞍部，是四块三维地震的结合部。$40km^2$ 内钻了10口探井，寻找断块油藏一无所获。以这些井为线索，改找岩性油藏，三次连片重新处理地震资料，就找到1个 $1000 \times 10^4 t$ 级的油田。

⑥潜山内幕。冀中坳陷南马庄油田内幕油藏近期又获得了日产200t的高产井；霸县二台阶也有很好的苗头。找潜山内幕油气藏，许多地区的地震看来可能得重做。

⑦深潜山。如冀中坳陷固安、兴隆宫等深潜山，可能得仰仗综合物探去落实。

⑧盆地（坳陷）结构的重新认识。汤阴地堑地质结构认识的改变，促使人们去重新认识太行山东麓大断层断面的陡缓，以及由此而引起的冀中西部凹陷带重新评价。

⑨残余油分布和油气田开发动态监测。

（2）众多的不同年代，不同技术条件下取得的资料需要重新评价。既要千方百计加以利用，又要及时下决心重新采集。

（3）众多地面设施对重新采集带来的影响。

（4）众多的钻井和开发动态资料，使物探资料可以得到精确的标定，及时的检验。

（5）要及时重新检验已有的认识和理论。

过去在"东张、西压"理论指导下，对东部油区走滑断层系是研究不够的。依兰伊通地堑，烃源岩挺好，有油有气有储量，但始终未成为"大场面"。是否是把走滑断层当成张性断层处理解释，误导了钻探？

3. 面对老区的物探特点，物探局应当采取灵活多样的服务方式

物探局必需开拓创新，才能"国内第一，国际一流"。而领先的新区物探技术和领先的老区物探技术，是保持这个地位的两大支柱。新和老是相对的，今天的老区技术就是为新区今后的持续发展储备技术。

中国的石油资源[1]

一、石油资源的开发利用

1. 历史的回顾

中国发现和利用石油、天然气的历史可以追溯到两千多年以前。从13世纪开始,人们就已经对四川自贡一带的天然气进行了大规模的开发利用。这是世界上最早投入开采的气田之一。

中国近代石油工业始于1878年,在台湾苗栗用近代顿钻打成了第一口油井,初期日产油量750kg。我国大陆上最早的油矿是陕西延长油矿。1907年钻成了1号井,日产油1～1.5t。中国近代石油工业是在半殖民地、半封建社会条件下诞生的,经历了70多年的漫长岁月,发展缓慢,至1948年全国开发的只有台湾出磺坑、陕西延长、新疆独山子、甘肃老君庙等4个油田和四川自流井、石油沟、圣灯山及台湾锦水、竹东、牛山、六重溪等7个气田。从1904年至1948年45年间,全国累计生产原油295×10^4t,最高年产量是1943年,达到32×10^4t。同期进口"洋油"2800×10^4t。

石油、天然气成为我国一个主要的工业部门,这是新中国建立以后的事情。40多年来大体经历了3个发展阶段。

1)初步发展(1949—1959年)

头3年,通过恢复玉门、延长等西北老油田,努力增产天然原油;积极恢复东北人造石油工业;同时以陕西、甘肃两省为重点,开展石油勘探。石油年产量由1949年的12×10^4t,很快增加到1952年的43.5×10^4t(不含台湾省,下同),超过了旧中国历史最高水平。

1956年发现了新疆克拉玛依油田,这是新中国石油勘探上的第一个突破。从1953年至1959年期间,全国先后发现了31个油田12个气田,初步形成了玉门、新疆、青海、四川等4个石油、天然气生产基地。1959年石油产量达到373.3×10^4t。全国主要石油产品的自给率由1950年的10%,上升到40.6%。与此同时,加强了我国东部的勘探工作。1959年9月松辽盆地松基3井获得工业油流,揭开了大庆石油勘探开发会战的序幕。

2)历史性转变(1960—1978年)

20世纪60年代前半期,石油工业集中了主要人力、物力开展大庆石油勘探开发会战。3年多时间探明了一个大油田,建成了年产原油600×10^4t能力。1963年全国产油647.7×10^4t,做到了原油自给。自1964年起又开展了华北石油会战,发现了山东胜利、天津大港油田。与此同时,大力发展炼油新技术,组织炼厂建设歼灭战。1965年全国产油

---

[1] 摘自《石油天然气资源经营管理基础》,石油工业出版社,1999年。为保持全书体例的统一,在摘选时进行了修改。

$1131 \times 10^4 t$，并且实现了石油产品自给。大庆会战的胜利，促进了石油工业的全面发展，从根本上改变了中国石油工业的面貌。

20 世纪 60 年代后半期至 70 年代，全面开发大庆油田，加强了胜利、大港等油田的建设。同时，大力展开勘探，四川威远、中坝和泸州古隆起一批气田的发现，特别是川东石炭系气藏的发现为四川的天然气勘探开发开拓了新的领域。江汉王场，甘肃马岭，辽河兴隆台、欢喜岭、曙光、高升等一批油田，尤其是河北任丘碳酸盐岩大油田的发现和投入开发，使全国原油产量快速增长。1978 年全国年产油 $10404 \times 10^4 t$，突破了亿吨大关，成为当时世界上排名第 8 的产油大国。年产天然气 $137.3 \times 10^8 m^3$，列世界第 13 位。原油加工生产各种油品 $6500 \times 10^4 t$。原油和油品生产的发展，不仅满足了国内的需要，而且自 1972 年开始成为石油出口国，最多的一年是 1985 年，出口原油 $3115 \times 10^4 t$，成品油 $660 \times 10^4 t$，净出口 $3703 \times 10^4 t$。

3）持续发展（1979 年至目前）

20 世纪 80 年代初，国家为了加快石油工业发展并增添其后劲，采取了 3 项政策：一是，对石油工业实行 $1 \times 10^8 t$ 产量包干，解决了石油工业资金不足的困难；二是，海上和陆上南方 11 省先后对外开放，石油工业进入大规模对外合作勘探开发石油资源的新时期；三是，石油工业以多种方式引进国外先进技术和先进装备，为迅速提高石油工业技术水平创造了有利条件。随着胜利、辽河、中原、新疆等一批新油气田的发现和开发，使全国原油产量增长加快，1985 年，石油产量达到了 $1.25 \times 10^8 t$，世界排名上升至第 5 位；天然气产量 $128.3 \times 10^8 m^3$，列世界第 15 位。南海崖 13-1 大气田，陕北中部气田、柴达木东部气田、四川东部大面积孔隙性气层的发现，开始逐步改变天然气勘探长期落后于石油勘探的状况。

80 年代后半期，由于国际油价下跌和长期疲软，国内油价长期偏低，物价上涨等原因，石油工业资金短缺，投入严重不足，限制了勘探、开发工作的展开。"七五"时期和"六五"时期相比，国家对能源工业的投资比例下降了 1.2%。而且，石油工业投资占能源工业投资的比例由 6.2% 下降到 5.2%。因此，不得不调整"七五"的实物工作量计划。例如，探井进尺减少了 47%。同时，储量增长也只完成原计划的 70%。一方面，储量增长减缓；另一方面产量继续增加，导致自 1988 年起，每年石油产量大于当年新增可采储量。又由于国内石油价格长期与价值背离，自 1988 年至 1993 年期间石油工业出现了"全行业政策性亏损"，使石油工业难以实现良性循环。但是，石油战线广大干部和职工在党和国家关怀下，克服了重重困难。全国油气产量依然稳中有升。1995 年，全国原油产量 $14906 \times 10^4 t$，居世界第 5 位；天然气产量 $174 \times 10^8 m^3$，居世界第 21 位。

新中国建国以来，石油工业的发展给国家创造了巨大的财富。据不完全统计，截至 1994 年底，累计财政上缴相当于国家给石油工业投资的 4.4 倍。出口原油、成品油换汇 712×10^8 美元。无论在"三年自然灾害时期"还是在"十年动乱时期"，石油工业都是迎难而上，给国家做出了特殊的贡献。

改革开放以来，我国经济高速增长，对能源的需求也日益增加，油、气供求关系日趋紧张，出口量下降，进口量上升，自 1993 年起，我国又一次成为石油净进口国，石油又一次成为制约经济发展的"瓶颈"。为了加快石油工业的发展，国家陆续出台了一系列政策为石油工业今后的发展注入了新的活力。

2. 现状分析

经过 40 多年不懈的努力，在我国陆上已经形成了大庆、吉林、辽河、冀东、大港、胜利、华北、中原、河南、江苏、安徽、江汉、长庆、四川、滇黔桂、玉门、青海、新疆、吐鲁番—哈密、塔里木和延长等 21 个油气生产基地；在海上，形成了渤海、东海、南海东部和南海西部等 4 个生产基地。1995 年全国生产原油 $14906 \times 10^4 t$。其中陆上 $14064 \times 10^4 t$，占 94%；海上 $842 \times 10^4 t$，占 6%。全国生产天然气 $174 \times 10^8 m^3$，其中陆上 $170 \times 10^8 m^3$，占 98%；海上 $4 \times 10^8 m^3$，占 2%。与石油相比，我国的天然气工业还很落后。世界上主要产油气国家油气产量按热值当量比较，大体为 1∶1；而我国则接近 10∶1。根据现有资料分析我国拥有丰富的天然气资源，无论从经济建设还是环境保护需要，加速发展天然气工业势在必行。

我国陆上习惯根据自然地理和石油地质条件，将陕甘宁盆地、四川盆地及其毗邻区称为中部区，该区以东为东部区，以西为西北区，其东南为南方区，其西南为青藏区（图1）。1995 年各区油气产量（表1）表明，东部区依然是我国最主要的生产区，石油产量占全国的 82%，天然气产量占全国的 46%。

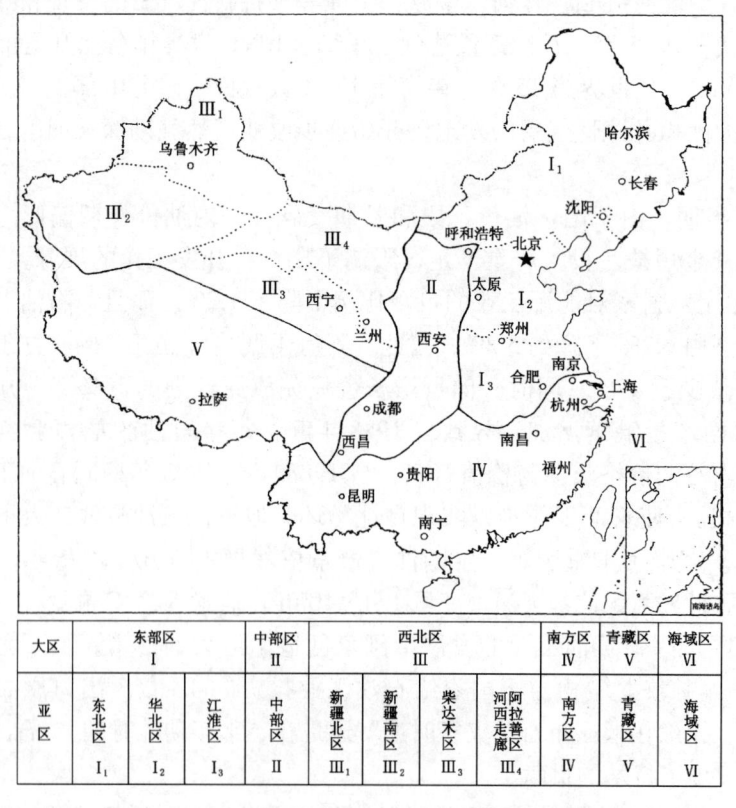

大区	东部区 I			中部区 II	西北区 III				南方区 IV	青藏区 V	海域区 VI
亚区	东北区 I_1	华北区 I_2	江淮区 I_3	中部区 II	新疆北区 III_1	新疆南区 III_2	柴达木区 III_3	河西阿拉善走廊区 III_4	南方区 IV	青藏区 V	海域区 VI

图 1 全国石油资源分区（据翟光明等，1994）

表1 全国1995年分地区石油、天然气产量

地 区	东部区	中部区	西北区	海域区	全国
石油，$\times 10^4$t	12271	367	1426	842	14906
天然气，$\times 10^8$m^3	80.2	77.8	12.2	3.8	174

经过多年来连续高速开采，我国陆上已开发油田的主体已进入高采出程度、高含水的新阶段，工作难度越来越大。在这个阶段里，油田的基本特点是地下剩余油高度分散，油水关系犬牙交错更为复杂，调整挖潜的难度增加，作业措施的效果将进一步下降。因此，相应的采油成本，产能建设投资均将逐年上升。为了弥补老油气田递减，需要投入大量的新油气田的储量。

截至1995年底，我国已发现油田458个，气田273个。累计探明石油储量174×10^8t。其中，陆上占96%；海上占4%。累计探明天然气储量14014×10^8m^3。其中陆上占83%；海上占17%。在世界油气生产国中，中国的石油剩余可采储量大体列第12位，天然气剩余可采储量居26位。但是，人均占有量都远远低于世界平均水平（表2、表3）。

表2 世界各国1993年底剩余石油储量、位次和人均占有量、位次

剩余储量位次	国家	剩余储量，$\times 10^4$t	人均占有量，t	人均占有量位次
1	沙特阿拉伯	3543877	2383.2	3
2	伊拉克	1369863	756.8	5
3	阿拉伯联合酋长国	1344789	8447.2	1
4	科威特	1287671	6008.7	2
5	伊朗	1272055	228.1	11
6	委内瑞拉	867534	439.5	8
7	前苏联	780822	27.0	20
8	墨西哥	697603	80.9	13
9	美国	325274	13.0	28
10	利比亚	312329	687.0	6
11	尼日利亚	245203	21.2	23
12	中国	223500	2.0	43
13	挪威	127175	299.8	10
14	阿尔及利亚	126027	50.3	15
15	埃及	86301	16.6	27

据第14届世界石油大会，1994。

表3 世界各国1993年剩余天然气储量、位次和人均占有量、位次

剩余储量位次	国家	剩余储量，$\times 10^8$m^3	人均占有量，$\times 10^4$m^3	人均占有量位次
1	前苏联	565151	19.5	10
2	伊朗	206590	37.0	6
3	卡塔尔	70750	1572.2	1

续表

剩余储量位次	国家	剩余储量，×10⁸m³	人均占有量，×10⁴m³	人均占有量位次
4	阿拉伯联合酋长国	59571	374.2	2
5	沙特阿拉伯	52457	35.3	7
6	美国	46699	1.87	28
7	委内瑞拉	36479	18.5	12
8	阿尔及利亚	36224	14.5	14
9	尼日利亚	33960	2.94	22
10	伊拉克	30989	17.1	13
11	加拿大	26835	10.1	17
12	马来西亚	21706	12.2	16
13	墨西哥	20080	2.33	26
14	挪威	19948	47.0	5
15	荷兰	19288	12.9	15
16	印度尼西亚	18222	1.02	35
17	科威特	14829	69.2	4
18	利比亚	12961	28.5	9
19	阿根廷	7500	2.32	27
20	印度	7175	0.08	64
21	孟加拉国	7132	0.67	44
22	巴基斯坦	6492	0.58	47
23	英国	6096	1.09	33
24	阿曼	5660	36.4	8
25	澳大利亚	5549	3.25	23
26	中国	4653	0.04	71
27	埃及	4358	0.84	42
28	也门	4245	3.76	20
29	巴布亚新几内亚	4245	10.8	18
30	文莱	3962	146.7	3

据第 14 届世界石油大会，1994。

我国对石油工业一直进行着严格有效的管理，这对石油工业迅速崛起发挥了关键性作用。1988 年以后，国家更进一步确定石油天然气为"特定矿种"，实行"一级登记管理，"因此矿业秩序一直是比较好的。作为石油上游业主体的国有石油天然气公司，在勘查、开采油气资源过程中，也比较注意保护资源和保护环境。但是，近些年来，在建设社会主义市场经济过程中，由于机构变动频繁，宏观管理跟不上，以及某些理论和舆论的误导，在某些地方无视矿产资源归国家所有的法律规定，乱开滥采石油、天然气资源的事情时有发生。既极大地浪费了石油、天然气资源，阻碍了石油工业的发展；又严重地污染和破坏了自然环境,严重地破坏了社会治安和稳定。目前国家正在加强依法治矿工作,努力为石油工业持续健康地发展营造一个良好的环境。

二、石油地质条件

中国大陆及近岸海域居于亚欧、太平洋和印度三大板块的结合部,特定的大地构造位置及其演化历史使本区石油地质条件具有鲜明的特色,进而对该区石油资源分布规律产生明显的影响。在此将对这一方面的问题作扼要的介绍,帮助读者了解正确制定石油资源管理的法律、政策和制度,以及正确的作出投资和经营决策的客观基础。由于篇幅限制,文中涉及的若干石油地质学的术语,不能逐一解释,请参看有关专门著作。

1. 两大套沉积岩系

中国大陆及近岸海域的沉积岩系在纵向上可以粗略地分成两大套:下部的中、新元古界,古生界以及南方的三叠系中、下部,以海相沉积岩为主;上部的中生界、新生界以及北方的二叠系,以陆相沉积为主。二者均具有多个"石油系统"(表4)。

表4 全国含石油、天然气层位表

地层单元		沉积相	主要岩性	海域区	东部区	中部区	西北区
界	系						
新生界	第四系	海相	碎屑岩	▽			▲ ▽
	新近系			▲ ▽	▲ ▽		▲ ▽
	古近系			▲ ▽	▲ ▽		
中生界	白垩系	陆相			▲ ▽		▲ ▽
	侏罗系				▲	▲ ▽	▲
	三叠系					▲ ▽	▲
古生界	二叠系			▲	▲		▲
	石炭系	海相	碳酸盐岩	▲		▽	▲ ▽
	泥盆系						
	志留系						▲
	奥陶系			▲ ▽	▲ ▽	▽	▲ ▽
	寒武系				▲		▲ ▽
元古界(含震旦系)				▲ ▽	▲	▽	
太古界				▽	▲ ▽		

注:表中▲为油田;▽为气田。

2. 中新元古界以来两次重大的构造事件

印支期前,近东西向展布的中朝、扬子和塔里木地台,与毗邻的地槽区,槽台相间使中国大陆"南北分区"(图 2a)。印支期前的历次构造运动使中、新元古界和古生界发生形变,地槽区逐步回返形成不同时期的褶皱带,不断地拼合到地台四周,使中国地台不断增生。不过这种增生也是波浪式向前发展的,在震旦纪末和寒武纪初期古中国地台曾经一度解体,二叠纪后海西运动又造就了古欧亚大陆。

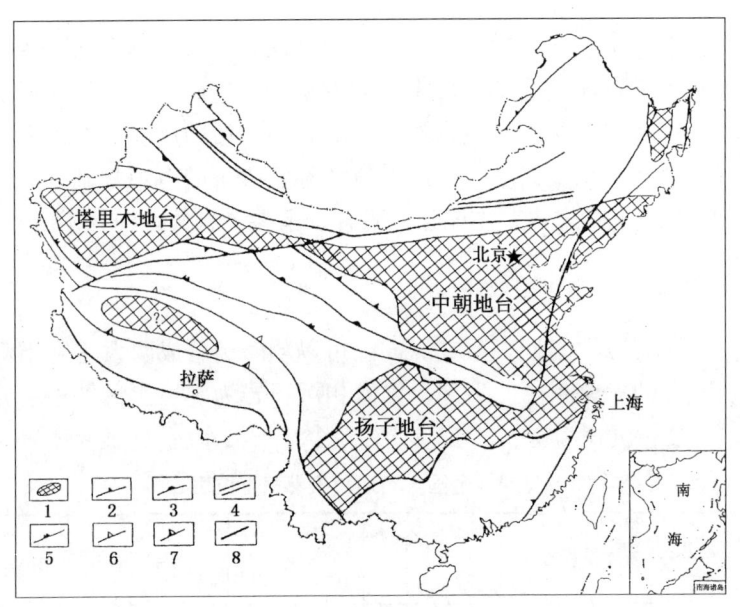

图 2a 中国大陆的三大地台及毗邻的褶皱带
(据王尚文等,1984,略有修改)
1—地台;2—加里东期褶皱带;3—早海西期褶皱带;4—中、晚海西期褶皱带(缝合带);
5—中、晚海西期褶皱带;6—印支期褶皱带;7—燕山期褶皱带;8—喜山期褶皱带(缝合带)

印支期、燕山期和喜马拉雅期,太平洋板块和印度板块的剧烈活动,改变了中国早期大地构造单元"南北分区"的面貌,中国大陆被分成了东、中、西三大含油气区(图 2b)。

3. 两类中、新生界盆地

当前,中国的全部油气产量均来自中、新生界盆地。根据这些盆地下伏层的大地构造属性不同,粗略地将它们分为两类:

"Ⅰ"型盆地,下伏层以"地台"型海相沉积岩为主。如渤海湾、鄂尔多斯、四川、苏北、江汉和塔里木等盆地。

"Ⅱ"型盆地,下伏层以"地槽"型海相沉积岩为主。如松辽、准噶尔等盆地。

在上述两类盆地里,年轻的陆相地层都是重要的油气生产层,不过中部区和西部区以中生界为主,后者并在第四系里找到了工业油气藏;在东部区,中生界产层与新生界产层大体平分秋色。

三、前景预测

关于我国石油资源前景问题,20 世纪初一些西方石油公司曾作过若干预测,由于机械

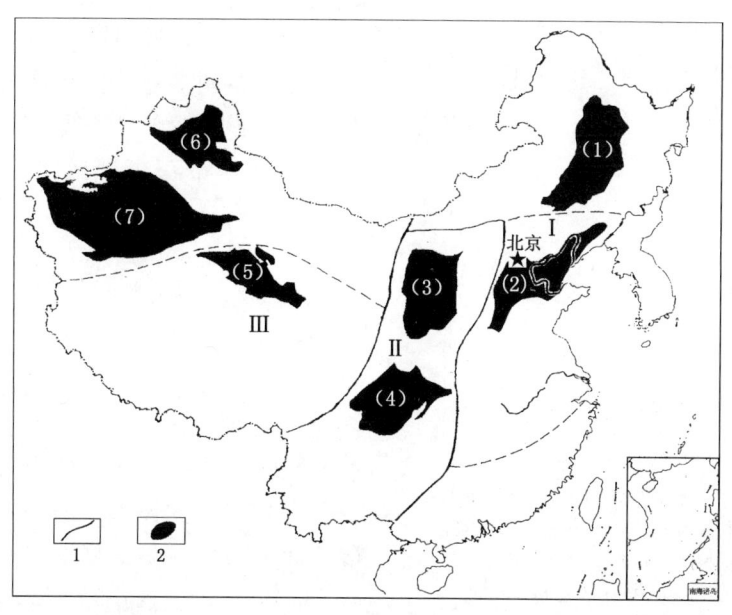

图 2b 中国大陆的三大含油气区及主要含油气盆地

1—含油气区边界；2—含油气盆地；Ⅰ—东部区；Ⅱ—中部区；Ⅲ—西部区；(1) 松辽盆地；(2) 渤海湾盆地；(3) 鄂尔多斯盆地；(4) 四川盆地；(5) 柴达木盆地；(6) 准噶尔盆地；(7) 塔里木盆地

的套用他们在海相地层里找油气的知识和经验，不可能不导致"中国贫油"的结论。我国老一代地质家谢家荣、李春昱、李四光、黄汲清、翁文波、孙健初和潘钟祥等都进行过探索和论述。限于当时实践规模和科学技术水平，他们的成果多数属于定性范畴。新中国建立后，有关部门也都组织过多次预测，但是采用现代科学技术方法对全国石油资源进行全面的、系统的定量预测，至今进行过两次。第一次是 20 世纪 80 年代初—中期，当时的石油工业部和地质矿产部分别组织了本系统的专家进行预测。第二次是 1992—1994 年，由原中国石油天然气总公司组织，中国海洋石油总公司参加。经过上千名专家共同研究的结果，我国石油、天然气的总资源量，第一次预测，原石油工业部的报告认为是 787×10^8t 和 33×10^{12}m³。第二次预测，原中国石油天然气总公司的报告认为是 940×10^8t（实为 938×10^8t，下同）和 38×10^{12}m³。由于两次进行预测的地质资料基础、预测的主要思路和从事预测专家的主要构成大体相似，因而两组数据相差不多。下面的分析讨论将以后一次的预测数据为主。

1. 石油资源潜力

根据原中国石油天然气总公司 1994 年完成的《第二次全国油气资源评价研究报告》作出的最新预测，全国石油总资源量（不包括台湾省、南海南部和西藏大部分区域）期望值为 940×10^8t；天然气总资源量为 38×10^{12}m³（表5）。和国际惯例相同，上述资源由工作程度和可信程度不同的两部分组成：即经过钻井、测试工作证实的储量和主要依靠地质理论、资料和现代技术预测的资源量。每一部分又可细分为若干种类型（图3）。截至 1995 年底，我国累计探明石油储量 174×10^8t，占总资源量的 19%；天然气储量 14014×10^8m³，占总资源量4%。油气资源的探明程度都很低。

我国油气资源空间分布的不均匀性十分突出。从地域上看，由于南方区、青藏区和南海中南部区工作程度低、情况不够明朗外，油气主要分布在东部区、西北区和海域区（表6）。

从盆地看，70%以上油气资源储藏在松辽、渤海湾、鄂尔多斯、四川、准噶尔、塔里木、东海和南海等14个面积大于$10\times10^4 km^2$的盆地内（表7）。由于我国独特而又十分复杂的石油地质条件，陆相地层极为发育等因素的影响，我国油气资源中难找、难采的部分占有相当大的比例。石油总资源量中，分布在地表条件较好的区域（平原、丘陵）仅占53.7%；埋深小于3500m的占70%；重油

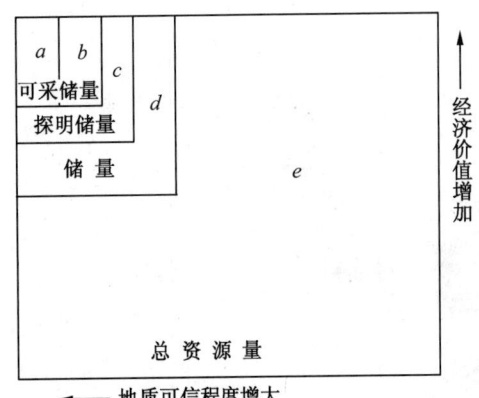

图3 石油天然气资源分类
a—累计产量；b—剩余可采储量；c—非可采量；
d—控制储量和预测储量；e—待发现资源量；
a+b= 可采储量；a+b+c= 探明储量；
a+b+c+d= 储量；a+b+c+d+e= 总资源量

及低渗透储层中的石油占43.5%。

表5 全国石油与天然气总资源量数据表

地区 \ 资源量	石油资源量，$\times 10^8$t					天然气资源量，$\times 10^{12}$m³				
	概率			期望值	占全国总资源量 %	概率			期望值	占全国总资源量 %
	95%	50%	5%			95%	50%	5%		
陆地	678.0	692.8	705.2	694.0	73.83	29.26	29.93	30.41	29.90	78.60
海域	240.3	245.7	250.5	246.0	26.17	7.87	8.15	8.43	8.14	21.40
全国	920.7	938.1	951.9	940.0	100.00	37.30	38.08	38.64	38.04	100.00

表6 全国油气资源地区分布数据表

分区	评价盆地或地区个数	沉积岩总面积 km²	天然气资源量，$\times 10^{12}$m³				石油资源量，$\times 10^8$t			
			概率			期望值	概率			期望值
			95%	50%	5%		95%	50%	5%	
东部区	55	1061133	351.3	363.7	374.4	364.0	4.23	4.36	4.47	4.36
中部区	5	501000	36.4	38.3	40.2	38.5	11.15	11.30	11.90	11.52
西北区	21	1188169	250.7	257.7	263.0	258.1	10.49	10.76	11.97	10.74
南方区	54	567135	24.5	25.1	25.7	25.0	3.19	3.29	3.38	3.28
青藏区	5	201304	7.9	8.3	8.7	8.4	—	—	—	—
海域区	10	785719	240.3	245.7	250.5	246.0	7.87	8.15	8.43	8.14
全国	150	4304460	920.7	938.1	951.9	940.0	37.30	38.08	38.64	38.04

表7 油气资源量与盆地面积数据表

盆地面积 km²	盆地个数	占盆地总数 %	沉积岩面积 km²	占沉积岩总面积 %	石油资源量 ×10⁸t		天然气资源量 ×10¹²m³	
					资源量	占总资源量 %	资源量	占总资源量 %
≥10	14	9.33	272.7	63.35	693.1	73.73	29.06	76.39
10~1	45	30.00	133.3	30.96	216.3	23.01	7.63	20.06
1~0.1	58	38.67	22.7	5.27	26.0	2.77	1.32	3.47
<0.1	33	22.00	1.8	0.42	4.6	0.49	0.03	0.08
合计	150	100.0	430.5	100.0	940.0	100.0	38.04	100.0

2. 未来的储量增长

油气储量未来能否增长，增长的幅度有多大，主要取决于两个因素：一是对油气产品的需求状况；二是自然界有没有足够的石油资源允许探明那么多储量。

1) 增长的需要

世界上众多的，权威性的能源组织都认为在21世纪的前20年至30年期间，油气仍然是主要的能源和化工原料，对油气产品的需求将会持续的增长。以第14届世界石油大会作出的预测为例。该项预测认为对原油的需求将持续增加，至2030年估计达到每年需要 41×10^8t（300×10^8bbl）的水平。原油产量的高峰期在2010年，产量约为 36×10^8t（260×10^8bbl）。2010年以前产量可以满足增长的需求，2010年后产量逐步下降将出现供不应求的形势，而且缺口越来越大（图4）。在同一时期内对天然气的需求也将持续增长，而且随着原油产量的下降，其增长速度将会加快。

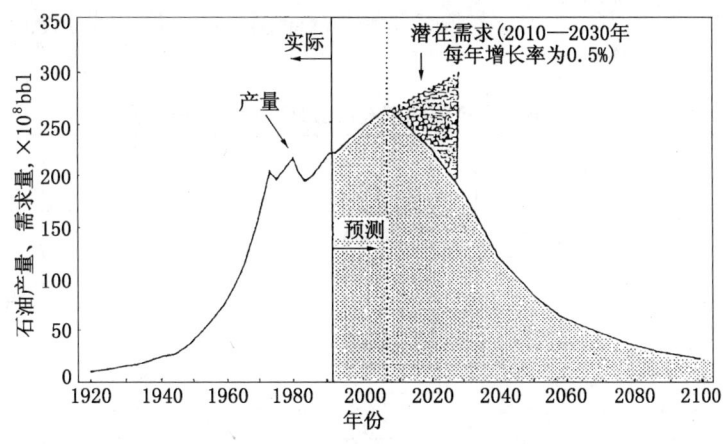

图4 世界原油产量与需求的预测
(据第14届世界石油大会，1994)

(1) 假设1992—2000年年需求增长为1.3%，2000—2010年年需求增长为1%。(2) 1×10^8bbl=0.137×10^8t

我国自1993年起又一次成为石油净进口国，国内外许多知名的机构都预测我国的经济将长期高速增长,对油气的需求也将持续增长,进口量将会日益加大。20世纪50年代和60年代我国曾两次在石油供应上被美国和前苏联"卡脖子"。历史经验证明建设社会主义只能以国内的石油资源为基础,执行"国内为主、国外补充"的政策。因此,旺盛的对油气的需求,必将是推动国内油气勘探,增长储量的强大动力。

2) 增长的可能

前已述及,我国油气资源总量是很大的,名列世界前茅。同时,由于历史原因全国油气勘探程度还很低,资源的探明程度也很低,因而储量增长的潜力还是很大的。

自1949年至1995年的46年间,我国共打探井3.2×10^4口;而美国自1949年至1988年40年间累计打探井44×10^4口。年均打探井前者为700口,后者为11000口,相差近16倍。截至1995年底我国有油气开发井近10×10^4口,而美国高达87×10^4口,相差近9倍。中美两国沉积岩分布规模大体相仿,工作程度上的巨大差异表明我国拥有广阔的待勘探领域,如南方、青藏高原都有很好的含油气前景;南海中南部的油气潜力已为初步的工作和周边国家油气勘探成果所证实。

以原中国石油天然气总公司1994年完成的《第二次全国油气资源评价研究报告》估算的资源量为标准,截至1995年底,我国累计探明石油和天然气储量仅分别占资源量的19%和4%,探明程度很低。特别是陆上的西部区和海域,石油资源的探明率和天然气资源的探明率更低,但潜力很大。1995年7月查全衡等为全国人民代表大会环境与资源委员会拟定的一份报告中指出:"根据一组石油专家用特尔菲法进行统计分析得出的谨慎预测","从当前的技术、经济条件出发,并考虑今后技术进步",到21世纪上半叶我国累计石油探明储量翻一番,天然气储量增加4~5倍是可能的。这和1994年第14届世界石油大会对我国资源量的估计很相近(表8、表9)。在世界油气生产国中,名列第9、第10位。但是,人均占有量,石油列第41位;天然气列第49位。应当指出,和第14届石油大会在认识上有一点是不同的,即对前述资源量数字我们并不认为是"最终的",而认为是"阶段的"。随着科学技术进步,采收率的提高,南海南部等此次全国资源评价未涉及地区的进一步工作,相信可采储量将会有显著的增长。

表8 世界主要产油国家石油最终可采资源量及位次

资源量位次	国 家	资源量 $\times10^8$t	人均占有量 t	人均占有量位次
1	沙特阿拉伯	512.6	3447	3
2	前苏联	471.5	163	16
3	美国	349.6	140	19
4	伊拉克	202.5	1119	7
5	伊朗	176.6	317	13
6	科威特	153.8	7177	1
7	委内瑞拉	150.8	778	10
8	墨西哥	127.9	148	17
9	中国	114.9	10	41

续表

资源量位次	国家	资源量 $\times 10^8$t	人均占有量 t	人均占有量位次
10	阿拉伯联合酋长国	109.2	6859	2
11	利比亚	74.9	1648	6
12	加拿大	67.5	225	15
13	尼日利亚	55.1	48	31
14	英国	49.7	87	24
15	印度尼西亚	47.7	27	25

表9 世界主要产气国家天然气最终可采资源量及位次

资源量位次	国家	资源量 $\times 10^{12}$m^3	人均占有量 $\times 10^4$m^3	人均占有量位次
1	前苏联	107.24	37.1	15
2	美国	40.43	16.2	20
3	伊朗	35.37	63.4	8
4	加拿大	13.75	51.8	10
5	沙特阿拉伯	13.73	92.3	5
6	阿拉伯联合酋长国	7.29	458.5	2
7	尼日利亚	7.20	6.2	24
8	卡塔尔	7.18	1595.6	1
9	委内瑞拉	7.14	36.2	13
10	中国	6.43	0.57	49
11	挪威	6.41	151.2	4
12	阿尔及利亚	6.03	24.1	17
13	墨西哥	5.96	6.9	23
14	印度尼西亚	5.35	3.0	34
15	伊拉克	5.10	28.2	14

即使在我国勘探程度相对较高的东部区，仍有相当大的储量增长潜力，新的储量增长高峰已经或正在出现。近15年里，全国每年探明储量中，东部区石油约占79%，天然气约占16%，而且这种增长趋势还将长期延续下去。

新中国石油工业近半个世纪的实践，做了两件事：第一，否定了"中国贫油论"；第二，积累了丰富的资料，可以有根据地预见我国油气储量和产量还将继续增长。近15年来油气储量进入了新的高速增长期的事实更增添了人们对我国油气勘探前景的信心。改革开放以来，世界上知名的石油公司都先后来到中国参与开发石油资源，但是并没有达到人们所预期的效果，"贫油论"又以新的形式抬了头。其实，外国石油公司，尤其是那些大公司成果不理想的主要原因有两个：（1）他们对中国的石油地质条件和油气分布规律还要有一个摸索和熟悉的过程；(2) 对中国石油资源进行技术经济评价的"门槛值"过高，远远高于他们在本国的标准。因此，其实质不是我国的石油资源前景不好，或者是没有将好区块给外国石油公司的问题，而是就目前状况他们一时找不到或采不了。我国海洋对外合作开采石油资源的实践充分证明了这一点。阿科公司（ARCO）在南海找到了崖 13-1 大气田；中国海洋石油总公司近期在法、英、美等国石油公司工作过，并最终放弃的渤海湾北部海域先后发现秦皇岛 32-6、南堡 35-2 等亿吨级大油田的事实，是最具说服力的例证。

四、煤层气

我国是世界上的产煤大国，拥有丰富的煤炭和煤层气资源。

煤层气，即煤层甲烷或瓦斯。是天然气的一种，是一种新开发的矿产资源。

为了保障煤矿的安全生产，利用采煤的巷道、竖井抽排煤层气（瓦斯），这从现代煤炭工业开始之日起人们就是这样做的。我国的煤炭矿井中将近一半属于高沼煤或有瓦斯突出的矿井。根据中联煤层气有限责任公司的粗略统计（1998），我国煤矿每年向大气排放的甲烷约为 $56×10^8m^3$。其中只有一部分主要作为燃料得到了利用。

将煤层气作为独立的开采对象，全面系统地研究其形成机理、储集方式、开发特点等，采用类似开采石油天然气方式进行生产则是 20 世纪 70 年代开始的。1975 年美国首先在亚拉巴马州俄克格罗夫（Oak Grove）煤矿进行了小规模的试验。之后，许多石油公司和机构又在黑勇士、圣胡安等含煤盆地展开了大规模的试验和生产。1977 年至 1982 年期间，美国将煤层气的开采作为非常规天然气开采计划的一部分，对全美 13 个盆地，总计 $61×10^4mile^2$ 的区域，埋深 6000ft❶ 以上的煤层气资源进行了评价。1984 年，美国国会通过煤层气享受税款补贴政策，每采 $1m^3$ 煤层气可获得 2.82 美分的补贴，使开采煤层气的收益超过了开采普通天然气的收益。在这项政策和新理论新技术的推动下，美国煤层气产量从 1983 年的 $8.7×10^8m^3$，1997 年迅速增长到 $300×10^8m^3$，是我国 1995 年天然气产量的 1.8 倍。

我国在这一方面的工作起步较晚。"七五"期间，当时煤炭工业部、地质矿产部等单位，开始对我国煤层气资源进行评价。进入 20 世纪 90 年代，联合国和我国合作开展了两个煤层气勘探试验项目。与此同时，一些外国石油公司与我国的一些公司和单位进行合作勘探研究。截至 1995 年，全国在 35 个地区先后打了 90 多口煤层气井，在山西柳林、晋城等地都有较好的进展。根据张新民等（1991）的研究成果，我国的煤炭总资源量为 $50479×10^8t$。与之相伴生的煤层气资源，单是赋存于海拔 $-2000m$ 以内的就达 $30×10^{12}\sim35×10^{12}m^3$，和前述普通天然气资源规模大体相当。就组分和用途而言，煤层气就是普通天然气，二者的开采原理和方法也大同小异，因此，在预测我国的石油天然气前景时应该连同煤层气一并予以考虑。

---

❶ $1mile^2=2.59×10^6m^2$，$1ft=0.3048m$。

五、结束语

一个成功的投资者、经营者或管理者,其最重要的也是最基本的条件就是:按照实际情况决定工作方针,也就是使自己的决策和各种努力尽量符合客观实际。

我国石油上游业当前面临的实际,归纳起来大体有以下几点:

(1) 石油是重要的战略物资,不是一般的商品。因此,企业在从事石油资源生产经营时,应该充分考虑到国家利益,自觉地适应国家的需要。

(2) 石油上游业具有高风险、高技术、高投入和高回报的特点。决策的失误往往是最大的失误,将造成巨大的经济损失。应该通过民主决策,实现科学决策,避免或减少失误。

(3) 石油上游业是庞大的系统工程,也是人类大规模改造自然的活动。稍有不慎极易酿成难以弥补的严重后果。企业在开发石油资源的过程中,应当兼顾社会方方面面的利益,严格依法治矿,遵守国家有关的各项法律和法规。

(4) 石油供给是制约我国经济持续高速增长的"瓶颈"之一。旺盛的需求是发展石油业的强大原动力。石油企业应当抓住机遇,努力提高自身经营管理水平,以求得新的、更大的发展。

(5) 石油资源总量很大,人均占有量少。富集高产储量不多。我国石油资源总量很大,居于世界前列。但是我国人口约占世界的 1/4,石油可采资源量只占 1/30,天然气可采资源量只占 1/50,因此人均占有量大大低于世界人均水平。加之,我国独特而又复杂的石油地质条件,在总资源量中大体有一半属于难找、难采的资源。在已探明的储量中大庆长垣、胜坨、任丘和崖 13-1 等油气田那样富集高产储量并不多见。开发油气的惯例通常是先易后难,显而易见今后的开发领域无论是地表还是地下条件,就总体而言条件越来越困难,因而需要更高的技术和更多的投入。尽管开发这些资源难度很大,但是它们在资源总量中占有很大的份额,同样需要倍加珍惜,精心经营,严格管理。

(6) 我国正在建设社会主义市场经济,石油业执行的是"国内为主、国外补充"的发展方针。历史和现实都告诉我们,依赖"洋油"建设社会主义,来解决我国的能源需要是不现实的。

(7) 节能的潜力很大。根据有关部门统计,我国单位 GNP 的能耗是日本、德国的 10 倍,是美国的 5 倍,是韩国、印度的 2 倍,节能潜力确实很大。"节约、合理地使用石油资源"是我们的基本国策,开采时要不断提高采收率;使用时要不断降低能耗。

我们有进一步发展国内石油业的资源基础:有一支工种齐全、经验丰富、特别能战斗的石油队伍,这在发展中国家里是独一无二的。通过深化改革,实现两个根本性的转变,"加强勘探,科学开采,保护资源,保护环境",依靠科学技术和科学管理,积极地进行对外合作开发,国内的石油上游业一定能够得到较快的、健康的发展。同时,只要政治、经济条件允许,还要积极利用国外石油资源,参与国外开发,建设自己的稳定的石油供应基地。一方面努力开源,另一方面努力节流,两方面都存在着大量的困难和机遇。抓住机遇,克服困难,做好工作,我们是能够满足我国持续发展对油气需求的,与此同时,石油企业只要经营管理得当,必将得到发展,得到丰厚的回报。

参 考 文 献

1. 王尚文，等．中国石油地质学 [M]．北京：石油工业出版社，1983
2. 地质矿产部华北石油地质局 [M]// 煤层气译文集．郑州：河南科学技术出版社，1990
3. 李金昌，等．资源经济新论 [M]．重庆：重庆大学出版社，1995
4. 李明潮．煤层气及其勘探开发 [M]：北京：地质出版社，1996
5. 全国资源委石油天然气储量委员会办公室 [M]// 石油天然气资源管理论文集．北京：石油工业出版社，1999
6. 李德生．中国含油气盆地的构造类型 [J]．石油学报，1982，3（3）
7. 陈国达．活化（地洼）构造理论的历史回顾与发展现状 [J]．长沙：中南矿冶学院学报，1991
8. 张帆．环境与自然资源经济学 [M]．上海：上海人民出版社，1998
9. 张新民，等．中国的煤层甲烷 [M]．西安：陕西科学技术出版社，1991
10. 张伯声，等．镶嵌构造波浪运动说 [M]// 构造地质进展．北京：科学出版社，1982
11. 胡文海，等．美国油气田分布规律和勘探经验 [M]．北京：石油工业出版社，1995
12. 杨申镳，等．煤层气勘探与开发 [M]．山东：石油大学出版社，1994
13. 查全衡．依靠科学技术，依靠科学管理，加强勘探，提高勘探效益 [M]// 石油天然气勘探经验和技术．北京：石油工业出版社，1989
14. 查全衡．我国的石油资源经营管理 [J]．勘探家（石油与天然气），1996，1（1）
15. 查全衡，等．中国石油地质和储量增长的若干特点 [M]// 石油天然气资源管理论文集．北京：石油工业出版社，1999
16. 钱凯，等．煤层甲烷气勘探开发理论与实验测试技术 [M]．北京：石油工业出版社
17. 龚再升，等．含油气盆地早期油气资源评价方法 [J]．石油学报，1983，4（3）
18. 黄汲青，等．中国大地构造及其演化 [M]．北京：科学出版社，1981
19. 黄第藩，等．陆相有机质演化及成烃机理 [M]．北京：石油工业出版社，1984
20. 焦力人，等．当代中国的石油工业 [M]．北京：中国社会科学出版社，1988
21. И. И. 湟斯捷罗夫，等．大油气田在地壳中的分布规律 [M]．北京：石油工业出版社，1980
22. B. P. 蒂索．石油形成和分布 [M]．北京：石油工业出版社，1982
23. 戴世昭，等．江汉盐湖盆地石油地质 [M]．北京：石油工业出版社，1997
24. M.W.Ball, et al.Possible Future Petroleum Provinces of North America [C]. AAPG, 1951
25. J. A. Barclay et al. Conventional Oil Resources of Western Canada [C]. Geological Survey of Canada. 1988
26. A. L. Clarl. Introduction to the Process of Resource Assessment [C]. Assessment of

Undiscovered Oil and Gas, 1980

27. G. L. Doltan. Estimates of Undiscovered Recoverable Conventional Resources of Oil and Gas in the United States [C]. Geological Survey Circular 860, 1982

28. V. A. Dvurechenskiy et al. Classification of Resources and Reserves Oil, Gas, Condensate and Associated Components [J]. Oil Industry, 1994

29. N. N. Nemchenko et al. Distinctions in the Oil and Gas Reserves and Resources Classifications Assumed in Russia and USA Source of Distinctions [J]. Energy Exploration and Exploitation, 1995, 13 (6)

30. Geological Survey of Canada. Methodology of Petroleum Resources Evaluation [R], 1980

31. R. P. Sheldon. Estimates of Undiscovered Petroleum Resources [R]. USGS Annual Report, 1975

32. D. Sluijk. Worldwide Geological Experience as a Systematic Basis for Prospect Appraisal [C]. AAPG Memoir. 1954, 35

33. SPEE. Guidelines for Application of the Definitions for Oil and Gas, 1988

34. Zha Quanheng. Jizhong Depression, China—It's Geologic Framework, Evolutionary History, and Distribution of Hydrocarbons [C]. AAPG Bulletin, 1984, 68

35. Zha Quanheng. Outlook for the Upstream of Onland Petroleum Industry of China [J]. China Oil and Gas, 1994

立足现实　善待本土石油资源[1]

1993 年，中央财经领导小组第 8 次会议，强调石油天然气工业的发展必须继续贯彻"稳定东部、发展西部，国内为主、国外补充，油气并举，节约开发并重"的方针。

方针鼓励积极使用国外石油资源（含天然气，下同）；同时，强调了开发国内石油资源的重要性。明确了国内、国外两种资源的主、辅关系，不同的战略地位。历史和现实业已证明，任何时候，即使在进口石油总量超过国内产量的时候，都应该锲而不舍地、精心地开发好国内石油资源。因为这是我国能源安全的基础，也是主动利用国外资源的基础。

我国国内的原油产量，1978 年为 1.037×10^8 t，2001 年达到 1.64×10^8 t，24 年内净增 0.61×10^8 t。全世界同期净增大于 0.61×10^8 t 的，除了中国，还有挪威、墨西哥和英国。

原油增产量虽不算少，但经济发展对石油需求增长更快，1993 年起，我国又一次成为石油净进口国，2001 年进口量达到 0.67×10^8 t。

新形势下，究竟该怎样面对种种新问题，怎样开发好国内的石油资源呢？

一、"找米下锅"与"按时开饭"

1978 年我国石油产量突破 1×10^8 t 后，储采比[2]迅速降至 20 以下。若干专家认为"找米下锅"（即边找储量边开采），全国石油产量稳不住，而且将降到 8700×10^4 t 左右。后来，由于国家陆续采取了"一亿吨原油包干"和"油价与国际油价接轨"等政策措施，加大了对石油工业上游业的投入，使我国石油产量不仅年年"按时开饭"，而且上升到 1.64×10^8 t 的新水平。

事实上，新中国建立以来，国内的油气勘探成果越来越显著。50 年里石油年探明储量上了 3 个台阶：1980 年以前，全国平均年增 $2\times10^8\sim3\times10^8$ t；1981 年至 1995 年，平均年增 $5\times10^8\sim6\times10^8$ t；1996 年至 2000 年跃上平均年增 7×10^8 t 的新台阶。天然气探明储量更是成倍增长："六五"新增 1345×10^8 m^3，"七五"新增 2993×10^8 m^3，"八五"新增 7005×10^8 m^3，这 15 年新增储量之和，是前 30 年新增储量总数的 4 倍。"九五"新增储量突破 1×10^{12} m^3。

随着实际材料的积累，人们对我国石油资源的前景更趋乐观。先是原石油工业部，后是三大石油公司在 1980—1985 年、1992—1994 年、2001 年至目前期间，根据现代的石油地质理论和预测学理论，运用电子计算机技术进行了三次全国性油气资源评价，预测全国石油资源量分别是 787×10^8 t，940×10^8 t 和大于 1000×10^8 t（阶段成果）；全国天然气资源量分别是 33×10^{12} m^3，38×10^{12} m^3 和大于 40×10^{12} m^3（阶段成果）。当前，长期从事勘探实

---

[1] 摘自《锲而不舍地开发好国内石油资源》，国土资源部，油气信息简报，2003 年 2 期（总 2 期）。

[2] 储采比＝剩余可采储量／年产量。

践的专家们一般认为，在现今技术经济条件下，全国石油探明储量至少可以再增加 1 倍以上，天然气探明储量至少可以再增加 4 倍以上。显而易见，我国的油气资源还有相当潜力，资源并没有枯竭，石油工业也不是夕阳工业。目前"找米下锅"的窘境，主要由于工作力度，特别是勘探投入不够造成的。

二、"海外模式"与"本土模式"

世界上开发利用油气资源，粗略地可归纳为两种模式：即跨国大石油公司的"海外模式"和发达国家的"本土模式"。二者最重要的差别表现在对所谓的"低品位"资源的开发利用上。

根据第二次全国油气资源评价，我国总资源量中难找难采的资源约占 1/2，其中大多属于"低品位"资源。当前年产量中，"低品位"资源的产量约占 1/4 以上。

当前，全国油田的最终采收率，大体在 30% 左右，地下剩余的 70% 储量，也是"低品位"储量。

人们轻视"低品位"资源，理由之一是"经济效益差"。但是吉林油田分公司、长庆油田分公司的实践纠正了这样的看法。这两个分公司都是在低丰度、低渗透储量基础上生存和发展的。特别是长庆油田分公司所在鄂尔多斯盆地里，地方和私人开采的石油，年产量已经达到 $400 \times 10^4 t$ 左右，想整顿矿业秩序都十分困难，没有丰厚的利润驱动是不可能出现的。

显而易见，"低品位"资源对我国具有极其重要的意义。而且随着勘探、开发的进一步深入，其重要性将日益增加。不认识到这一点，不是借鉴发达国家"本土经营模式"，而是将跨国大石油公司的"海外经营模式"照搬到国内来，以极高的经济门槛值来筛选资源，必然将大量经济效益相对较低的"低品位"资源打入另册。我国国内的勘探开发工作，路子将越走越窄。

三、"发展老区"与"开拓新区"

我国大陆有西部和东部两大油区。

西部油区，油气资源丰富，总体工作程度较低。"发展西部"油气工业是"西部大开发"战略的重要组成部分。以开展塔里木石油会战为标志，自 1989 年至 2000 年的 12 年间，西部各油田原油年产量由 $958 \times 10^4 t$ 增至 $2793 \times 10^4 t$，净增 $1834 \times 10^4 t$，取得了重要的战果。但是，和原来要交的"答卷"相比，和东部油区开展大庆石油会战后头 12 年，年产原油净增 $2780 \times 10^4 t$ 相比，这样的结果还是差强人意的。说明人们对西部油区油气富集规律的认识还远未达到自由的程度。

东部油区，1989—2000 年期间，原油年产量由 $12679 \times 10^4 t$ 下降到 $11470 \times 10^4 t$，减少了 $1209 \times 10^4 t$。同一时期，原油年产量西部增，东部减，二者相抵，全国陆上年产量只增加了 $625 \times 10^4 t$。按照各油公司 2001—2010 年规划，今后 10 年间，中国石油化工集团公司所属的胜利、中原、河南、江汉和江苏等油区原油年产量将稳中有升；而中国石油天然气股份有限公司所属的各油区将由 7957×10^4t 下降到 6375×10^4t，减少 1582×10^4t。其中，大庆油区由 5300×10^4t 下降到 3750×10^4t，辽河油区由 1371×10^4t 下降到 1077×10^4t。

据不完全统计，东部有前景的勘探区域，总面积约为 $102\times10^4 km^2$。其中，经历了大规模勘探开发的"老区"，面积 $46\times10^4 km^2$，占 45%。"老区"中探井密度达到每 5~10km^2，1 口探井的区域仅仅 $13\times10^4 km^2$。与美国二叠盆地、墨西哥湾油区每 2~3$km^2$1 口井不能相比。加上，我国的石油地质条件比美国复杂，允许有更大的探井密度。从储量年增长曲线上看，美国多为"单峰型"（图1），我国多为"多峰型"。这是因为我国的含油气盆地通常叠置着若干个勘探领域，突破一个领域带来一次储量增长高峰，到下一个领域突破，其间往往需要一段准备和摸索，储量增长出现低谷。以胜利油区为例，1963—2000 年，38 年增长 40.4×10^8t 储量。1976—1980 年期间，每年新增探明储量不足 0.2×10^8t，若干专

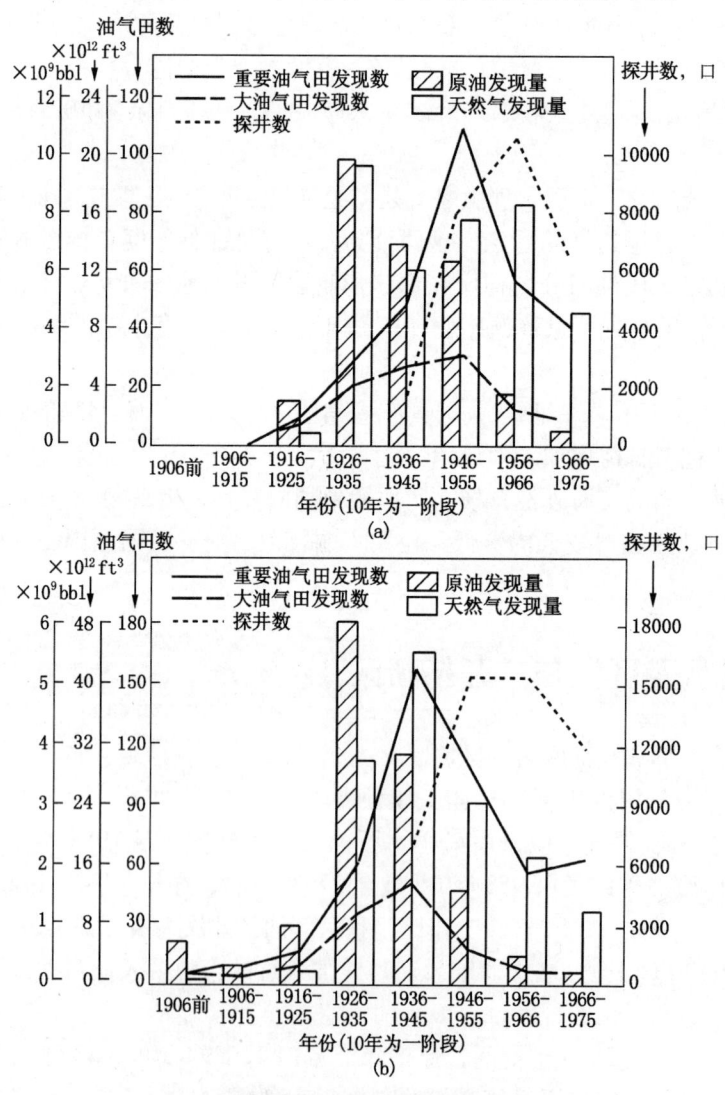

图 1　美国二叠盆地及墨西哥湾西部重要油气田发现数、
探井数与发现量（据王秉海等，1989）
(a) 二叠盆地；(b) 墨西哥湾西部

家认为勘探已进入"无整拾零"阶段。但是，由于认识上的突破，从1981—2000年，连续20年平均每年新增1×10^8t，形成储量增长的第二高峰，而且这个高峰至少还将延续5～10年（图2）。事实表明东部"老区"仍然具有很大的勘探空间。东部"新区"面积$56 \times 10^4 km^2$，占55%。

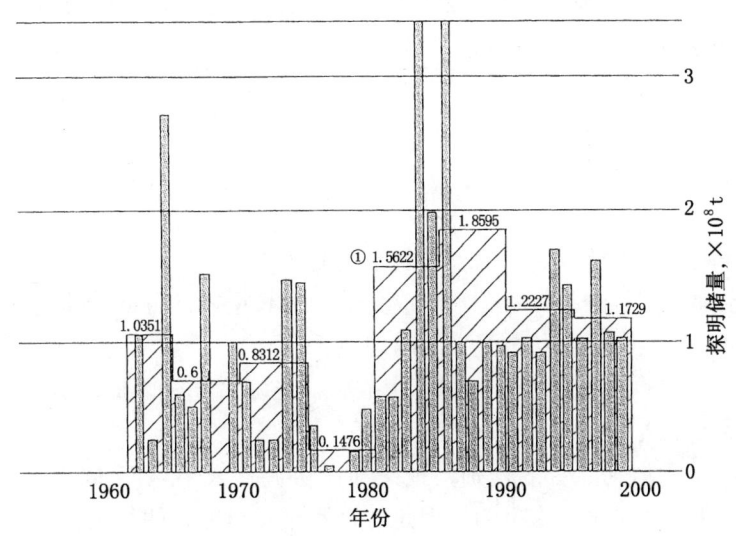

图2　胜利油区石油探明储量年增长曲线
① 5年年均新增储量

因此，东部油区资源潜力依然很大，只要工作跟上，实现"储采平衡"，产量"稳中有升"是有物质基础的。

美国石油工业的历史有140多年，近50年来86%新增可采储量来自老区已知油田的新块、新层和提高采收率。美国的经验值得汲取，当我们积极"开拓新区"的时候，不能忘记积极"发展老区"。

勘探开发工作是一项不断探索的工作，只能进攻，不能防守。实践业已证明，不采取进攻的方法，"稳定东部"是实现不了的。

另外，东部油区的天然气勘探也应当加强。以往认为，东部油区晚期的地质构造活动强烈，不利于天然气的保存。但是，近年来已经找到一批储量规模大于$100 \times 10^8 m^3$的气田。松辽盆地深部的徐家围子等断陷，以及它们之间的中央潜山带，有可能成为总规模在$1000 \times 10^8 m^3$以上的大气区。渤海湾等盆地，随着勘探向深层和浅层延伸，天然气储量也将较快地增长。

大力开发天然气，可以"以气代油"、"以气促油"。美国石油工业的历史充分证明了这一点。美国本土石油最高年产量为5×10^8t（1970年），但是其中数千万吨是开采天然气过程中伴生的凝析油。此外，在大规模引进俄罗斯天然气的时候，这些气田也可以作为应急调峰气田。

近年来，由于对东部油区指导思想上单纯求稳，因而勘探工作量投入明显减少，以中国石油天然气股份有限公司"八五"、"九五"完成的工作比较，二维地震、三维地震和探井分别减少了34.3%、6.5%和24.1%。今后10年计划的工作量还将进一步减少。这对实现东部油区稳定并力争增产是不利的。

东部油区有老区和新区；西部油区同样既有老区（如玉门、克拉玛依等），也有新区。老区勘探和新区勘探是相互联系，又各有特点的两篇文章。随着工作程度的加深，工作对象将越来越困难，资源品位也将总体下降；我们应该及时认识到这些特点，不同质的矛盾用不同质的方法去解决。坚持发展老区，开拓新区，国内的石油产量就会有更大的增长。就目前国内待探明储量规模，原油年产量海洋达到 0.4×10^8 t，西部 $0.6\times10^8\sim0.7\times10^8$ t；东部 $1.0\times10^8\sim1.1\times10^8$ t，全国达到 2×10^8 t 以上是可能的。

四、两个层面的经营管理

发达国家早就认识到资源经营管理有两个层面：
(1) 国家层面。其目的是将资源转化成公众的、长远的、可持续的利益。
(2) 企业层面。从资源中获取最大的净现值。

显而易见，二者的目的是有差别的。实践中，当二者发生矛盾的时候，国家应当加强宏观管理，使后者服从前者。

国际石油界也意识到二者的差别，企图加以协调。去年第17届世界石油大会将"社会责任"作为主题，就是又一次努力。但是，这不过是行业自律行为，代替不了政府职能。深化改革，政企分开是完全正确的。但是，政企分开后即使国有企业，本质上仍然是企业。因此政府职能不能削弱，要管好自己该管的事。

我国在经济转型期间，开发石油活动中，国家层面决策影响力因频繁的机构变动而明显下降。在近期经济效益得到提高的同时，一些诸如新战场准备，全国性的资源评价与储量管理，资源性资产市场建设与规范，石油工业发展战略和扶持政策研究，以及资源的合理开发利用等等带有长远性、全局性工作受到削弱的倾向，应该引起足够的重视。

五、"十月怀胎"与"一朝分娩"

石油工业上游业具有"高风险、高技术、高投入、长周期、高回报"的特点。前4个特点集中体现在油气田发现前的区域勘探、预探中；后一个特点由油气开采体现。发现前的工作犹如"十月怀胎"，发现好比"一朝分娩"。没有前者就不会有后者；没有后者就不会有回报。

油气田深埋地下，看不见，摸不着，当前也不能完全在室内模拟。因此，勘探过程是一个长期反复实践、反复认识的过程。少则 5～10 年，多则几十年，甚至半个世纪、1个世纪。我国的玉门老君庙油田，1939年开发至今已经60多年，前不久在其西南不远处新发现了1个大油田，油区的储量将翻一番。鄂尔多斯盆地，1907年就在延长勘探，经历了七八十年持续不断地探索，才陆续发现了大油气田。

由于历史的原因，当前某些石油企业决策层和管理层的一些人员，并不真正了解上述特点，对国外上游业的了解也有局限性，加上业绩考核办法的缺陷，使人们追逐近期效益，削减或放弃了中长期工作，首当其冲的是勘探，尤其是发现前的工作。这种倾向加剧了

"找米下锅"的严峻形势，不利于可持续发展。

要扭转这种倾向，一是企业要提高对上游业发展规律的认识，切实加强勘探，特别是加大发现前的投入。要按勘探固有的特点进行考核，第一步可以设立风险勘探基金，对发现前的工作单另考核。二是政府部门要充分利用法规、政策、行政和经济等手段引导企业加强勘探工作。同时另设一项资金，组织专门队伍进行战略性、公益性地质调查，选择后备的油气勘探开发战场。

综上所述，我们面对的现实是：国内油气资源尚有相当潜力。当前，国家和石油企业资金都比较充盈，市场油价走高，是扩大勘探开发的有利时机。只要善待这些资源，认真解决新形势下出现的新问题、新矛盾，国内的上游业肯定将有更大的发展。

石油、天然气勘探工作的质量和效益[1]

勘探工作固有的特点使其质量管理工作也有许多特殊之处。

石油、天然气勘探工作是多工种联合作战,是一个庞大的系统工程,是一项从航天、航空、地面和地下不同层次,从地质学、地球物理学和地球化学等不同角度对"靶区"(特定的地质体)进行探索,逐步加深认识的过程。

地质体深埋地下,经历了千万年的变化,目前人们不可能直接观察,也不可能通过实验准确地再现。显而易见,勘探工作具有极大的风险性,加之地质体与地质体间的巨大差别,同一地质体不同勘探阶段任务明显的不同,勘探工作又有鲜明的地区性和阶段性等特点。正因如此,评价勘探工作整体水平时,既难以用简单的一两个指标来准确衡量,也不能单纯以构成整体的各个单项工作(如地震、测井和测试等)的质量高低来衡量。

油气勘探的最终成果(即产品)有两个:一是地质认识;二是油气储量。当证实"靶区"确实不含有油气时,只能获得前者;当"靶区"含有油气时,可以同时获得两项成果。

石油、天然气是漫长地质历史的产物,是不以人们意志为转移的客观存在。所以勘探单位和一般的企业不同,"产品质量"(这儿指的是石油、天然气的品质)通常不会成为主要的考核指标;而反映一个单位的技术水平、管理水平和组织完善程度的"工作质量"应该是极其重要的指标。

实践业已证明,在评价勘探工作整体水平的时候,必须要有效益观念。否则就难以客观地评定工作质量;或者规定的质量标准难以推广使用。这是因为在生产活动中追求高质量的目的是为了取得高效益,离开了这一目的去一味追求"高质量",既行不通,也没有实际意义。

一、评价油气勘探工作质量的指标体系

依据国内外情况看,笔者以为下列 6 类 9 项指标是必不可少的:
(1) ——①地质任务完成情况;
(2) ——②圈闭成功率;
　　　——③探井成功率;
　　　——④油层发现率;
(3) ——⑤每口探井探明的储量;
　　　——⑥每米探井进尺探明储量;
(4) ——⑦发现率曲线类型;
(5) ——⑧单位石油(天然气)储量成本;

---

[1] 原载《石油工业技术监督》,1992 年 1 期。

(6)——⑨勘探投入资金的回收时间。

当证实"靶区"确无油气,只能使用(1)类指标时,凡是完成了预定的地质任务,而投入的工作量和资金最少者,理所当然地应该认为其"工作质量"是高的;相反,则是低的。

当"靶区"有油气时,应该用6类9项指标来全面衡量。

两种情况使用两种不同的考核指标体系,这是对油气勘探工作"风险性"的承认。不过,在有着广泛选择可能的前提下,如果一个勘探单位老是以不含油气的地质体作为靶区,尽管地质任务完成得很出色,但是从整体看也不能被认为工作质量很高,因为从一开始勘探方向就没有选择正确。

上述指标体系中第(1)、(2)、(3)、(5)类的7项指标是人们熟悉并经常加以使用的,本文不作赘述。第(4)类指标,即发现率曲线类型,目前还未能引起人们足够的重视。所谓发现率曲线,是一条探井累计工作量与累计探明储量的关系曲线。如果头几批总数不多的探井探明了该区储量的大部分,像20世纪60年代我们在松辽盆地找到大庆油田那样,毫无疑问,这样的勘探工作水平是高的;反之则是低的。第(6)类指标,即勘探投入资金的回收时间,也是一个未引起足够重视的指标。实际上该指标对于不同靶区或者同一靶区的不同勘探阶段间"工作质量"比较是非常有用的。任何一个靶区,随着勘探程度的增加,工作对象必然越来越隐蔽、越复杂、越小。各项指标要随之下降 [如第(3)类指标]或上升 [如第(5)类指标]。很显然,这些指标值的变化通常并不意味着工作质量的下降。如果以它们和一个勘探程度较低的靶区的相应指标相比,也许十分逊色,但是绝不应该忘记老区有现成的开发设施,有利于探明储量迅速地、以较低的成本转化成油气产品,使勘探投入的资金及时得到回收,综合效益和社会效益都很高,对国家更有利。因此,没有第(6)类指标,就会失去一个把勘探工作作横向或纵向比较以判别整体"工作质量"高低的客观标准,就会难以避免地脱离实际去作许多无谓的争论。

二、提高油气勘探工作质量的几个主要环节

1. 正确决策

油气勘探工作具有资金密集、技术密集、工作周期长和风险性大等特点。因此,最大的浪费和损失往往是决策失误造成的。换句话说,决策失误,在某种意义上讲是勘探中最大的质量事故。

要正确决策,就要坚持科学决策和民主决策。所谓科学决策,就是按真实情况决策。要通过周密细致的对地下、地上情况的调查,详细地占有第一性资料,加以去粗取精、去伪存真、由此及彼、由表及里的分析研究,把握事物的本质,作出决断,拿出最佳的部署和方案来。

所谓民主决策,就是要通过各种渠道、各种方式,充分发动有关部门和人员参与决策,做到集思广益。民主决策对于勘探工作尤为重要,这是由于勘探工作对象深埋地下,"看不见、摸不着",勘探工作本身又是一个庞大的系统工程,不同的人员站在不同的角度上,加

上掌握的材料、经验、思想方法等方面的差异,对同一个事物有不同的认识,这是不足为奇的,与决策者意见相左的事情也会经常发生。只要认真地回顾一下油气勘探历史,就不难发现,由于专业本身的性质所决定的,地质家比其他专家与决策者意见分歧的几率更高些,为此"卷铺盖"的也不乏其人。可是国内外许多油气田,甚至大油气区的发现历史却告诉人们,一些不同于传统的、流行的、占主导地位的,然而却是从靶区的具体条件出发经过深入细致工作得出的地质认识,往往构成了新的找油思路和找油方向,导致勘探工作的重大突破。一个明智的决策者,必然是通过广开言路,达到兼听则明。作为实践性和地区性特点都很强的勘探工作的决策者,尤其应该如此。

遵照一定的工作程序办事,可以保证每次决策都有相应的、比较好的决策基础,这是实现正确决策的保证。从实践中归纳出来的"程序不能打乱,阶段不可逾越,标准不能降低,节奏可以加快"的原则在今后的工作中应当继续坚持。

2. 严格实施

勘探过程,是一个多工种、多工序的生产过程。要保证勘探工作整体质量水平,毫无疑义,每道工序上的每项工作都必须是高质量的。为此,各项工作都应该有明确的质量标准,实行全系统、全过程的质量控制。事实上不少工作已经有了相应的标准,不过现在的问题是:以提高效益为目的,分别适用于不同类型靶区和不同勘探阶段的质量标准还不够齐全。我国不同区域的地面、地下条件差别是非常大的,用复杂区的标准去要求简单区,无疑是牛刀杀鸡造成浪费;相反,则达不到预期的目的。同样道理,原应在勘探中、后期做的事提前到勘探早期来做,使早期投入的资金大量增加,这在经济上也是不合算的。

由于勘探对象的复杂性和隐蔽性,勘探过程中的每一项工作成果(产品)的质量往往单纯以一些"条条框框"来衡量是很不够的,而是需要通过进一步实践来检验,也就是要接受后续工序检验。例如,利用最先进的数字测井来确定油气层,尽管设备是好的,操作是正确的、符合要求的,但是复杂多变的地质条件和工作条件往往影响其结论的正确性,唯有经过测试才能得到真正的验证。这是勘探质量管理的又一个特点。

3. 依靠科学技术,依靠科学管理

油气勘探工作的成果,包括地质认识和储量,是一定的技术经济条件下的产物。技术发展了,许多原来找不到的或者拿不出来的资源变成了合格的储量。在我国许多地区,特别是东部块断活动极为发育的地区,储量增长曲线往往呈现"双峰型"或"多峰型",这是复杂的地质条件所决定的。突破一个领域,出现一个储量增长高峰;突破另一个领域,就形成了新的高峰。两峰之间往往有一个时间长短不一的探索和技术准备的过程。因此,要想不断提高勘探工作整体水平,就要牢牢地树立依靠科技进步的思想。近几十年来勘探技术发展很快,以地震勘探为例,在30年左右的时间里完成了由光点记录到模拟磁带再到数字记录3个发展阶段的转变。所以勘探工作的质量管理要和迅速发展的技术同步前进。

勘探工作是多工种联合作战,因而更迫切需要实现科学管理。换句话说,就是要按现代科学技术固有的规律去组织勘探。现代科学技术发展有两个趋势:一方面越分越细,另一方面又互相渗透。前者为人们熟知,后者往往被忽视。其实勘探中的许多新学科、新技术，如地震地层学、垂直地震剖面（VSP）、油藏描述等，正是有关学科和技术互相渗透结合的产物。因此，我们的管理工作（包括质量管理）要有利于促进这种渗透和结合，我们的质量标准也要随着科学技术的进步，不断充实、修订和提高。

三、结语

　　油气勘探是庞大的系统工程，判别其整体工作质量水平，需要综合性指标体系。为了适应其明显的地区性和阶段性的特点，上述体系中每一项指标都应分区、分阶段定出相应的质量标准。

　　油气勘探是生产活动，在评价其工作水平时，质量和效益是不可分的。没有高质量的工作不会带来高效益；同样，没有明确的效益目标，也不会有切实可行的质量标准和科学的质量管理。

　　依靠科学技术，依靠科学管理，正确决策，严格实施，才能把勘探工作质量提到新的高度。

我国油气资源状况与矿权管理[1]

改革开放以来,特别是近些年我国经济持续高速发展,相形之下石油产量的增长速度偏低,难以满足日益增长的需求,成为制约经济进一步发展的"瓶颈"。

中国的石油产量能否上去?怎样才能较快地上去?已经成为世人瞩目的问题。要正确地作出回答,一要认真地分析我国油气资源状况;二是根据我国实际情况制定正确的石油工业发展战略和相应的法律、政策。

石油上游业(包括油气勘查、开采等)具有高风险、高技术和高投入的特点,我国和大多数国家一样,国有大中型油田企业是石油上游业的主体。因此,要想把石油产量搞上去,就得重点搞活这些企业,为它们创造较好的外部条件——良好的社会环境,有利可图的油价,公正有效的矿权管理和合理的税费等。

增加石油产量,涉及方方面面,是一项庞大的系统工程。本文只拟从油气资源和矿权管理(确切地说是矿产资源使用权——勘探权、开采权管理)的角度进行探讨,起一点拾遗补缺的作用。

一、油气资源丰富,但人均占有量很少

"六五"期间,原石油工业部曾组织上千名专家对我国的油气资源进行预测评价,在深入系统的石油地质研究基础上,采用了国际上通用的多种定量计算方法,得出的结论是:就资源量[2]而言,我国可列入世界上油气资源丰富的国家之列。

根据国内外勘查程度较高区域的经验看,在当前的技术经济条件下,将一半左右的资源量转化成探明储量[3]是可能的。应当指出,"六五"资源评价提供的资源量数值,还没有包括我国的全部石油地质领域、层系和类型,只是当时技术经济条件下的产物。随着技术进步,油气价格与价值扭曲现象的克服,笔者认为这个数值还可能增大。

"六五"末,全国累计探明的石油储量约占资源量的1/7;天然气储量约占资源量的1/80。"七五"和"八五"前两年,年均新增石油探明储量仅次于"六五",是历史上储量增长最快的时期之一;天然气探明储量的增长速度创造了历史最高纪录。同时,在东部和西部形成了一批拿油气战场;石油年产量由 1.24×10^8 t 增至 1.42×10^8 t;天然气年产量由 $128 \times 10^8 m^3$ 增至 $157 \times 10^8 m^3$。实践证明我国石油上游业有很大的发展潜力。另一方面,我们也应该看到,在此期间每年采油量高于当年新增可采储量[4],"储采失调"的矛盾加剧,

---

[1] 原载《中国石油报》,1993年12月24日。

[2] 资源量(Resources)是指根据地质理论和有关技术预测的,在地壳内部或地表天然生成的油气总和。

[3] 储量(Reserves)是指资源中经过钻井、测试证实的那一部分油气。随着可靠程度的增加,储量相应由预测储量升级到控制储量,再升级到探明储量。

[4] 可采储量是指探明储量中在当前技术经济条件下可以采出的油气。可采储量 = 探明储量 × 采收率。一般石油采收率为 0.3～0.4;天然气采收率为 0.7～0.9。

使石油稳产和上产的难度增加。

我国有 11 亿多人口,尽管资源总量可观,但人均占有量很少。据第 13 届世界石油大会外国专家估计,可采石油资源和天然气资源我国人均占有量为 9t 和 $0.51 \times 10^4 m^3$,分别为世界人均水平的 1/6 和 1/11。另据美国《油气杂志》刊载的数字计算,剩余可采石油储量和天然气储量❶,我国人均占有量为 3t 和 $0.12 \times 10^4 m^3$,分别为世界人均水平的 1/9 和 1/20。

油气资源丰富,人均占有量少,而且储量增长跟不上产量增长速度。这是制定我国石油工业发展战略和政策时面对的现实。为此,一要加强勘查,努力加快油气资源量向储量转化进程;二要依靠科学技术和科学管理,努力提高油气采收率,使不能再生的油气资源得到最充分的利用。一切与此相悖的做法,显然对国家都是不利的。

二、资源分布极不均匀,富集高产储量不多

无论在世界上,还是中国,油气分布都具有明显的不均匀性。以我国陆上为例,油气资源的百分之七八十可能聚集在松辽、渤海湾、陕甘宁、四川、准噶尔和塔里木等 6 大盆地里。即使在一个盆地内部油气分布也是不均匀的,松辽盆地 80% 的储量就富集在大庆长垣上。

我国石油资源中像大庆长垣、胜坨和任丘那样的富集高产的储量并不多,近 40% 左右的资源是稠油或储集在低渗透储层中,资源中的 1/3 分布在沙漠、滩海、黄土高原等地表条件极为困难的地区。开发石油常是先易后难的,显然今后开发领域无论地表还是地下条件都将越来越困难,因而,需要更高的技术和更多的投入。尽管开发这些资源难度很大,但是它们在资源中占有很大的份额,同样也要倍加珍惜,严格管理。

和大多数固体矿相比,油气矿藏的规模要大得多,一个油气田通常在几十至几百平方千米以上。孕育油气矿藏的地质单元(常常是沉积盆地)的面积则更大,几千至几十万平方千米不等。在这样广阔的领域里,要卓有成效地找到油气,经验证明唯有"整体研究、整体评价和整体部署"才能选准目标。

油气是流体矿藏,在成矿的时候,油气要经过几至几十千米的运移才能聚集起来;在开采的时候,也要经过几百至上千米的运动而汇集到井中。油气矿藏往往是油、气、水"三相共生"的矿藏,局部不合理的开采会使地下油气水关系复杂化,会给整个矿藏造成损害,大大降低了采收率。因而油气矿藏勘查时要强调工作的整体性;开采时也应强调工作的整体性。

资源分布的不均匀性,油气开发的整体性以及工作难度日益增加,这是制定发展战略和法律与政策时必须面对的又一现实。为此,要强调在国家统筹规划,强化宏观管理下,去发挥各方面办油气的积极性。

---

❶ 剩余可采储量 = 可采储量 - 累计产油(气)量。

三、特定矿种，一级管理

新中国成立以来，经过艰苦创业，发挥社会主义制度能够集中力量办大事的优势，集中兵力打歼灭战，开发了一个又一个油区，石油工业一直保持了较高的发展速度。石油年产量，1949 年为 12×10^4t，1978 年突破 1×10^8t 进入世界主要产油国行列，1992 年达到 1.42×10^8t 的新高峰。改革开放以来，石油工业内外部条件都发生了很大变化，同时，油气资源和石油工业的状况也容不得我们有丝毫疏忽和懈怠。国家在制定长期发展规划，深化改革的同时，依法治矿的问题也就顺理成章被提上议事日程。

1986 年全国人民代表大会常务委员会通过了《中华人民共和国矿产资源法》（以下简称《矿产资源法》），次年国务院先后批准颁布《石油及天然气勘查、开采登记管理暂行办法》（以下简称《油气登记办法》）等法规。重申："矿产资源属于国家所有"，并规定勘查、开采油气必须依法登记取得探矿权或采矿权。并将石油天然气定为"特定矿种"，由"国务院石油工业主管部门（先为石油工业部，后为能源部）"实行"一级管理"。这些规定是基于油气矿藏的特点，在国民经济中的特殊地位和我国石油工业的实际状况，体现了国家对石油强化管理的意志。

根据我国以社会主义公有制为主体，多种所有制并存的现实，《矿产资源法》规定"国家鼓励、指导和帮助乡镇集体矿山企业的发展"的同时，明确规定了"国营矿山企业是开采矿产资源的主体。"《油气登记办法》规定"持有石油天然气开采许可证的企业，可以划一部分采区工作承包给其他单位，但必须向登记机关备案。"通过"持证"、"承包"和"备案" 3 个环节既保证了国营矿山企业的主体地位，又保护了地方办油气的积极性。四川石油管理局与四川省浅层气公司按协议分别开采不同埋深天然气；大庆石油管理局与黑龙江省联合开采长垣外围油田等都是有意义的尝试。

油气勘查、开采自 1987 年开始登记发证工作，5 年多来经过有关部门和单位的共同努力，初步走上了依法治矿的轨道。在国家行政机构变动、经营机制转换的过程中，保证了油气勘查、开采工作的正常运行。实践证明《矿产资源法》和有关法规有利于"鼓励勘查，合理开采，保护资源，保护环境"。

为了进一步解放生产力和发展生产力，适应建设社会主义市场经济的需要，当前急需做好以下四方面的工作：

（1）加强立法。首先，迅速修订《矿产资源法》；其次，尽快颁布《石油法》；第三，根据《矿产资源法》、《石油法》修订、补充有关油气资源管理的法规和细则，以规范石油工业内外部关系。

（2）完善管理办法。管理办法并不是一成不变的东西，而是要随经济发展、科技进步作相应的改变。目前看来区块面积和使用期限，纵向划分矿权，矿权转让，联合开发，合理的税、费以及实现多目标综合管理等问题都应该着手制定出实施办法来。

（3）加强对油气勘查、开采工作的监督、检查和管理。

（4）完善组织。

油气勘查、开采登记发证工作，原来由"石油工业主管部门"，即能源部负责管理。

1993年3月能源部撤销，石油工业目前没有"主管部门"，油气矿权管理该由哪个部门负责，历时7个多月尚未得出结论。

笔者以为矿权管理：(1) 要有利于"促进石油工业发展"。(2) 应该由真正"政企分开"、并负责规划、计划和组织石油工业生产的政府部门承担。(3) 考虑到由计划经济向社会主义市场经济转变将有一个过程，而且油气在目前还不全是商品的情况下，也可以由国家授权给承担全国油气主要储量、产量任务的单位代管。

四、130年前的老路，"有水快流"的弯路不能再走

在新旧经济体制交替的时候，石油工业外部环境十分严峻。近期在某些地方发生了抢油、抢井、抢地盘（即抢储量）和抢矿产管理权的行为，使国有资产流失，国有大中型企业原油生产受到严重的干扰。

抢油、抢井和抢储量是非分明，只要各级地方政府认真抓一抓是可以解决的。而抢矿权的行为有一定的欺骗性，使违法行为披上合法外衣。国家对油气资源实行"一级管理"，有些地方却蚕食国家权力，擅自发布了与此相违背的地方法规，发放勘查证、开采证并征收资源补偿费（财政部和国家经济贸易委员会曾下文禁止此事），这些行为助长了滥开乱采油气资源的"热潮"，造成严重的治安问题，重走了黄金等矿产"有水快流"的弯路。

美国专家[1]认为俄罗斯地方政府与中央政府之间争夺资源控制权，已经阻碍了西方石油公司向俄罗斯投资。我国在改革中对此应有所警惕，防止重蹈别人的覆辙。

前面说过，油气田及其开发活动规模较固体矿大得多，加上资源分布的不均匀性，以及石油高风险、高技术和高投入的特点使石油业生来就具有"跨国性"和"跨行政区性"。由于这些特点，我国由地方集资开发石油的并不太多，而且往往"有采（矿）无探（矿）"。"有采"，能够增加油气产量。不过这类开采：(1) 通常无偿甚至非法占用国有企业探明的储量，换句话说勘查风险由国家承担。(2) 采收率很低。在相似油层条件下，通常是国有大中型企业的1/3或1/4。"无探"，对缓解"储采失调"难以作出贡献。采矿业具有"异地接替"的特点，为了维持已经达到的产量水平，任何一个老矿都必然向四周扩展以动用新的储量。小矿侵占国有大矿，干扰国有大企业的勘查、开采活动，"有采无探"往往是诱发这类行为的原因之一。

近来，某省北部出现了各行各业争相开采石油的"热潮"。一方面说明国家调高油价刺激了石油开发活动；另一方面地方单位在国有的亿吨级大油田，我国陆上最大气田和一些已经开采了几十年的老油田里抢井和强行打井采油给国家和社会造成了巨大损失。据粗略测算，亿吨大油田近一半储量被地方侵占。石油采收率地方为6%左右，国有大企业为25%以上，相当于少采1000×10^4t 油。按每吨1000元计，国家将少收入100×10^8元。另外，为了"有水快流"，地方通常采取密集打井，既增加了投入，又使油井提前枯竭。例如某个小油田，大企业拟用13口井，建成年产2×10^4t 能力，采收率为28%。地方强行开发后，布井60口（已完36口，正钻10口），光钻井费就多花了4700×10^4元。已投产13口

---

[1] 维克多·艾·伯克（美国 Arthor Anderson 公司全球油气工业部总裁）1993年5月在华人科技研讨会上的演讲。

井中，只有2口井生产了半年，5口井生产了2个月后含水就高达60%以上，预期的产量水平没有达到，采收率估计也只有5%～6%。地方单独办油，由于缺少资料、经验和技术手段，在"热潮"中已经有许多井落了空，投资者和当地群众省吃俭用筹集或借贷来的资金白白付诸东流，脱贫致富的问题依然存在。

美国开采石油初期也不乏类似的例子。130年以前，宾州一个名叫皮托莱（Pithole）的村子，第一年发现了石油，日产量很快达到300t，人口由几百人一下子猛增到1.5×10^4人，有了邮局、两家银行和50家旅店。由于滥开乱采，第二年初油井枯竭了，"成千上万的人逃离该镇去寻找新的希望和机会……野火吞没了建筑，仅有的木架让人拆到别处盖房，或者被附近山里的农夫运走当引火柴。皮托莱又变成了一片沉寂的荒野"。今天美国虽然有众多的石油公司，但是国家对油气开发管理很严，一直管到油井的井距和油嘴的大小（即允许产量的多少）。美国今天的做法是对他们130年前做法的改进。在加速发展我国石油业的时候，别人已经否定的"老路"，我们没有理由再走。

强调国有大中型企业在石油上游业中的主体地位，决不意味着不发挥地方办油的积极性，而是从长远观点保护国家和地方的利益。资源所在地的地方利益应当给予充分的保障，这主要靠合理的分税（费）制，靠联合开发中的分成，以及石油开发带来的其他经济效益和社会效益，而决不能靠浪费油气资源，侵占国有资产来实现。

我国石油上游业在今后发展过程中，将陆续遇到许多新问题，需要在深化改革中通过正确引导，加强管理，妥善加以解决。市场经济是法制经济。在建设社会主义市场经济的时候，依法治矿十分重要。强化矿权管理才能保障油气产量的增长以满足国家近期和长远的需要。

在全国人民代表大会财政经济委员会听取各部、委、局、总公司关于处理"热点"矿区意见会上的发言[1]

对视察报告有关塔里木盆地交叉勘查的纠纷问题涉及的一些情况和说法,我们持保留态度。希望在听取了地质矿产部和中国石油天然气总公司意见之后,能够听听登记管理机关的意见。

塔里木盆地"热点"矿区问题,是地矿和石油两个中央部门的利益矛盾引起的。怎样解决?提四点建议。

一、先保护资源,再清"老账"

经过地矿、石油两个部门的共同努力,在塔北先后找到了雅克拉、轮南和达里亚(即解放渠东—吉拉克)3个较大的油气田,这是很不容易的事,应当珍惜,合理的开发。目前,轮南正由中国石油天然气总公司正规开发,另两个油气田地质矿产部的队伍一直在高油气比下进行采油。

我国油气人均占有量并不富裕,加上油气是流体矿床,局部不合理开采,会给整个矿藏带来不可挽救的后果。特别是雅克拉和达里亚是凝析油气田,压力下降,地下烃类由气态变成液态,吸附在地层里采不出来。我以为"保护矿产资源,节约、合理的使用资源",执行这条基本国策是当务之急。先把不合理的采油气活动停下来,再客观地分析以往工作中存在的问题。我们不能浪费资源,干出对不起子孙后代的事情。

二、先清源,再清流

在油气资源登记管理中,经常遇到的问题有3个:

(1) 计划打架。

由于石油勘查、开采工作具有技术密集、资金密集和风险大的特点,因此从事勘查的只有地质矿产部、中国石油天然气总公司和中国海洋石油总公司三大家,每家的项目都列入了计划,不是国家计划委员会的计划大本子上有,就是部门本身的计划本子上有。登记管理机关对这些计划一个也惹不起。不过这一部分既然是计划经济,我们为什么不在制订计划的时候,通过综合平衡去避免出现"热点"?等到计划实施,形成了"热点"再去协调消除,工作的难度就要大多了。

(2) 政企不分,政事不分。

全国人民代表大会制定了许多好的法律,但有的难以全面有效的得到执行,政企不分,

---

[1] 发言时间为1992年6月18日,地点是人民大会堂河北厅。

政事不分是一个原因。

地质矿产部同志认为，石油、天然气和核是由能源部负责登记管理，所以他们遭受到不公平待遇，不能公平竞争。设想地质矿产部如果没有自己的勘查队伍，没有本部门的利益，会有这样的感觉吗？同样，在地质矿产部有队伍的情况下，它主管的其他矿产，如煤、有色金属、黄金等的登记管理工作，其他工业部门感到公正吗？关键不在于这个部门还是那个部门负责登记管理工作，而是政企要分开，政事要分开，只有真正履行政府职能的单位，才能使法律得到认真的执行。

（3）情与法混淆。

地质矿产部的困难我是比较了解的，也很同情。怎样解决？有人主张让地质矿产部的队伍采点油气，不过这个"点"的规模不好掌握，闹小了不解决地质矿产部的困难；闹大了，国家又没有那么多的资金去装备地质矿产部成为第三个国家石油公司，用落后的装备去采油气，最终倒霉的是国家，一是浪费了资源，二是损失了一支战略侦察部队。当前石油工业突出的矛盾是储采失调，新增的可采储量弥补不了采出量，迫切需要这支战略部队充分发挥作用，发现新的油气区和新的油气田。地质矿产部的困难国家应该解决。我不赞成以牺牲资源，"小打小闹"去解决问题，实际上也解决不了问题。

有些与地方的矿权争执，长期解决不了，也有情与法混淆的因素在起作用。老、少、边、穷的地区，我们应该帮助他们尽快脱贫致富，但是同样也不应该违背"保护资源，保护环境"的原则。

上面3个问题北京理顺了，下面就好办了。

三、先缓解，后治本

冰冻三尺，非一日之寒。要解决"热点"矿区问题，也可以分两步走：在停止不合理开采，保护资源的前提下，第一步，两个部门可以在多次协商的基础上，进行联合勘探和储量有偿转让；第二步，在深化改革的进程中，实现政企分开，政事分开，从根本上解决问题。

四、核实情况，再作处理

关于塔里木的登记管理，我补充3个数字：盆地面积 $56 \times 10^4 km^2$；1990年以前不能登记有争议的面积 $16 \times 10^4 km^2$；目前还有 $6000 km^2$ 区域待继续协调处理。1990年以前经多次协商，无效。登记机关于1990年5月28日呈文国家计划委员会请求裁决。国家计划委员会于12月13日函复："塔北油气勘查项目的处理意见已报国务院待批"。在等待和催请上级机关处理的同时，登记机关本着"促进协商，缩小矛盾，先易后难，逐个解决"的原则，1991年8月、1992年3月曾两次派人到现场调查协调，使两个项目发了证，两个项目正在审批办理。

附带汇报一下全国的油气资源登记管理情况。5年来，我们共审查了672个项目，目前有效许可证458个，另有14个项目待继续协调，登记覆盖率在97%以上。和煤炭发证率只有71.8%相比，情况还是比较好的。其中勘查项目，中国石油天然气总公司登记发证占98%，中国海洋石油总公司为95%，地质矿产部为93%。地质矿产部百分数最低，是否意味着不公平对待呢？其实不然，原因是地质矿产部与中国石油天然气总公司、中国海洋石油总公司都有争议项目，一共7个；而中国石油天然气总公司，中国海洋石油总公司彼此间无争议项目，所以有争议项目数少，分别为4个和3个，因此地质矿产部登记发证项目占项目总数的比例略低。

我讲的这些情况，与视察报告里描绘的情景有一定的差别，究竟哪一个更符合实际，建议从多方位核实一下。

九十年贡献卓著　新时期再创辉煌[1]

延长油矿走过了 90 个春秋，前半期是腐败落后的旧中国；后半期是日新月异的新中国。

在近 1 个世纪的岁月中，延长油矿为国家作出了四大贡献：

一是开创了中国近代石油工业；

二是 1939 年至 1946 年期间生产了 3000t 原油，对陕甘宁边区的建设，抗日战争的胜利起了很大的作用；

三是近 15 年来，石油产量翻了三番，为社会主义建设提供了更多的优质能源；

四是哺育了我国石油工业的先驱们。

最近，党中央号召我们要实现两个根本性的转变。新时期有许多新特点，有许多新情况，新问题有待我们去解决，希望延长油矿的同志们努力做好以下三方面的工作。

一、认清形势，正确决策，竞争发展

这是建设社会主义市场经济的需要。面对多家采油的现实，我们要增强矿权的观念，依法治矿的观念，通过公平竞争求得更大的发展。

二、保护资源，保护环境，再创辉煌

这是转变经济增长方式，提高经济效益，可持续发展的需要；也是根据我国油气资源和石油工业实际情况进行"二次创业"的需要。

三、老区提高采收率，新区川口建"窗口"

延长油矿是老油矿，同时又是年轻的油田。前者指的是建矿历史，后者指的是油田的采出程度。延长油矿已探明的储量中有一半尚未动用；动用的一半采出程度只有 6%，加上已知油田的周边还可以扩大，应该说进一步发展的潜力还是比较大的。

川口试采区，是近年探明的石油地质条件比较好的油田，是今后上产的重点区。应该在以往好做法的基础上，工作再上一个台阶，成为展示延长精神和工作水平的一个"窗口"。

在新的历史时期里，油矿要花大力气抓好地下油气分布规律的研究，"对症下药"采取技术措施。重点推广成组定向井采油的技术。这既是提高资源利用率，提高伴生气利用率，

---

[1] 为庆祝延长油矿建矿 90 周年，1995 年 10 月 22 日与油矿部分局、处领导座谈时讲话摘要。

提高经济效益的需要,也是保护环境的需要。

新的时期,有许多困难,也充满了机遇。我们深信延长油矿的同志们在继承和发扬自己光荣传统的基础上,在石油工业"二次创业"中,定将作出更大的贡献。

锲而不舍地发展国内油气勘探[1]

本世纪行将过去，新世纪即将到来，在这新旧更替的时候，我想试着从油气资源经营管理的角度，用温故知新的方法，就加强国内油气勘探问题讲几点想法。由于有10年时间没有直接从事勘探工作，问题讲不深，也不一定讲得准，供参考，请批评指正。

一、发展国内油气勘探，是建设社会主义市场经济的需要

至少有四点理由：

第一，全世界150多种有用矿产，为了争夺某种矿产，多次发生地区战争的，只有石油。石油在战略上的重要地位，毋言自明。

第二，我国从事社会主义建设50年，在石油供应上两次被外国"卡脖子"。第一次，20世纪50年代初，美国带头卡脖子。当时，上海大街上，汽车带尾巴——即挂上有煤气发生炉的拖斗；第二次，20世纪60年代初，苏联卡脖子。那时，北京长安街上汽车戴上"落后帽子"，即顶上煤气包。

这两件事对年龄大的人，此情此景刻骨铭心，成为我们艰苦创业的巨大动力。

第三，2000年我国为进口原油和油品，估计将花掉 $200 \times 10^8 \sim 300 \times 10^8$ 美元。问题是明摆着的：大量进口油，国家负担太重；而且，一旦别人要卡你的脖子，即使有钱也未必买得来！

第四，油气资源是油公司最重要的资产。油田没有储量，其他资产就会贬值或者失去价值。油公司上市后这一点看得更清楚了，储量依然是只能上不能下。我国可以，也应当充分利用国外油气资源，不过在近若干年内，增长储量的目标，在国内比在境外实现的可能性要大得多。我们应当从"讲政治"的高度，认真贯彻中央"国内为主、国外补充"的发展战略，否则我们可能犯历史性的错误。

二、发展国内勘探，客观上有物质基础

有四点根据：

第一，近20年是我国油气储量增长最快的时期。

石油储量50年里上了3个台阶。前30年大体平均每年新增 $2 \times 10^8 \sim 3 \times 10^8 t$；"六五"至"八五"15年间，平均每年新增 $5 \times 10^8 \sim 6 \times 10^8 t$；"九五"新增储量肯定突破 $35 \times 10^8 t$，即平均每年新增 $7 \times 10^8 \sim 8 \times 10^8 t$。

天然气储量成倍增长。"六五"新增 $1345 \times 10^8 m^3$；"七五"新增 $2993 \times 10^8 m^3$；"八五"

---

[1] 原载于《中国石油天然气股份有限公司2000年勘探技术座谈会报告集》，石油工业出版社，2001。

是 $7005\times10^8\mathrm{m}^3$。这 15 年新增储量是前 30 年储量之和的 4 倍。"九五"增长势头不减，新增储量肯定将超过 $10000\times10^8\mathrm{m}^3$。

第二，老油气区持续发展，新油气区大油气田陆续出现。

近 20 年来，新增石油储量中，有 6 成来自勘探多年的老油气区，这是储量近似"恒量"增长的主要原因。以"九五"头 3 年为例，每年新增储量中松辽盆地为 1 亿多吨；渤海湾盆地陆地部分约为 $2.5\times10^8\mathrm{t}$；鄂尔多斯和准噶尔盆地合计约为 $1.5\times10^8\mathrm{t}$。天然气每年新增储量中鄂尔多斯盆地和四川盆地大体占 $500\times10^8\mathrm{m}^3$ 以上。

十分可喜的是在老油气区里还发现和探明了一批大中型油气田，如松辽盆地的头台、永乐油田；准噶尔盆地的石西、石南和彩南油田；鄂尔多斯盆地的靖边油田等。天然气勘探成果同样令人振奋，四川盆地川东地区除继续在石炭系探明了五百梯等大中型气田外，还发现了三叠系飞仙关组鲕滩，渡口河气田已经探明了 $270\times10^8\mathrm{m}^3$ 储量，开辟了找气新层系。川西地区平落坝气田和新场浅层气田的出现，开拓了找气新局面。鄂尔多斯长庆大气田的发现，极大地推动了陆上天然气业的发展，同时该盆地上古生界天然气勘探也取得了重大突破。

中国东部，由于后期地壳运动强烈，历来认为其找气前景较差。但是松辽盆地昌德气田、汪家屯气田，渤海海域锦州 20-2 气田，大港的千米桥气田和苏北—南黄海盆地朱家墩气田的发现，冀中地区连续两年年探明天然气储量 $45\times10^8\mathrm{m}^3$ 的事实，说明中国东部不仅是找油战场，也是不容忽视的找气战场。大港的乌马营古生界原生气藏，是重要的苗头，提高了冀南地区和南华北盆地勘探前景。

在新的油气区内，大油气田（储量：油超过 $8000\times10^4\mathrm{t}$；气超过 $300\times10^8\mathrm{m}^3$）陆续出现，最重要的有 12 项。其中，塔里木盆地 4 项，即克拉 2 气田，和田河气田，塔中 4 油田和塔河油田；渤海湾盆地海域部分 5 项，即蓬莱 19-3、埕岛、秦皇岛 32-6、绥中 36-1 和月海等油田；莺琼盆地 2 项，即崖 13-1 和东方 1-1 气田；东海盆地 1 项，即西湖气田群。这些大油气田的出现，象征着塔里木盆地和近海诸盆地正在进入勘探的"收获季节"，21 世纪，油气储量必将有大幅度的增长。

第三，资源转化为储量的程度不高，勘探程度也不高。

截至 1998 年 12 月，国内勘探程度最高的渤海湾盆地陆上部分和松辽盆地，石油资源探明率小于 50%；天然气资源探明率均小于 11%。其他盆地探明率更低，拥有很大的资源潜力。

依美国人的一种标准：每 $2\mathrm{mile}^2$（$5.2\mathrm{km}^2$）有一口 20000ft（6100m）深的探井的区域才算勘探成熟区。中国石油地质条件比美国复杂，探井井网再密一些才合理。但是，实际上远远低于此标准。渤海湾陆上部分探井密度仅为美国标准的 1/2；松辽、准噶尔、苏北和四川等盆地大体为 1/10；塔里木为 1/300；东海为 1/1000。应该指出，这些地区探井平均井深大体在沉积岩厚度的 30%～40% 之间，勘探潜力是明显的。

第四，不少盆地的资源量比第二次全国油气资源评价估计的数量将有明显增加。

随着新资料的增多，陆上 7 大盆地中至少有 5 个，即松辽、渤海湾、鄂尔多斯、柴达木和塔里木盆地的资源量肯定要增长。初步估计石油将增加 $100\times10^8\mathrm{t}$ 以上。如果再考虑到二次资源评价并没有涵盖我国全部可勘探领域（如不含南海中南部和青藏高原等）和类型（如不含煤层气和天然气水合物等），可以有根据地认为我国增长油气储量的领域是相当广阔的。

1995年7月，我为全国人民代表大会环境与资源委员会起草了一份油气资源报告，报告征得了中国石油天然气总公司新老领导的同意，并由翟光明院士审定。报告指出："根据一组石油专家用特尔斐法统计分析得出的谨慎预测"，从当前技术经济条件出发，并考虑今后技术进步，到21世纪上半期，我国石油累计探明储量可以达到 $320 \times 10^8 \sim 370 \times 10^8 t$ （即比当时累计探明储量大体翻一番）；天然气累计探明储量可以达到 $9 \times 10^{12} \sim 11 \times 10^{12} m^3$ 规模。"九五"的实践证明上述推断比较符合实际，而且很可能是一个下限值。

三、为何要锲而不舍？怎样才能锲而不舍

需要锲而不舍的精神，这是勘探工作的特点和中国石油地质的特点所决定的。

勘探工作的特点是："高风险、高技术、高投入、长周期、通常有高回报"。勘探对象深埋地下，看不见、摸不着，当前在实验室里或计算站里还不能再造。而且世界上没有一个完全相同的盆地，也没有一个完全相同的油气田。因此，一个油气田从开始工作到发现到提交储量一般需要十几年乃至几十年，需要反复实践反复认识。没有锲而不舍的精神，勘探工作就会半途而废。近期准噶尔盆地卡因迪克、酒西盆地的突破，鄂尔多斯盆地经过近一个世纪的不懈努力正进入大幅度增长储量阶段等实例，都是最好的说明。

另外，勘探所使用的各项技术，从研制、推广到工业化生产，周期也很长。以在我国推广最快的三维地震为例，1974年做第一块 $30km^2$ 的三维地震起，至1985年工业化生产，共花了12年时间。若从1966年李庆忠院士等做三角测网、手工三维算起，整整花了20年时间。

中国石油地质条件，概括起来就是"复杂"二字。1987年，在石油工业部全国勘探会议总结报告中，我曾经指出全国各盆地油气储量增长曲线呈"多峰型"是普遍规律，并指出我国复杂的石油地质条件是引起多峰的重要原因。面对复杂盆地的多个勘探领域，通常是逐个突破。"当我们突破一个领域取得重大成果，到突破另一个新领域，需要一定的准备和探索时间"。以后10多年的实践证明这个认识是符合实际的。其实，世界上若干复杂的盆地也是如此。当时，我没有用流行的"马鞍形"这个词来描述多峰现象，因为我认为这个词将人的主观能动作用夸大到不恰当的程度，忽视了人们认识和改造客观世界的艰辛过程和必要时间。

改革开放以来，世界上著名的石油公司纷纷来中国合作开发油气，前期并没有达到人们所预期的结果，"贫油论"又以新的形式抬了头。洋人的实践也证明中国的石油地质条件确实是复杂的。我曾多次指出：外国公司尤其是大公司造成成果不理想的主要原因有两个：(1)他们对中国的石油地质条件和油气分布规律还要有一个摸索和熟悉的过程；(2)对中国石油资源进行技术经济评价的"门槛值"过高，远远高于他们在本国的标准。其实质不是我国的石油资源前景不好，或是没有将好区块给外国公司的问题，而是就目前状况，他们一时找不到或采不了的问题。最近渤海海域自蓬莱19-3之后一系列重要发现，也许标志着外国石油公司在中国的实践进入到一个崭新的阶段。

怎样才能锲而不舍呢？我认为要做好下列6项工作：

(1) 完善储量经济价值的评估方法。

"七五"末，编制"八五"勘探计划时，曾面临两大问题：一是在松辽盆地大庆长垣外围，鄂尔多斯盆地陕西北部广泛分布着低丰度、低渗透的石油资源，总量极其巨大，去不去探明？多家外国咨询公司认为安塞油田是没有经济价值的；大庆长垣外围储量，有人认为 20 世纪不会开采。二是对东部的复杂小断块油田，要探明则投入很大，值不值得干？有人主张按 t/口、t/m 和元/t 三项指标，将排在倒数第 1、2、3 位的苏北、江汉和冀中勘探工作停止。但是，对于低丰度、低渗透石油资源，吉林油田分公司和延长油矿的实践证明是有效益的。拥有类似资源的其他单位只要使用适用的技术系列，改进管理方法，努力降低成本，同样也应当从开发中获利。对于复杂小断块油藏，当时我到冀中油田分公司做过调查，他们每年找到的储量，70% 左右当年就转化成产能和一定数量的产量，从资金回收速度和回收率来看是有直接经济效益的。由于坚持了勘探，前述二者是近 10 年全国石油储量增长的大户。在这次会上，大庆油田责任有限公司和长庆油田分公司的报告都指出这些低丰度、低渗透的储量一般都可以动用 70%～80%，如果高油价、低成本、改变经营机制的话，甚至可以动用 90% 以上。后三者 10 年来储量都有明显增长。苏北储量翻了番，近 5 年每年新增储量 1000×10^4 t 以上，进入了储量增长高峰期；冀中也累计找到 1 亿多吨储量。为"稳定东部"都作出了贡献。实践证明，能否对勘探成果和储量正确地进行经济评价，是关系勘探工作能否持续发展的大问题。在这里不仅要考虑一般经济评价所涉及的评价尺度、钱的时间价值、企业能力和经济运作双向运动等因素，还应当充分考虑勘探工作固有的规律。因此，目前至少要争取做到"全程分析"，即：①将储量增长"高峰期"与"低谷期"统一分析。因为在"低谷期"不投入就不会出现"高峰期"。所以勘探应该分析项目效益、阶段（比如 5 年）效益，而不能完全讲年度效益。②储量真正的价值是通过开发来实现的，应当适当联系起来考查。与此同时，进一步完善评价指标体系。t/口、t/m 和元/t 等指标还是需要，但是它们适用于作纵横向一般性比较，通常不能反映储量的真正价值和勘探成果的经济效益。为了使勘探工作勇于探索取得重大突破，我非常赞成在目前将预探（含勘探前期准备及科学探索井）与评价性勘探分别考核的主张。

(2) 坚持科技进步与足够的工作量投入。

近 20 年来，我国油气勘探硕果累累主要得益于对前陆盆地、台盆区、复杂小断块区、低渗透油区和渤海海域浅层石油地质规律认识的飞跃，以及相应技术的进步。也得益于老油气井重新评价技术和油气层改造技术。同时，在坚持科技进步的前提下，从"六五"开始，我国加大了对油气勘探的投入，每年完成二维地震剖面由 7×10^4 km 增至 10×10^4 km；广泛使用了三维地震，自 1994 年起，每年采集面积达到 10000 km^2 以上；每年完成的探井数由 800 口，增加到 1000 口以上；广泛使用了数字测井，并将油气层改造技术引入勘探工作系列，没有这些是不可能开创油气储量双双大幅度增长的好形势。相反，由于世界油价暴跌，"七五"勘探资金到位率只有 50%，同期储量也只完成原计划的 75%。正反两面的经验和教训是值得认真吸取的。

(3) 面对竞争，加强矿权管理工作。

国家实行的是有偿使用矿产资源，发放勘查、开采许可证制度，每个证都有工作量和相应的财务承诺，而且每个证都有使用年限。因此，要有专人研究登记取证的策略，哪些该拿到，哪些该放弃，这也是"少花钱、多办事"讲究经济效益的途径。过去我曾多次建议，要搞好这项工作，应当像加拿大阿尔伯塔省那样，按基本区块（我国是经纬度 $1'×1'$）统计工作程度、预测资源量和各级储量，才能便于用计算机实行动态管理。

（4）在编制"十五"计划的同时，编制 10～15 年的勘探发展规划，包括相应的科技发展规划，从制度上保证勘探工作有前瞻性，保证勘探这一庞大的系统工程，有效地、持续地向前发展。

（5）认真地做好第三次全国油气资源评价。

根据美国等国家的经验，全国性油气资源评价，大体上隔 4～5 年就必须重新做一次。根据新的资料和方法及时修正人们对客观的认识，对油气前景有一个更趋近实际的认识，既看到光明的前途，又看到曲折的道路。"人心齐"，才能挖山不止，才能最终实现"泰山移"。

（6）洋为中用，正确接轨。

新中国成立 50 年以来，在石油技术上有过两次大规模和国际惯例接轨。第一次主要是向前苏联学习，第二次主要是向西方发达国家学习。两次学习都有力地推动了我国石油工业的发展。同时也应该看到带来的一些负面影响，食洋不化，照抄照搬就是其中一种。国内外实践证明，不仅是政治，就是技术也不能照抄照搬。新中国成立初期，如果照搬国外海相生油理论和勘探方法，我们就不太可能在陆相地层里找到大批的油气田。近 20 年外国石油公司在中国的实践也证明，他们照搬自己在世界其他地区形成的认识和经验，在中国就难以取得理想的成果。

第一次照抄照搬，我们是通过学习《实践论》、《矛盾论》克服的。第二次该怎样克服？我想重视实践，重视本国的经验，比较全面地了解外国石油工业的现状和历史，肯定会有助于问题的解决。

当前，我们面临着激烈的竞争，压力很大，任务也十分艰巨。但是，与 50 年前相比也具有不可比拟的有利条件，特别是物质条件。只要我们以高度的历史责任感，对前景充满信心，认真细致地去工作，就一定能把我国的油气勘探推向一个新的阶段。

新世纪头 20 年美国、俄罗斯能源发展战略摘要

进入 21 世纪不久,美国和俄罗斯相继公布了自己 2020 年前的能源发展战略[1][2]。仔细地研读有关资料,对制定并完善我国的能源战略,无疑将会起到"他山之石"的作用。

美、俄两国都是当今世界上能源生产大国。美国又是最大的石油进口国;俄罗斯则是油气出口大国。这些异同导致了二者能源战略,既有共同点,又有许多各自的特点。下面着重从网上和有关译文中摘录了能源战略的油气部分。

一、战略目标

1. 美国

鼓励使用先进的、与环境和谐的技术增加能源供应;鼓励更清洁、更有效地使用能源。增加能源安全。提高 21 世纪的生活质量。

2020 年较 2000 年,石油消费增长 33%;天然气消费增长 50%。

2. 俄罗斯

最有效地生产和利用能源资源。保证国家对能源资源的需求,使俄罗斯经济走上稳定增长的轨道,在生活水平和质量方面缩小与西欧国家的差距。

2020 年较 2000 年,石油消费增长 35.8%~50.1%;天然气消费增长 18.4%~23.7%。

俄罗斯拥有世界上 1/3 天然气储量,1/10 石油储量,1/5 煤炭储量和 1/14 铀储量,并且已经建成了巨大的生产能力。计划 2010 年生产天然气 $6150 \times 10^8 \sim 6550 \times 10^8 m^3$,生产石油 $4.1 \times 10^8 \sim 5.1 \times 10^8 t$,并加大石油出口量。2020 年生产天然气 $6600 \times 10^8 \sim 7000 \times 10^8 m^3$,生产石油 $3.2 \times 10^8 \sim 4.5 \times 10^8 t$,维持或减少石油出口量。

二、石油、天然气是关键

1. 美国

实际上除了石油,美国的能源是能够自给自足的。美国石油消费的 52%,天然气消费的 15%~16% 需要进口。1986 年至 2000 年间,煤、天然气、原子能及再生能源都在增加,然而这些能源的增长大部分都用来弥补石油产量的下降。

---

[1] 切尼,《美国国家能源报告》(2011 年 5 月 16 日),文内简称《报告》。
[2] 俄罗斯联邦能源部,《2020 年前俄罗斯能源战略基本纲要》(2003 年 5 月 22 日),文内简称《纲要》。

当前，石油、天然气占美国能源构成的62%（其中天然气为24%）。能源产品进口占美国进口的11%。2000年美国能源贸易赤字达 1200×10^8 美元，其中绝大部分是石油进口。

《美国国家能源报告》（以下简称《报告》）认为：对进口石油的依赖是一个严重的长期挑战，使美国经济极易受到破坏。加重对国外石油的依赖，深刻说明在制定能源政策上的失误。供求关系失衡是能源危机，但是这种失衡并没有超出美国调整的能力。

2. 俄罗斯

燃料能源综合体产值占全俄工业总产值的30%，占出口收入的54%（主要是油气出口）。

《2020年前俄罗斯能源战略基本纲要》（以下简称《纲要》）认为：能源问题的全球性及其越来越政治化的趋势，使能源因素成为俄罗斯外交中的一个重要因素。要强化俄罗斯在世界石油市场，以及邻近国家天然气市场上的地位，保证在未来20年里，俄罗斯仍然是欧洲国家和整个世界稳定而可靠的能源资源供应国。

三、增加国内油气供给

1. 美国

国内石油产量最高峰为1970年，日产油 940×10^4 bbl；2000年日产油 580×10^4 bbl，下降了39%。《报告》认为：要采取必要的措施挖掘本国资源潜力，使其成为世界主要的石油、天然气生产国，增加美国的能源、经济安全。

主要措施有：

（1）扩大勘探领域。

保护在已被允许的42个国家野生动物保护区内进行的勘探与生产项目。争取开放小部分北极国家野生动物保护区。

（2）重视开发"低品位"资源，扶持小的独立的油气生产商。

认为在具有复杂地质背景地区开采油气，对美国未来能源安全具有重要的意义。基于美国本土48个州石油产量的50%，天然气产量的60%由小的独立的油气生产商生产。政府将对它们在投资、使用新技术、开发难动用储量和规避技术经济风险时给予扶持。

（3）提高采收率。

目前，大约30%～70%的石油、10%～20%的天然气在油气田开发时未被采出来。要利用新技术，提高现有油气井的采收率。

（4）采用先进技术。

《报告》认为：美国强大的能源供应是依靠丰富和多样性的能源资源，以及开采和高效利用能源的先进技术。先进技术意味着更精确地钻井、提高采收率、开发与环境和谐。主张用21世纪的技术改造日益老化的能源基础设施，将21世纪的技术融入能源计划中去。

（5）修改法规。

《报告》认为：大量经济法规的不确定性，导致了油气供应不足。应及时加以修改。

2. 俄罗斯

基于探明储量结构相继恶化，难采储量占一半以上（其中，低渗透占38.4%，油气关系复杂占19.6%，重油占13.6%，高稠油占10.4%）。在开发气田储量中，有$11 \times 10^{12} m^3$处于深层；在未开发的$13.1 \times 10^{12} m^3$储量中，主要分布于小气田和深层。因而不能充分有效地利用已探明储量。同时，由于地质勘探工作量的减少，油气探明储量的增长速度趋于下降。

《纲要》建议采取：

（1）发展市场关系，推进自由竞争。

在有效的反垄断调节下，让中小型采油企业平等地进入基础设施系统和炼油厂。

（2）加大投入。

要大大增加投资额和改变投资结构。对投资者实行保护政策。激励经营主体开展革新、投资和能源保护的积极性。鼓励在基础设施发达的开采区，向再生产基地投资。建立联邦开发油气田储备基金。吸引外资投向国内能源资源开发。

（3）使用新技术和工艺，提高采收率。

（4）承认资源的级差性，制定稳定而合理的税收制度。

（5）建立发挥能源部门作用的、稳定的法律基础。

（6）提高利用油田伴生气水平，增加煤矿甲烷的利用率。

（7）最大限度使用本国设备。

四、提高能源效率

1. 美国

自1973年以来，美国经济增长了126%，而能源使用增长了30%。今天1美元国内生产总值（GDP），所需的能源是1970年的56%。《报告》认为：对于整个国家而言，提高能源效率，可以充分利用能源资源，降低能源短缺，降低对能源进口的依赖性，减轻高能源价格的影响，以及降低环境污染。提高能源效率的途径是：

（1）通过新技术提高能源的利用率。

（2）政府带头。因为美国政府是能源消费大户，1999年消费量占全美国能源消费的1.1%（折80×10^8美元）。

（3）总统领导交通部长总结和促进缓解道路"塞车"的技术和战略，并由国会立法来保障实施（美国65%的石油用于交通运输）。

（4）为购买高能效汽车提供"税收信贷"。

2. 俄罗斯

单位能耗，超过发达国家2～3倍。为此，俄将研究制定企业在遵守能源效益定额和标准方面的经济利益机制。主张减少能源浪费。既要合理使用所有的能源资源，更要合理地使用储量有限的能源资源。支持天然气使用由燃料向原料转变。认为科技进步是能源部门提高效益的基础。

五、进出口安全

1. 美国

从20世纪50年代开始，就成为能源净进口国。石油进口占美国净能源进口的89%。2020年进口石油占总油量的比例将由2000年的52%上升到64%。因此《报告》认为：能源安全必须是美国贸易和对外政策优先考虑的问题，必须放在首位。

（1）抓重点，实现多元化进口。

美国进口石油的55%来自加拿大（15%）、委内瑞拉（14%）、墨西哥（12%）和沙特阿拉伯（14%）。前三者均是相邻国家。《报告》支持"北美能源构架"，主张扩大并加速与墨西哥和加拿大进行跨国能源投资及管道建设。认为进口重点区应从加拿大延伸到加勒比海、巴西和西非，另外还有里海周缘和俄罗斯。为此，要帮助扩大私人在俄罗斯的投资机会。

（2）建立全球联盟，保障平稳供应。

《报告》认为美国必须和石油生产国一起改善市场的透明度，以维持能源从生产国到消费国的平稳流通。要改善国际贸易与投资环境，使美国的能源公司依然是世界能源公司的领导者。要精心策划一个更全面，更及时的世界石油信息报告系统。并且将经济制裁作为"一个重要的外交政策"以保障能源安全。

（3）建立应急机制。

一是准备一个能源应急计划；二是抓好石油储备。净石油进口保护天数目前是54天，最高达到157天（1986年）。

2. 俄罗斯

《纲要》认为：俄罗斯在世界能源市场上的牢固地位，不仅可以保证能源产品出口的稳定收入，而且也可大大巩固在世界经济和政治中的地位。为此，要尽一切可能实现能源的"最有效的出口"。

（1）出口多元化。

欧洲是传统市场。北美，特别是美国市场，对俄罗斯来说是很有前景的。亚太和东南亚市场扩大能源产品、技术工艺和劳动力出口的可能性很大。中东、南美和非洲市场是潜在的劳务消费者，能源技术和设备的进口国。

（2）建设和完善出口的主干系统。

石油：完善波罗的海管道系统，使年输油能力达到$5000×10^4 t$；在波罗的海和巴仑支海建设新的出口港口；将田吉兹—新罗西斯克管道年输油能力提高到$6700×10^4 t$；将"友谊"和"亚得里亚"管道一体化，年输油能力达到$1500×10^4 t$；实施安加尔斯克—纳霍特卡管道建设方案；实施安加尔斯克—大庆方案。

天然气：发展出口输送干线，包括"兰流"、亚马尔—欧洲，北欧以及新西伯利亚—哈巴罗夫斯克—中国—朝鲜—韩国等管道。

（3）将独联体油气资源纳入自己能源平衡中。

《纲要》认为：将独联体国家油气资源（特别是天然气）长期大规模纳入自己的能源平衡之中，可以为后代节约俄北部油气田的资源。为此，要十分重视"能源资源过境运输"。

（4）发展新型的国际能源合作和科技合作。

六、社会责任与政府角色

1. 美国

《报告》认为：联邦政府在支持能源开发，同时保护环境，保护国家自然资源遗产方面扮演了独一无二的重要角色。建议总统签发一项行政命令，指导所有联邦机构来管理所有的对能源供给、分布和使用有正、反两面影响的法规法案。建议在总统直接领导下，举办一些与能源发展和使用相关的教育节目，以增加观众对节能的了解。

鉴于有 $360 \times 10^4 \sim 500 \times 10^4$ 户群众无力支付能源费用，《报告》支持扩大"低收入家庭能源救助计划（LIHEAP）"。

2. 俄罗斯

《纲要》认为：股份制企业的主要目标是获得最大利润。但是，燃料能源综合体企业还有其他的社会和经济责任，必须保证对能源消费者经常性的稳定供应，有效地利用自然资源，保证出口，以缓解国家对外汇的需求。国家要最大限度地降低各部门改革给缺少社会保护的居民群体、重要社会目标和战略部门带来的消极影响。在燃料能源综合体基础上建立起来的城市，要为员工改善居住条件，要为下岗职工开辟新的社会就业渠道。

鉴于燃料能源综合体是俄联邦自然环境的大规模污染源之一（大气排放有害物质占48%，污水占23%），《纲要》主张深入推广使用清洁能源和低废物排放和无废物的技术工艺。建立统一的生态数据信息系统，发展灵活的经济激励系统，必须承担在生态领域中的国际职责。

七、可替代能源与可再生能源

1. 美国

《报告》认为：可再生和可替代能源不仅可以使能源供应多元化，还可以降低对环境的影响。可以预见，在能源供应方面，可再生能源利用的持续发展将对美国经济的发展起到非常重要的作用。

可再生能源通常指生物体、地热、水能、风能和太阳能等。可替代能源主要是替代燃料。包括生物柴油、乙醇和甲醇等。此外，氢和聚变能可能是未来的能源。

煤是美国最丰富的燃料资源，可供应250年。2000年生产了10×10^8t，99.7%用于国内，其中火力发电占90%。至2020年满足电力需求方面，煤仍是主导燃料。用煤发电成本低廉，而且煤的价格一直都非常稳定，出于环保要求，要大力推进洁净煤使用技术。

2. 俄罗斯

《纲要》认为：在制定和贯彻能源政策时，优化使用再生能源和地方性能源具有重要意义。这些能源永不枯竭和环保友好的特点决定了对它们的需求和利用呈增长态势。

再生能源包括太阳能、水力、地热、生物群、"矿井天然气"及各种低潜力热能材料等。估计再生能源技术潜力每年近46×10^8t标准燃料，即超过全俄年能源需求的4倍；经济潜力每年超过2.7×10^8t标准燃料，即相当全俄年能源需求的1/4。

地方性能源主要是泥煤和木柴。泥煤储量近1627×10^8t（湿度40%）。在相应条件下泥煤储量可以恢复（沼泽地每年新增湿度40%的泥煤达250×10^4t）。预测2020年年产达800×10^4t。关于木柴，目前500多万个家庭靠木柴取暖，年需木柴5000多万立方米。

俄罗斯为了克服在再生能源利用上的落后状态，给后代保留日益枯竭的有机燃料，为了改善各地的能源供应和生态环境，采取了以下措施：

(1) 制定联邦"关于再生能源的法律"和政府规定。

(2) 支持建立区际泥煤和木柴储备。

美国、俄罗斯是当前世界上综合国力最强大的两个国家。两国的国情不同，但是在高度重视能源安全和能源发展这一点上是完全相同的。因为能源是经济发展、社会进步、国家安全、生活水平和质量提高的基础。

就油气供需关系面临严峻挑战而言，美国和我国能源状况更多一些相似之处。因此，美国采取的增加国内油气供给，提高能源效率，保障能源进口等方面的若干措施和做法，对我国更具有参考价值。

目前，我国还是个发展中国家，综合国力远逊于美国和俄罗斯。因此，在能源问题上，我们更应该高度关注，根据自己的国情，实事求是地制定好长远发展战略，尤其是在努力增加国内油气供给，提高能源效率上下更大的功夫。

参加美国石油地质家协会（AAPG）第73届年会的简报

美国石油地质家协会（AAPG）第73届年会于1988年3月在美国南部休斯敦城召开。通过3月16日至3月28日，近12天的活动，有以下一些收获、想法和建议。

一、美国重视成熟盆地的勘探工作

成熟盆地勘探是这次年会的主题之一。哈尔布蒂作了评价成熟盆地的演说。他认为世界上待发现的油气很大部分将来自目前的成熟盆地，过去的勘探热点。这些地区发现的加速，主要决定于增加地球物理工作量、钻井工作量，尤其是发展新的勘探概念。过去年代中，从成熟生产区收集到的工程资料和所获得的经验提供给地球科学家和石油工程师以机会，去扩充他们的思路和革新思维，为这些地区和其周围地区寻找新的油气储量，其中，仔细地寻找隐蔽圈闭是很重要的。

在该专题的报告中，提出了一些成熟盆地勘探的概念和方法。如通过古地形的研究，寻找古地貌圈闭；应用地震地层学勘探成熟盆地以减少勘探风险；用水动力学理论研究成熟盆地中油气的聚集部位；以孔隙—压力异常的计算机模拟作为成熟盆地勘探的一个手段；从油气藏的空间和时间分布规律指导成熟盆地勘探等。

在会前有一个讲座专门讲成熟盆地的勘探问题。参加者十分踊跃。

这个讲座提供了各种不同的勘探策略，显示了过去10年来在成熟盆地中如何发现大量新的储量，并证明执行成功的策略的关键是如何把岩石物理和石油工程的资料合并到地质—地球物理的图像中去，提出了在成熟盆地中勘探的成功途径。

讲座指出，实际上大多数新发现是由于细致的地质和地球物理工作的结合，恰当的钻井和完井方式，聪明地利用技巧和技术，大致有下列几种情况：

（1）传统的加密钻井的办法，在已有地下钻井和地震控制的趋向带上确定新的勘探区，这是低风险的。

（2）提高技术，使人们用地震去辨别和勾画出新的目标，或对一个复杂的地层单位用更好的钻井和完井工艺。

（3）对现有的井，做仔细的测井评价，辨认出先前不认识或认为没有商业价值的新层系。

（4）预测在已知趋向带内，人们习惯上不期望存在的新油藏，风险较大。

成熟盆地勘探的机会主要在于两个方面：

（1）干井或生产井中非生产带的再评价，从而发现新的油气层。

（2）对已知油田的概念外延到相邻的其他地区，发现新的油气田。

讲座指出：发生在所谓成熟盆地中的许多勘探热潮，是由于技术的提高。一旦采用了一种新的工艺技术，就可能有许多使用该工艺技术的发现。地震技术占有重要的位置，如亮点振幅分析、消除多次波、提高深部反射分辨率等。又如用标定的方法来提高地震解释的精度，大致采取3个步骤：①把地下地质与反射建立联系，建立什么样的地质单元产生什么样的反射；②确定地震波特征的变化、目的层的存在或缺失；③建立储层性质的变化，如厚度或孔隙度，从而建立起地震模式。

地质和石油工程相结合在成熟盆地和盆地勘探中都有重要意义。阿尔伯达深盆地Elmworth 油田的发现是由3个地质家（1个地质工程师、1个岩石物理工程师和1个油藏工程师）组成的勘探队，认识到该地区与原来两个气田的相似性而发现的。在成熟盆地的勘探中主要有两个思想障碍：

（1）认为该空间位置的储集层太致密不具商业价值。但我们必须看到有可能存在的好的情况，如：①原始孔隙出乎意料地得到保存；②次生孔隙的产生；③裂缝起了作用；④油价上升。

（2）认为那个地区超过了储集层分布的可能范围，或者储集层太薄，在那样的深度不具商业价值。

我们必须认识到在砂岩零等值线的边缘，也可能出现有利情况：

（1）通过潮流和风暴，在大陆架拖曳搬运，使在正常的沿岸冲积相带向盆地一侧存在一个碎屑岩带。

（2）浊流可以很好地发育在正常浅海系统的前缘。

（3）低海平面的沿岸相可以置换深入盆地内正常的稳定单元。

（4）其他不同方向的物源可以把沉积物带入盆地内部。

我国的一些地区已经或即将进入成熟区勘探阶段，研究成熟区的勘探概念、技术和方法是具有现实意义的事情。美国的一些做法值得我们参考。

二、开发地质（Development Geology）是成熟盆地继续扩大勘探成果的重要方法

和会上宣读的大部分论文一样，每篇文章总是力图和今后的生产活动相联系。从美国人的开发地质论文来看，他们不只是把开发地质作为编制开发方案的基础，同时十分强调要通过开发地质增加油气储量，有的论文题目直截了当就是：《通过生产地质（Production Geology）发现储量》、《应用相分析去促进天然气储量的增长》。

从宣读的论文看，美国的开发地质主要是围绕储层研究做文章。大体包括下列内容：（1）储集层分类原理；（2）储集层的空间分布规律，包含两部分内容，一是砂体的空间分布，二是孔隙和孔洞的空间分布；（3）影响储集性能的因素，据会下了解，埃克森公司正组织一批专家做合成黏土矿物的研究，模拟黏土矿物的演化历史和各阶段对储集性能的影响；（4）油层改造、压裂、酸化和热力驱油；（5）勘探方法，包括三维地震、四维地震、井筒资料分析研究、油田生产史和动态分析、油藏描述等。

我国现有油气田多属陆相地层的储集层，从总体看储集性能远不如美国的海相地层，因此尤其应该加强储集层研究工作和改造技术。

三、美国重视地球化学勘探和非地震的物探

在参加大会展览的 200 个单位中,至少有 30 家具有地球化学和非地震物探的服务能力。许多知名的公司,如 CGG、GSI、Schlumberger、Digicon、Exlog、GECO 等都有相应的工作部门。据了解目前他们使用的方法国内大体都有。

美国重视这两种勘探手段发展的原因是因为它们轻便、省钱。

四、美国人期望通过心理学训练提高石油勘探家的创造能力,从而提高勘探成效

这次会上有一个名为"创造性勘探"的短训班。该课程提出:"石油地质学家找油找气的本领是和他或她的创造能力有直接联系的,但是,有天然创造能力的人只占很少数,因而找到工业性油气藏的石油地质家也只有极少数。"但是"通晓创造过程能提高人的找油能力"。

为《石油勘探中的创造性》（中文稿）一书撰写的前言

本书是美国咨询石油地质学家爱德华·贝蒙特（Edward A.Beaumont）1989年年底在华讲学的讲稿。在1988年美国石油地质学家协会（AAPG）休斯敦年会上，作者也讲授过类似内容的短课并受到了欢迎。

文章反映了美国石油界为了在油气勘探上取得成功，不仅重视发展各种专门技术，而且也十分重视改进和提高勘探家们认识客观世界的思想方法和能力。文中汇集了不少著名石油地质专家的名言和警句；文中也穿插了若干个油气区域油气田勘探过程中发生的故事。在一定程度上介绍了西方油气勘探家们在长期实践活动中走过的艰难路程，积累的经验和教训。诸如阿拉伯半岛，墨西哥油区和印尼萨拉瓦底盆地的油气勘探历程，由于有事、有人、有认识过程，因而读后给人留下比较深的印象。与美国及其他西方发达的石油国家相比，我国现代油气勘探的历史不算长，因此，认真地分析别人已经走过的路，并从中吸取对自己有用的东西，这对今后继续推进我国油气勘探事业肯定会有益处的。爱德华·贝蒙特在文中指出："一个熟悉很多油气田情况的石油地质学家就能够识别出其他人容易忽视的细微线索，并能够用少于他人的资料'看'到远景区"。这个见解无疑是正确的，因为"有比较，才能鉴别。"这早已为我们自己的实践所证实。我们热心地了解国外油气田情况，包括他们的认识过程，目的正是为了通过比较和借鉴来拓宽勘探领域和提高勘探效益。

文章的作者企图去探索在油气勘探工作中"人的正确思想是从哪里来的？"并且为了提高勘探家的"创造性"，换句话说也就是提高勘探家正确认识客观世界的能力，在文中引用了不少心理学和哲学的概念和研究成果，由于作者世界观和专业知识上的限制，因而有些论述显得穿凿、生硬；两位译者都是石油地质学家，在这一方面也很难进行更多的"再创作"。看来要想从本文中学到有用的知识，非得下一番工夫不可。

美国1995年油气资源评价❶

进入20世纪不久，美国地质调查所（USGS）就经常对美国油气资源进行评价工作。自1975年起，全国性的评价工作已经比较规范系统地进行。1982年矿产管理局（MMS）成立，分担了美国联邦海域（根据美国有关法律，离岸3mile以内的海域由沿岸各州管理）的资源评价工作。1991年起，USGS和MMS对美国油气资源进行第二轮联合研究。本文摘自USGS对美国陆地及州属海域的研究成果。研究原包含油气技术可采与经济可采评价两个部分，本文仅与前者有关，而且是截至1994年1月1日的成果。

一、评价对象与方法

本次评价涉及原油、天然气和天然气液三类资源。

（1）待发现的常规聚集：是指根据地质理论和资料预测，在已知油气田外围赋存的资源。这是油气工业传统的经营领域，也是往日评价的重点，它们位于已知油气田的外围，一经发现，可以用传统的技术方法开采。

（2）扩展储量（Growth Reserve）：指的是通过储量复核、已知油气田的外延和发现新油气藏而增加的资源。本报告只评价了1992年以前发现的油气田。USGS以往评价报告曾将扩展储量分为指示储量（Indicated Reserve）和推断储量（Inferred Reserve）两部分。

（3）连续型（非常规）聚集：是指一种地理上连续延展，遍布广大区域，水动力作用不明显的烃类聚集。

连续型是相对单体型（Discrete-type）而言。后一种类型油气田的下方通常为水所限（图1）。

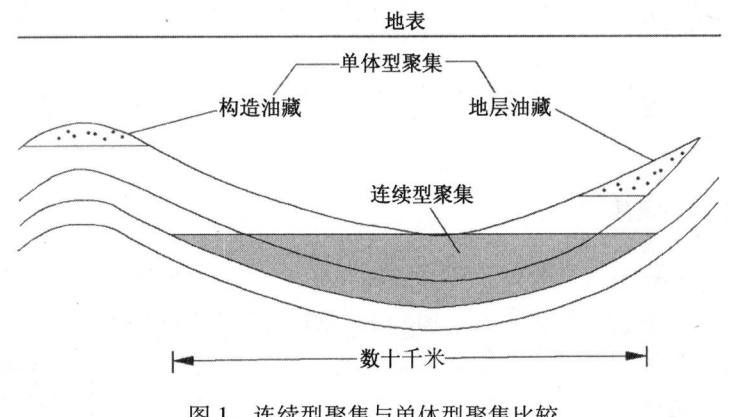

图1 连续型聚集与单体型聚集比较

---

❶原载《世界石油工业》，1997年，4期。本文是陆地及州属海域部分简介。

非常规是相对常规而言。后者油气田可以用传统的技术（自喷、人工举升、注水（气）采油等）进行开采；前者包括致密砂岩、页岩、白垩中的烃类以及煤层气。

本次评价和以往评价相似，将研究区域分成了8个区71个省（图2）。"区（Region）"基本上是地理分区，但尽可能考虑地质单元。"省（Province）"主要包括一个主要的构造单元或若干个相邻的构造单元。但是本次评价工作更细，是以"远景带（Play）"为基础进行的。

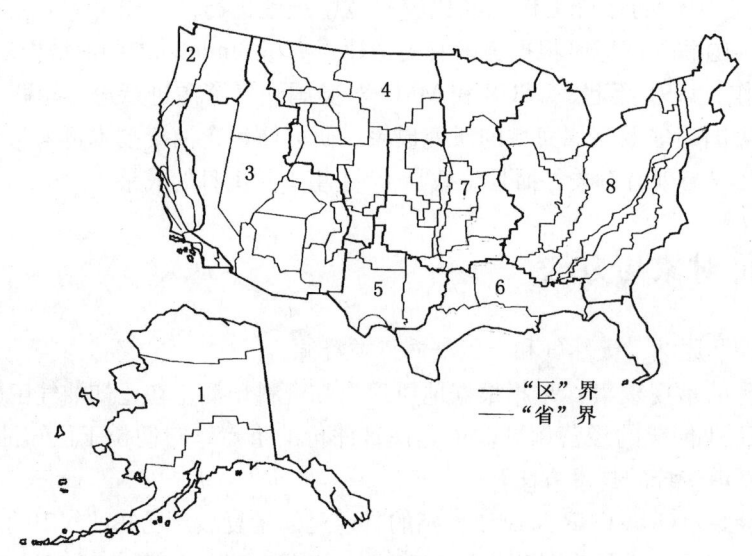

图2　美国的石油"区"和"省"
区名：1—阿拉斯加；2—太平洋沿岸；3—科罗拉多高原；4—落基山和北部大平原；
5—得克萨斯西部和新墨西哥东部；6—墨西哥湾沿岸；7—中陆区；8—东部

报告中"远景带"的定义为："在地质、地理和时间特征，诸如生油岩、运移途径、时限、圈闭机理和烃的类型等上具有相似性的已知或预测的油气聚集系列"。一共界定了560个远景带，在460个常规远景带中，评价了373个，其中证实的（Confirm）远景带290个，预测的（Hypothetical）远景带83个。在100个连续型远景带中，评价了86个，其中煤层气远景带39个。

对待发现的常规聚集、连续型聚集和扩展储量这些不同类的资源使用了不同的评价技术。

1. 待发现的常规聚集

广泛使用了油藏模拟、发现过程模型、类推技术以及其他专门技术。如果远景带中已经发现了一个或若干个大于最小规模（10^6bbl或$60×10^8$ft^3）的油气聚集，被称为证实的远景带（Confirmed Play），其评价工作通常基于已知聚集的规模、数量、深度、钻井史和其他特点进行外推和类比。如果远景带中迄今未发现任何一个大于最小规模的油气聚集，被称为预测的远景带（Hypothetical Play），其评价工作主要基于各项地质资料，与地质特点类似的已知的油气聚集类比。

为了对远景带进行风险分析，对构成远景带的3个要素［生聚条件（Charge）、储层和圈闭］的每一个都要以0～1之间十进位小数表达。三者的乘积就是该远景带的概率（1－概率＝风险）。

小于 10^6 bbl 或 $60×10^8$ ft^3 油气聚集的概率单独进行计算，是基于油田规模分级和数目的外推。

伴生气、溶解气和天然气液通过相应的气油比单独计算。

评价中采用了 TSP（Trancated Shifted Pareto）模型，作为对各省地质家们进行评价的指南。

2. 扩展储量

能源信息管理局（EIA）列出了每个油气田的规模（累计产量＋探明储量），并分15种规模对1971—1991年期间逐年进行评价。在上述资料基础上，本次评价将美国本土归并为5个大区（2，3～4，5～7，6和8区），分区算出一级产品（即油田中的油、气田中的气）的扩展值；二级产品（伴生气、溶解气和天然气液）按气油比算出扩展值。

3. 连续型聚集

通常采用网格法（图3）评价。第一步根据已有生产井排泄面积确定格子的大小，并让网络覆盖全部远景带范围；第二步统计出待钻井测试的格子数目并乘以成功率；第三步参照已有生产井资料推算出待钻井测试格子中可能成为生产格子的最终可采量。

煤层气评价虽然也采用网格法，但由于：（1）处于开发初期，生产井的资料很少；（2）衰竭曲线分析和物质平衡法用来表述煤层中烃类和水运动的复杂关系是不恰当的。因此，煤层气产量预测更多的是依靠油藏模拟。

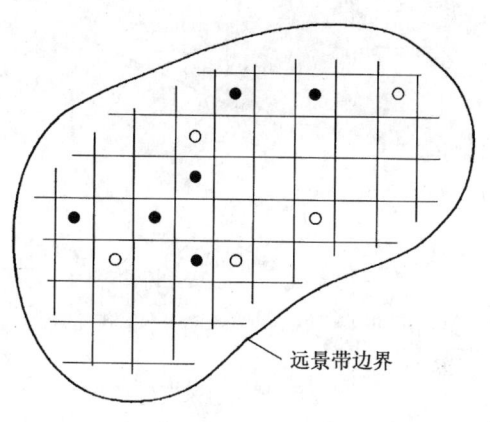

图3 网格法示意图
有圆圈的格式表示有测试井；实圈为油气井，空圈为干井；无圆圈的格子表示没有测试井

二、评价结果

美国地质局此次对美国陆地和州属海域油气资源评价结果列于表1和图4、图5。

表1 美国陆地及州属海域油气资源量（技术可采资源）汇总表

资源分类	原油，$×10^8$ bbl			天然气，$×10^{12}$ ft^3			天然气液，$×10^8$ bbl		
	95%	5%	中值	95%	5%	中值	95%	5%	中值
待发现常规资源	235	396	303	207.1	329.1	258.7	58	89	72
扩展储量	—	—	600	—	—	322.0	—	—	134

续表

资源分类	原油，×10⁸bbl			天然气，×10¹²ft³			天然气液，×10⁸bbl		
	95%	5%	中值	95%	5%	中值	95%	5%	中值
连续型聚集（砂岩，页岩，白垩）	15	27	21	219.4	416.6	308.1	11	35	21
连续型聚集（煤层）	—	—	—	42.9	57.6	49.9	—	—	—
探明储量			202			135.1			66
总　计	—	—	1126	—	—	1073.8	—	—	293

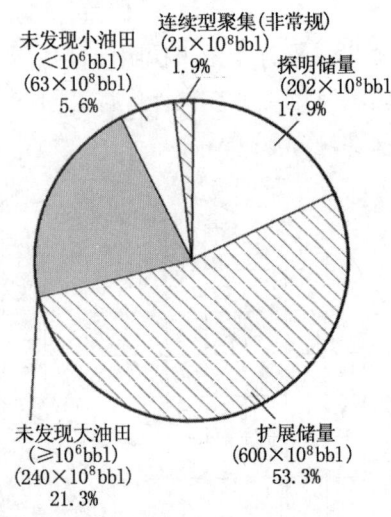

图 4　原油技术可采资源量构成图　　图 5　天然气技术可采资源量构成图

表 1 所列数量均为现有技术可开采的技术可采资源，包括探明储量（指剩余探明可采储量）、扩展储量和待发现的资源量。原油总计为 $1126×10^8$ bbl；天然气为 $1073.8×10^{12}$ ft³，其中在砂岩、页岩和白垩中的连续型聚集为 $308.1×10^{12}$ ft³，煤层气为 $49.9×10^{12}$ ft³，天然气液为 $293×10^4$ bbl。

1. 待发现的常规资源

待发现的常规资源分区评价结果列于表 2。

表 2　美国待发现常规原油、天然气、天然气液分区技术可采资源量

区名与编号	原油，×10⁸bbl			天然气，×10¹²ft³			天然气液，×10⁸bbl		
	95%	5%	中值	95%	5%	中值	95%	5%	中值
1. 阿拉斯加	31.9	167.6	84.4	27.8	129.2	68.4	4.4	20.8	11.2
2. 太平洋沿岸	25.5	59.3	40.2	7.6	17.6	12.0	1.5	3.8	2.5
3. 科罗拉多高原	6.6	24.6	13.6	5.4	15.2	9.0	1.2	4.1	2.3
4. 落基山及北部大平原	30.6	68.4	46.3	15.2	31.1	21.9	8.3	21.8	14.5

续表

区名与编号	原油，$\times 10^8$bbl			天然气，$\times 10^{12}$ft^3			天然气液，$\times 10^8$bbl		
	95%	5%	中值	95%	5%	中值	95%	5%	中值
5. 得克萨斯西部和新墨西哥东部	22.2	52.7	35.8	12.9	25.7	18.7	5.2	10.2	7.5
6. 墨西哥湾沿岸	26.9	89.4	54.8	70.9	130.2	97.6	19.1	38.9	27.8
7. 中陆区	7.7	18.5	12.0	13.6	27.4	19.5	2.8	4.8	3.7
8. 东部	8.5	24.6	15.5	7.9	15.8	11.3	1.5	3.7	2.5
总计	235.2	396.3	302.5	207.1	329.1	258.6	58.2	88.7	72.0

原油技术可采资源量为 235.2×10^8（95% 概率）~ 396.3×10^8bbl（5%），中值为 302.5×10^8bbl。其中有 64×10^8bbl 储藏在规模小于 10^6bbl 的油藏里。

天然气技术可采资源量为 207.1×10^{12}（95%）~ 329.1（5%）$\times 10^{12}$ft^3，中值为 258.6×10^{12}ft^3。其中 45.2×10^{12}ft^3 储存在规模小于 60×10^8ft^3 的气藏里。

天然气液技术可采资源量为 58.2×10^8（95%）~ 88.7（5%）$\times 10^8$bbl，中值为 72×10^8bbl。

上述资源在地区上分布是不均匀的，大致有 27.9% 的原油、26.4% 的天然气储藏在阿拉斯加；18.1% 的原油、37.7% 的天然气储藏在墨西哥湾沿岸。

2. 扩展储量

表 3 是美国常规油气田的扩展储量评价结果。

表 3　美国常规油气田的扩展储量

区名	原油，$\times 10^8$bbl	天然气，$\times 10^{12}$ft^3	天然气液，$\times 10^8$bbl
阿拉斯加	130.0	32.0	5.0
本土 48 州	470.0	290.0	129.0
总计	600.0	322.0	134.0

预计从 1992 年起，在今后 80 年内，扩展储量原油为 600×10^8bbl，天然气为 322×10^{12}ft^3，天然气液为 134×10^8bbl。

3. 连续型聚集技术可采资源量

1）砂岩、页岩和白垩中的连续型聚集

本次评价界定了 61 个远景带（有 47 个进行了评价），以主要储层岩性分：砂岩 32 个、页岩 20 个、碳酸盐岩 9 个。评价结果见表 4，其中天然气为 219.3×10^{12}（95%）~ 416.5（5%）$\times 10^{12}$ft^3，中值 308×10^{12}ft^3；原油为 15.3×10^8 ~ 26.9×10^8bbl，中值 20.6×10^8bbl；天然气液为 11.2×10^8 ~ 35.4×10^8bbl，中值 21.1×10^8bbl。

表4 砂岩、页岩、白垩中连续型聚集的技术可采资源量

区名与编号	原油，×10⁸bbl			天然气，×10¹²ft³			天然气液，×10⁸bbl		
	95%	5%	中值	95%	5%	中值	95%	5%	中值
2. 太平洋沿岸	—	—	—	2.8	30.8	12.2	0.2	3.0	1.2
3. 科罗拉多高原	2.4	9.4	5.2	24.8	55.0	38.0	0.6	1.4	0.9
4. 落基山及北部大平原	2.7	6.9	4.5	91.8	268.8	165.7	8.1	31.0	17.3
6. 墨西哥湾沿岸	7.5	15.1	10.8	5.9	12.1	8.6	8.9	23.5	15.1
8. 东部	—	—	—	56.0	118.7	83.3	0.1	0.2	0.1
总 计	15.3	26.9	20.6	219.3	416.5	308.0	11.2	35.4	21.1

2) 煤层气

本次评价了美国本土48个州的39个远景带。煤层技术可采资源量为 42.8×10^{12}（95%）～ 57.6（5%）$\times 10^{12} ft^3$，中值为 $49.9 \times 10^{12} ft^3$，详见表5。

表5 煤层气技术可采资源量

区名与编号	天然气，×10¹²ft³		
	95%	5%	中值
2. 太平洋沿岸	0.2	1.3	0.7
3. 科罗拉多高原	15.0	21.8	18.2
4. 落基山及北部大平原	3.9	11.7	7.2
7. 中陆区	3.5	6.7	5.0
8. 东部	14.3	24.0	18.7
本土48州	42.8	57.6	49.9

三、与以往评价结果的比较

本报告主要将本次评价结果与1989年由Mast等人作出的评价成果进行了比较。

(1) 原油技术可采资源量大大增加，由1989年的 $780 \times 10^8 bbl$ 增至 $1100 \times 10^8 bbl$。主要反映了扩展储量的明显增长。

待发现常规原油资源量由原来的 $333 \times 10^8 bbl$ 减至 $303 \times 10^8 bbl$，少了10%。主要是由于自1989年至本次评价期间，有 $20 \times 10^8 bbl$ 资源已被发现；同时由于地质认识的深化，阿拉斯加北部山麓丘陵部位预测的未发现资源量减少所致。

扩展储量由1989年的 $210 \times 10^8 bbl$ 猛增至 $600 \times 10^8 bbl$。上述增长主要反映了本次评价资料基础的不同。以往评价主要依据美国石油学会（API）和美国天然气协会（AGA）1969—1979年10年间的资料，而本次评价使用了能源信息管理局（EIA）近15年的全部油气田资料。这些资料还记载着美国石油工业各个时期的非常变化，包括油气价格的主要变化以及钻井、开发的效益。

连续型聚集的原油技术可采资源约为 20×10^8 bbl。这部分资源以往的评价曾部分地提到过。

探明储量根据 EIA 的资料为 200×10^8 bbl，明显低于 1989 年评价的 240×10^8 bbl。在此期间，美国年产原油在 $24\times10^8 \sim 25\times10^8$ bbl 之间。

（2）天然气技术可采资源量大大增加，由 1989 年的 347×10^{12} ft^3 增至本次的 1073×10^{12} ft^3。

待发现常规天然气资源量为 259×10^{12} ft^3，与 1989 年的 254×10^{12} ft^3 相近。

扩展储量为 322×10^{12} ft^3，较 1989 年的 93×10^{12} ft^3 大幅度增加，这也是更多地使用 EIA 资料的结果。

连续型聚集的天然气资源量约为 358×10^{12} ft^3（其中煤层气约 50×10^{12} ft^3），本类资源 1989 年未进行评价。

探明储量为 134×10^{12} ft^3，低于 1989 年的 157×10^{12} ft^3。在此期间，美国的天然气年产量约为 $17.0\times10^{12} \sim 17.8\times10^{12}$ ft^3。

荷兰的天然气经营与管理[1]

荷兰，国土面积仅 $4.1\times10^4 km^2$，但却是世界上最重要的天然气生产国之一。自1959年发现格罗宁根大气田后，荷兰累计找到了261个气田，其中储量大于 $1000\times10^8 m^3$ 的1个，$100\times10^8\sim1000\times10^8 m^3$ 的25个，小于 $100\times10^8 m^3$ 的235个。自1973年以来，全国天然气年产量大体保持在 $800\times10^8 m^3$ 左右；1994年产气 $784\times10^8 m^3$，居世界第4位。

荷兰的天然气约有一半出口到德国、意大利、法国和比利时等西欧国家。1993年荷兰生产天然气 $865\times10^8 m^3$，其中出口 $414\times10^8 m^3$，国内消费 $451\times10^8 m^3$，95%以上的家庭都用上了天然气。据1992年统计，在荷兰国内一次能源的消费构成中，天然气占50%，石油占35%，煤炭占12%，其他占3%。显而易见，天然气工业在荷兰经济生活中居于举足轻重的地位。荷兰从本国的实际情况出发，并考虑到世界能源形势的变化，经过30多年的实践和总结，形成了自己的一套天然气经营管理办法。

一、严格管理，把握命脉

荷兰政府非常重视矿产资源的所有权和天然气供应的安全保障。为此，从法律、法规、协议和政府直接参与4个方面构成了经营管理框架。

荷兰有一个类似公司的 EBN（Energie Beheer Nederland），产权全部属国家所有。它以国家的名义或者国家和EBN二者的名义参股扶持天然气业。在国家经营的勘探项目中，EBN又可以是作业者。荷兰没有国家石油公司，但是国家能够通过EBN参与天然气的勘探、开采和销售，也给采矿活动以可靠的控制。

1963年荷兰成立了Gasunie（联合天然气公司）。在该公司股份中，国家直接投资占10%，EBN占40%，壳牌集团和埃克森公司各占25%。国家和EBN共占有一半股份，并持有否决权。荷兰人认为这样的公私合营，既发挥了私营公司善于经营、能够获得最大利润的长处，又保证了国家拥有天然气资源所有权。国家与Gasunie签有民营协议（Private Agreement），使Gasunie在制定25年长远规划，对气价、进口、出口和投资进行分析时，得到政府部门的支持。Gasunie负责收购荷兰全部气田生产的天然气，并负责进口天然气，按市场需要混合配比成特定热值标准的气，向地方当局拥有的销售公司、大工厂和电厂供气；根据长远规划编制年度计划以保证国内天然气供应的安全。荷兰人认为，Gasunie居于天然气从生产到消费，即从气井到炉灶系统的中心位置，抓住了中间，管住了两头。

为了加强对上游的管理，荷兰政府设立了两个部门：

（1）荷兰地质调查所（Rijks Geologische Dienst）——负责向经济事务部长报告有关

---

[1] 原载《国际石油经济》，1996年，4卷，2期。

勘探、开采的详细情况和有关地质问题，并负责解释和处理勘探、开采资料。

(2) 国家矿业监督办公室（Staatstleyichtop de Mijneu）——负责对勘探、开采项目执行有关法律、法规的情况进行监督。

通过上述各方面的努力，加上征收税和矿区使用费等等，荷兰政府每年可大约获得天然气生产全部收入的 70%。

二、大小并举，科学利用

20 世纪 60 年代，当格罗宁根大气田发现后，荷兰政府就提出，该气田应该在下述前提下生产：它不能扰乱国家的能源供应，而且要尽可能多地为荷兰经济作出贡献。

20 世纪 70 年代，为了克服世界石油危机的影响，荷兰政府提出了小气田政策（Small Fields Policy），激励石油公司去勘探和开采甚至是最小的边际气田。以避免在能源供应上对外国，尤其是政治上不稳定国家的依赖。

格罗宁根气田由于规模大（原始地质储量大于 $25000 \times 10^8 m^3$）、气层厚（平均 150m）、气层物性好（孔隙度为 15% ~ 20%，渗透率为 100×10^{-3} ~ $1000 \times 10^{-3} \mu m^2$）、单井产量高（日产量可达 150×10^4 ~ $200 \times 10^4 m^3$）、边底水不活跃、生产中几乎不出砂，因而调整产量具有极大的灵活性。多年来荷兰一直让小气田充分生产（120 多个小气田接近采完，还有 100 多个小气田正在生产），它们的总产量大体占全国产量的一半，而让格罗宁根大气田长期低负荷生产，扮演调峰气田的角色。

荷兰人认为："长期保存格罗宁根气田的气，为国家提供了巨大的战略储备"。为了避免今后供气可靠性出现问题，Gasunie 正在积极地建设地下储气库。

三、鼓励勘探，扩大气源

荷兰为了鼓励天然气勘探，对所有国家和所有石油公司实行开放政策，通过竞争性招标授予勘探、开采许可证。过去，海上 2 ~ 3 年进行一轮招标，目前已大大缩短了间隔期。勘探风险由石油公司承担，有了发现后，EBN 参与投资开采，并按比例偿还石油公司已支出的勘探费用。各气田生产的天然气全部由 Gasunie 到输气站收购。目前有来自世界各地的 14 家作业者和 45 个合伙公司在荷兰进行油气勘探开发活动。

为了扩大气源，荷兰一方面千方百计鼓励勘探，同时也从挪威和英国进口部分天然气。

四、兼顾各方，合理定价

荷兰天然气的定价政策立足于市场，是通过与替代燃料价格比较产生的，同时又兼顾到社会各方面的利益。其结果是：

(1) 使天然气在市场中占有的份额增加。由于用户得到"永远不会付出高于使用最便宜的替代燃料所应付出的代价"的保证，从而增加了使用天然气的积极性。这里提到的"最便宜的替代燃料"，对家庭和小工厂而言是取暖油，对大工厂指的是重燃料油，对电厂指的是重燃料油和煤。

（2）吸引生产者进一步开发荷兰的天然气。由于根据市场的需求来确定气价，反映了天然气的真实价值，因而气价也决不会太低。

（3）天然气资源得到最经济的开采，同时给投资带来了最大的效益。

荷兰有《天然气价格法》，经济事务部长据此确定天然气最低价格，通过生产者和Gasunie传递给销售公司和外国购买者，其目的是保护市场价格，使投资获得更大的收益。当某些公司的气价与能源政策相违背时，经济事务部长可予以纠正。

五、成组打井，保护环境

荷兰国土面积很小，而且部分土地还是通过一代又一代人持续努力"围海造田"形成的；荷兰又是一个美丽的国家，到处都是良田、牧场和花圃；同时荷兰气田的储层性质又很好。因此，为了减少占用土地面积，防止勘探、开采天然气过程中对环境的污染，便于实现气田自动化管理，气田的开发井采取了按"井组"布井的方式。以格罗宁根气田为例，至1994年6月共有29个井组，井组距离2.4km，每个井组10口井，分为两排，地面井距为70m，每个井组占地约8hm^2。井组间以环形管网相连，Gasunie即在管网上的输气站收购天然气并输入自己的管网。

六、结束语

荷兰是一个资本主义国家，对其本土丰富的天然气资源（人均占有量居世界第16位），通过强有力的宏观管理及完善的市场机制，实现了节约合理的利用，给国家、社会带来了长期的、巨大的经济效益和社会效益。荷兰30多年的实践给我们以重要的启迪。我国是社会主义国家，天然气资源很丰富，但人均占有量很少（居世界第49位）。我国的天然气业可以说是刚刚起步，在这样的时刻，只要从我国实际情况出发，同时又认真汲取国外的经验，我们应该做得更好些，也能够做得更好些。

鄂尔多斯盆地石油资源及利用情况[1]

2004年8月1日至8月24日,就鄂尔多斯盆地油气发展战略问题,与长庆油田公司、延长油矿和志丹县等钻采公司的领导和有关人员进行了交流和讨论,并到延长油矿的丰富川油田、川口油田,志丹永宁钻采公司的双河油田,长庆油田公司的安塞油田、靖安油田、靖边气田、苏里格气田和西峰油田现场进行了调研。现将有关情况整理如下,供参考。

一、现状和历史

鄂尔多斯盆地是我国陆地第二大沉积盆地,面积 $37 \times 10^4 km^2$(主体 $25 \times 10^4 km^2$)。自1905年开始探采石油,至今将近百年。近十年来油气储量、产量飞速增长。2003年全盆地生产天然气 $51.9 \times 10^8 m^3$,生产原油 $1255 \times 10^4 t$。无论按油气当量,还是单独按照原油产量计算,该盆地都紧随渤海湾盆地、松辽盆地之后,位列第三。

自1994年至2003年10年间,全盆地原油年产量由 $253 \times 10^4 t$,上升到 $1255 \times 10^4 t$,净增 $1002 \times 10^4 t$。净增量在全国同期各油区中名列第一。

在盆地里进行油气探采活动的主要单位有长庆油田公司、延长油矿和14个县钻采公司。长庆是大型国有公司,延长油矿和14个县钻采公司均为地方国有公司。在近10年里,长庆油田公司有了长足发展,原油年产量由 $196 \times 10^4 t$ 上升到 $702 \times 10^4 t$;天然气年产量由 $1 \times 10^8 m^3$ 上升到 $51.9 \times 10^8 m^3$。固定资产净值 280×10^8 元。2003年销售收入 153.8×10^8 元,上缴税费 24.3×10^8 元,利润达到 73.1×10^8 元。全员劳动生产率2002年为 69.47×10^4 元/(人·年),在中国石油13个油田公司中名列第三。

与此同时,延长油矿原油年产量由 $42 \times 10^4 t$ 上升到 $230 \times 10^4 t$;14个县钻采公司原油年产量由 $14.4 \times 10^4 t$ 上升到 $323 \times 10^4 t$。固定资产净值分别为 60.37×10^8 元和 82×10^8 元;2003年销售收入分别为 53.69×10^8 元和 34.3×10^8 元,上缴税费为 10.95×10^8 元和 8.95×10^8 元,利润为 10.54×10^8 元和 9.8×10^8 元。双双跻身大中型石油企业行列(表1)。

表1 鄂尔多斯盆地主要探采单位简表(2003年12月)

公 司	长庆油田公司	延长油矿	14个县钻采公司
当年产油,$\times 10^4 t$	702	230	323(延安地区250.9)
当年产气,$\times 10^8 m^3$	51.9	—	—
生产井数,口	11660(气井457)	13585	13940
当年完井,口	1880	2362	2752
当年进尺,$\times 10^4 m$	342	196.5	279

---

[1] 调研简报,2004年8月1日至8月24日。

续表

公司	长庆油田公司	延长油矿	14个县钻采公司
含油面积，km^2	2346	834.9	—
石油储量，$\times 10^8 t$	11.9	3.98	—
注水井，口	—	566	注水站46座以上
丛式井比例，%	58.3（约6800口）	30	30.8（永宁公司）~48.7（南泥湾公司）
单井日产油，t	3.1	0.68	0.5~2.0
累计采油，$\times 10^4 t$	6489	1344.5	>1358（延安地区1286）
职工，人	23321（在册11506）	12172	16894
固定资产原值，10^8元	365	109.65	93.5
固定资产净值，10^8元	280	60.37	82
当年销售收入，10^8元	153.85	53.69	34.3（延安地区）
当年税费，10^8元	24.3	10.95	8.95（延安地区）
当年利润，10^8元	73.1	10.54	9.8（延安地区）
累计销售收入，10^8元	559.9（1970—2003年）	183	113
累计税费，10^8元	143	36.3	34
累计利润，10^8元	174.44（国内准则）	24.3	28（延安地区）

延长油矿和钻采公司在上规模的同时，工作水平也正在不断提高，表现在：

(1) 正在实现按开发方案打井采油。实行全部压裂投产并开始污水回注和注水采油，新油田要求同步注水或者先期注水，有的单位如志丹永宁钻采公司对"高产井"实行了限产。

(2) 由沿三边打井，发展到上山打丛式井。井场规范、清洁，既提高了储量动用率，又保护了环境。

(3) 有采无探的状况正在改变。为了可持续发展，都在积极勘探，努力增加储量。单是延长油矿一家，2003年就钻探井201口；进尺19.6×10^4m。

(4) 正在逐步实行用管道集油和输油。

总之，大油公司采用的工艺技术，"在这里几乎都在应用、试验和跟踪"。因而，延长油矿平均单井日产量也由1980年的0.14t上升到2003年的0.68t，后者是前者的5倍。目前看来，延长油矿和县钻采公司与国内大油公司的差距，不在可见的"硬件"上，而是在"软件"上，即对地下油层的认识深度上，以及有针对性采取技术措施的能力上。

二、良好的发展前景

盆地的主体分为6个二级构造单元，不同程度地都有油气发现。居中的单元称为"陕北斜坡"，面积约为$15\times 10^4 km^2$。目前，已发现的主要油气田均分布在此构造单元内。有人形容这里是"满盆气、半盆油",意思是:以石炭—二叠系为气源岩的气田广布全区;以中生界为油源岩的油田,集中分布在靖边—盐池连线以南。

陕北斜坡区,经过大规模勘探开发取得了下列认识。

1. 油源岩质量和规模与松辽盆地相近

陕北斜坡区与松辽盆地的生油条件比较见表2。

表2 生油条件比较表

	对比指标	鄂尔多斯 T_3y	松辽盆地 K_1qn
地质参数	盆地面积, $\times 10^4 km^2$	25	26
	有效生油岩厚度, m	30~160, 平均110	40~500, 平均252
	有效生油岩面积, $\times 10^4 km^2$	8.548	7.798
	岩性	暗色泥岩	暗色泥岩
生油指标	TOC, %	1.5~5.28	0.7~2.5
	"A", %	0.14~0.50	0.05~0.53
	HC, $\times 10^{-6}$	1000	285~1612
	S_1+S_2, mg/g	5~10	5.3~13.2
	母质类型	II型为主	II型、II$_1$型
	R_o, %	0.6~1.1	0.5~1.3
资源量计算	生烃强度, $\times 10^4 t/km^2$	50~600	100~900
	排烃强度, $\times 10^4 t/km^2$	20~260	40~280
	总生油量, $\times 10^8 t$	1996.5	1653
	总排油量, $\times 10^8 t$	844.7	495.9
	石油资源量, $\times 10^8 t$	54.1~85.88 (J—20.24, T_3y—65.64)	113~144
	排聚系数, %	4~8	8.3

注:本对比表由长庆油田《中生界资源评价》报告多媒体(2001年8月)中摘出,经梁狄刚核校。

2. 气源岩规模大于松辽盆地

鄂尔多斯盆地气源岩主要为石炭—二叠系,产烃强度大于 $20 \times 10^8 m^3$ 的面积达 $13.8 \times 10^4 km^2$。天然气资源量为 46700×10^8 ~ $107000 \times 10^8 m^3$,目前已探明 $12328 \times 10^8 m^3$。而松辽盆地的天然气主要储存在下白垩统和侏罗系构成的断陷里,有利勘探面积为 $12.2 \times 10^4 km^2$,资源量 $8800 \times 10^8 m^3$,目前探明储量为 $900 \times 10^8 m^3$。

3. 岩性和岩性—地层油气藏占优势

鄂尔多斯盆地,古生代以来,相对稳定的构造发育史,造成了区域构造平缓西倾的大背景。区内广泛分布的中生界河流三角洲相砂体,上古生界河流相砂体以及下古生界碳酸盐岩岩溶台、丘,由它们形成的岩性和岩性—地层油气藏在空间上相互衔接、叠置,大范围内具有近似"连续型"分布的特点。

4. 以"低品位"资源为主

在已探明的石油储量中，92%的储量赋存于渗透率小于50mD和5mD的低渗透和特低渗透的储层中。过去"井井有油，井井不流"；现在每口油井都要经过压裂改造才能投入生产。储量丰度很低，在$50×10^4$t/km² 左右，因而油井的平均产量低。长庆油田公司的油井，日产油3t左右；延长油矿工区，石油地质条件更差，日产油仅0.68t左右。

在天然气已探明$12328×10^8$m³的储量中，上古生界为$9419×10^8$m³。砂岩气层的渗透率为0.5～2.0mD，储量丰度的平均值只有$1.3×10^8$m³/km²，气井平均日产为$1×10^4$m³左右。下古生界碳酸盐岩储层，虽有较高的渗透率，平均单井日产可以达到$5×10^4$m³左右，但是储量丰度也只有$0.7×10^8$m³/km²，也是"低品位"资源。

5. 能够高速、高效地开发

（1）1994—2003年，石油年产量净增$1002×10^4$t，天然气净增$51×10^8$m³，在全国诸含油盆地中名列第一。

（2）2002年，长庆油田公司全员劳动生产率为$69.47×10^4$元/（人·年），在全国13家油田中名列第三。

2003年，长庆油田公司缴纳税费$24.3×10^8$元，利润$73.1×10^8$元；延长油矿缴纳税费$10.95×10^8$元，利润$10.54×10^8$元；14个县钻采公司缴纳税费$8.95×10^8$元，利润$9.8×10^8$元。

6. 拥有年产$5000×10^4$t（油气当量）的资源基础

石油探明储量累计达到$50×10^4$t以上是可能的，即可供建设年产原油$3000×10^4$t左右的能力。这个判断不仅为中国石油第三次资源评价成果——本盆地石油资源量为$54.1×10^8$～$85.88×10^8$t所支持，而且勘探成果也显示出端倪。

在"陕北斜坡"中段，东起黄河，西至"断褶带"，北起靖边—盐池，南至泾川—黄陵，近50000km²范围内，钻井几乎是"口口见油"。目前已经探明含油面积3181km²，石油储量$15.8×10^8$t，平均丰度为$50×10^4$t/km²左右。从下列三个勘探程度较高的工区预测，总计探明10000km²含油面积，$50×10^8$储量也是可能的。其中：

（1）延安市以东，延长油矿工区。

工区面积约10000km²，已探明含油面积834.9km²，石油储量$3.98×10^8$t。目前进一步的钻探工作使南部的七里村、甘谷驿、姚店、青化砭、川口等油田正在连成一片；北部的子北、子长、蟠龙等油田也正在联片。预计整个工区累计探明含油面积3000 km²，约$15×10^8$t石油储量问题不大。

（2）延安市以西，长庆油田公司的安塞—靖边工区。

面积约10000km²，已探明安塞、靖边等油田，含油面积1258km²，储量$6.54×10^8$t。应该指出上述油田的边界都是为了上缴储量，人为确定的"储量计算边界"，进一步的钻探已经突破了这些边界，油田的含油面积迅速扩大，正在联片。预计探明3000km²含油面积，石油储量$15×10^8$t是可能的。

(3) 陕北斜坡中段的其他地区。

工区面积约 30000km², 目前已逐步形成西峰、马岭、城壕、华池和南梁油田群, 姬源油田群。从发展趋势上看, 累计拿下 3000～4000km² 含油面积, $15×10^8 \sim 20×10^8$t 的石油储量应该没有多大风险。

鄂尔多斯盆地, 已经探明天然气含气面积 11093km², 储量 $12328×10^8$m³。目前看来, 累计探明 $20000×10^8$m³ 天然气储量是有根据的, 至少可供建设天然气年生产能力 $200×10^8$m³ 以上。

三、急需解决的问题

1. 各级政府应严格"依法治矿", 为企业创造可持续发展的外部环境

(1) 真正实现按区块管理, 杜绝侵权开采。彻底清除"石油潮"留下的负面影响。
(2) 监督企业保护资源, 保护环境, 不断提高油气采收率。
(3) 及时批准合理探采所需的土地使用权。

目前企业借用的土地需经各县九大部门审批并经县政府办公会讨论通过, 一般经历 1～2 个月, 现场共同踏勘探又需 1～2 个月。如果其中任何一个环节"设卡", 则用地问题长期得不到批准。另外, 乡村政府也可以在此问题上"设卡"。因此, 办理借用土地手续已经严重地阻碍了企业的合理探采活动, 拖了鄂尔多斯盆地油气企业持续发展的后腿, 是造成中央企业、省属企业和县属企业不能公平竞争的主要原因。

(4) 创造良好的治安环境和良好的投资环境。
(5) 为大规模油气开发, 实现较长期的稳产准备充足的水源。

2. 应有激励开发"低品位"资源的机制

首先要承认鄂尔多斯盆地油气资源主体是"低品位"资源; 其次, 应当承认, 随着勘探开发工作程度的提高, 待开发资源品位日趋劣化的一般规律, 在上述认识的基础上, 制定出开发"低品位"油气资源的办法来。

3. 合理的利益分配, 有助于增储上产

(1) 根据长庆油田公司研究院分析, 中国石油天然气股份有限公司与油田公司 18 美元/bbl 的测算价格, 若每桶油增加 2～4 美元 (或将内部收益率由 12% 降至 8%), 未动用储量的 60%～80% 即可动用。

"蛋糕 (产量) 大了", 中国石油天然气股份有限公司实际得到的利益 (绝对值) 肯定增加。

(2) 在开发鄂尔多斯盆地油气资源时候, 要统一考虑中央和地方的经济利益, 这也是实现"依法治矿"的关键所在。

以志丹县永宁钻采公司为例, 2003 年上缴县财政的各项税费总额为 $2×10^8$ 元以上。如果钻采公司改为省办或中央直管, 县财政合法的税费收入只有 $1400×10^4$ 元, 相差 10 多倍。如果再考虑陕北地区属老区和贫困地区，合理的利益分配，有助于该地区加快脱贫致富的步伐，而且也有助于各类石油企业的持续发展。

4. 真正实现市场在优化资源配置中的基础作用

延长油矿和永宁等钻采公司，1998年以后迅速"上规模，上水平"，除了油价持续走高因素外，主要得益于市场的运作机制，得益于中国石油、中国石化等大公司的"主辅分离"，由"辅业"单位形成巨大的技术服务市场。延长油矿去年完成了2362口井，196.5×10^4m进尺，但是自己没有一个钻井队，大部分都是雇佣各个石油局的钻井队。14个县的钻采公司去年打井2752口，进尺279×10^4m，主要也是靠外雇队伍完成的。延长油矿完成的一口水平井，钻井、固井由胜利石油局施工，测井、射孔为四川石油局，压裂第一次是大庆石油局，第二次是长庆石油局。市场运作机制不仅使延长油矿和县钻采公司上了规模、上了水平，而且大大降低了经营成本。

反观长庆油田公司和长庆石油局实行的"关联交易"，并不能真正体现市场在优化资源配置中的基础作用，从而使它们在市场竞争中处于不利地位。

5. 加强"三基"作用，做好人才的培养和接替

鄂尔多斯盆地油气产量增长迅速，怎样提高采收率，怎样实现较长期稳产，实现可持续发展，关键在于对地下情况的认识深度和有针对性采取措施的能力。因此，重申"工作岗位在地下，斗争对象是油（气）层"传统，加强"三基"工作是十分必要的。同时，随着产量规模的不断扩大，至少研究和分析人员应该相应增加。长期不增加新人，或增加数量不足的情况，不利于对地下情况的深入认识，不利于人才的培养和接替，不利于事业发展的长远利益。

南方石油勘探开发有限责任公司在海南福山凹陷开发油气的若干做法[1]

南方石油勘探开发有限责任公司（下称南方公司）成立于1995年，是在广东省登记注册的一家小石油公司。注册资本1×10^8元，其中95%股份属于中国石油勘探开发公司，5%股份属中国石油中亚石油有限责任公司。该公司现有员工107人（国内业务不足90人）。

南方公司国内主要勘探开发工区在海南省福山凹陷。凹陷面积2920km²（陆上1900km²），是北部湾盆地南部的一个古近—新近系凹陷，沉积岩最厚达9000m。福山凹陷石油勘探始于1958年，经历了四上三下四个阶段：

①石油普查阶段（1958—1975年），重磁电普查，完成探井5口。

②大规模勘探阶段（1976—1984年），地震1104km，探井38口，获工业油流井3口，发现博厚含油构造，控制石油储量77×10^4t，面积0.77km²。

③对外合作勘探阶段（1985—1988年），地震1217km，探井5口、评价井1口，获工业油流井2口，发现金凤含气构造。

④自营勘探阶段（1993至今），二维地震2155km，三维地震528km²，完成探井和生产井37口，陆续发现花场、美台和永安等含油气构造。已初步探明石油储量748×10^4t，天然气储量62.9×10^8m³。

2004年，南方公司投资2×10^8元，生产原油9.1×10^4t，天然气1.28×10^8m³。销售收入3.08×10^8元，利润1.61×10^8元，人均销售收入380×10^4元，人均利润200×10^4元，取得了很好的效益。

一、做法

南方公司在前人工作的基础上，近10年的工作因时因地从实际情况出发，采取了以下若干做法。

1. 坚持勘探，集诸家之长

南方公司成立之初，对花场构造的三维地震资料精细处理和解释，认识到以古近系流沙港组二段为界，上下各为北倾和南倾断裂系统，具"双层结构"特点。精心部署了花1井，发现了流三段富集高产层，开创了福山凹陷勘探新局面。

南方公司主要技术骨干来自大港、辽河、江汉和华北等油区，和断块油气田打交道二

---

[1] 调研简报，2005年3月2日至3月6日。

三十年，积累了丰富的相关经验。面对这里的花场等断块油气田，他们借鉴以往的知识，能够正确地进行滚动勘探开发。截至目前，花场已钻各类井25口，除3口低产外，口口比较高产，钻探成功率达88%，实现了较快的增储上产。一个小型油气生产基地正在形成。

2．市场运作，合力谋发展

南方公司工区毗邻珠江三角洲，市场经济比较发达。公司的许多业务骨干，都亲身参加了我国南方十一省区对外开放、合作开发石油的过程，拥有合作项目运营的经验。即使年轻骨干，不少人也在委内瑞拉、苏丹、泰国项目中得到过锻炼。加上现任领导本身是勘探专家，视野比较开阔，能够与时俱进，开拓创新，拟定正确的发展战略，因此，南方公司是一个按照现代油公司模式建设的小公司。

南方公司没有自己的作业队伍，他们一方面自我积累，自筹资金，量入为出，自我发展；同时，运用市场机制，广泛寻找合作伙伴，尤其是石油业内部的伙伴，多种形式合力谋发展。

为了对油气进行处理，实现轻烃回收，生产液化气等产品，该公司以自有资金建设了花场油气处理站。由长庆有关单位设计，油建六公司施工；由大港油田派人承包管理。目前日处理天然气 $25\times10^4 \sim 30\times10^4 m^3$，生产液化气75t，轻烃 $13\sim15t$。

为了给海口市供气，和地方燃气公司合作，修建了16km输气管线，并租用了部分军用油管线；与中油深圳公司共同出资建设了压缩天然气（CNG）站，并在海口市设立了11个加气站。给出租车和中巴车行业带来了较大的经济效益，产生了良好的社会效益。目前，海口市用气量的65%由南方公司提供。

为了更有效地利用天然气资源，大力支持大港海然高新能源有限公司，在花场油田建设日处理 $25\times10^4 \sim 30\times10^4 m^3$ 的液化天然气（LNG）厂。

3．精品战略，提升产品价值

根据市场需要，南方公司不断地发展新产品，对油气进行深度加工。该公司的指导思想是："鱼要分段卖，要达到卖一个鱼头就等于甚至超过卖整条鱼的价钱。"

2004年，主业销售收入 2.85×10^8 元中，油占 0.5×10^8 元，气 0.25×10^8 元。其余的 2×10^8 元是靠销售液化气（0.78×10^8 元）、混合烃、燃料油、化工轻油、1号厂标燃料油等油品获得的。

目前，海南省25%液化气由南方公司提供。南方公司正积极筹划将这个比例逐步提高到40%。

4．服务海南，共同创造和谐

南方公司以满足海南省对能源和石化产品需求为己任，注意照顾地方的利益，加强双方的合作；同时，又充分利用海南省给予企业的"五（年）免（税），五减"的优惠政策扩大生产，实现了互动双赢。

坚持HSE实现文明生产。南方公司是海南省第一个申请安全生产证的单位。在日常生产中十分重视环境保护——井场与耕地间建立防污染土墙，生产中的废渣、废液集中处理掩埋，污水处理达标后排放，等等。

南方公司也十分重视对乙方队伍的关怀。如经常建议乙方管理部门逐步改善一线工作人员的工作生活条件，有时甚至拿出自己的钱去改善乙方队伍的居住条件，使甲方、乙方之间的关系更加融洽，互相支持，为海南省的经济发展、创造和谐社会而共同努力。

二、需要解决的问题

从可持续发展战略高度来看，下列若干问题需要进一步加以解决。

1．加强勘探、不断增加储量

目前市场需求是旺盛的，下游工厂的生产能力和在建能力都不小。而南方公司的70%的油气产量都压在花2井、花2-1井、花2-3井、花2-5井、花3-3井和花东1井等6口井上。在依靠天然能量生产条件下，自然递减达到20%～30%。因此，急需投入新储量。

福山凹陷，陆上面积1900km^2，基本石油条件很好。已发现的花场、美台、金凤、朝阳和永安五个构造（断块群），个个都获得了工业油气流。同时，非构造油气藏也有良好的前景，具备扩大勘探的前景和目标。截至目前，全盆地累计探井和生产井还不足100口，工作程度很低。

从需要和可能看，加强福山凹陷油气勘探势在必行。

2．进一步提高油气资源利用率

一要消灭"火把"，把目前每天放空燃烧的$7×10^4$～$8×10^4 m^3$天然气尽快回收利用。

二要加强对已知油气藏地质分析和研究，针对其特点，采用先进而适用的二次采油方式，提高采收率。

三要对未动用已探明储量（包括未射开油气层和现有油气井生产不能波及的部位），要全面综合研究，择优提前打一些"储备生产井"，作为目前主力生产井的接替井。

四要对油气的组分变化进行严密的检测，保证已建和在建下游工厂的正常生产和提高效益。

五要进一步提高油品和产品质量，尽快达到国家相关标准。

3．努力建设高水平、高效益、符合HSE要求的油气区

海南省按国家要求将建成一个绿色生态省。在这里开发油气资源，必须坚持HSE要求，才有可能建设成高水平、高效益的油气区。南方公司应当力争成为国内这方面的榜样。

福山凹陷花场油气田，是高压高产油气田。目前聘用的采油队伍大多由长期从事低压、机抽油田生产的人员组成。因此，当务之急应当对这批人员进行培训，达到上岗标准，确保生产安全。

中小油公司——发展石油上游业的重要力量[1]

在发达国家本土的石油（含天然气，下同）勘探开发中，中小油公司扮演着重要的角色。以美国为例，其本土 50% 的石油产量、60% 的天然气产量是由中小油公司，即所谓独立油气生产商提供的。据美国独立石油协会（IPAA）2004 年统计，美国的独立生产商达到 7000 余家。

在我国，中小油公司在勘探开发中的作用也正在显现出来。去年，浮在水面上，有据可查的中小油公司约有 86 家，当年生产原油 $1157 \times 10^4 t$，天然气 $32.9 \times 10^8 m^3$，在我国本土的油气产量中已经占有相当的份额。

扶持中小油公司，福兮？祸兮？是利大于弊？还是弊大于利？怎样趋利避害？当前人们的认识还有很大的分歧。

作者从 20 世纪 80 年代起，先是为贯彻落实石油工业部扶持地方石油工业方针政策，接着直接从事油气资源和储量管理工作，最近几年为勘探发展战略研究的需要，不断地调研和思考着上述这些问题，逐步形成了一些看法，现罗列于下，供大家参考。

一、中小油公司的独特作用

由于历史的原因，在我国中小油公司较大规模的出现是 1992 年以后的事。经过 10 多年的曲折发展，目前看来，它们在持续发展、创造和谐和保护环境等热点问题上已经发挥或者可以发挥特殊的作用。

1. 有利于"低品位"资源的充分利用

特殊而复杂的石油地质条件，导致了我国油气资源具有总量不小、但"低品位"资源约占一半的特点。因而能否科学地利用这些"低品位"资源，关系着我国能源安全的战略问题。

鄂尔多斯盆地是一个以"低品位"资源为主体的油区。过去，"井井有油，井井不流"；现在口口井也都需要经过压裂改造后，才能正常投入生产。去年，该区年产原油 $1550 \times 10^4 t$，天然气 $74.4 \times 10^8 m^3$，无论以原油产量，或是油气当量产量计算，它都紧随渤海湾盆地、松辽盆地之后，名列全国第三大油区。在创造这一奇迹过程中，延长油矿和陕北 14 个县钻采公司功不可没。这 15 个中小油公司，去年年产油 $720 \times 10^4 t$，几乎是该油区的"半壁江山"。和前年相比，年产量由 $525 \times 10^4 t$ 上升至 $720 \times 10^4 t$，净增近 $200 \times 10^4 t$，这样的增长速度也是惊人的。

山东胜利油区的东胜精攻公司，是一个小油公司。成立于 1993 年，51% 股份属于中石

---

[1] 部分内容曾载于《中国企业家》2005 年第 16 期 P30—31（总 253 期）。

化的胜利石油管理局。该公司拥有石油地质储量 1.5×10^8 t，其中，低渗透的占 54.7%，稠油占 21.2%，高凝油占 8.5%，高含水油 15.6%，换句话说，全部是"低品位"储量。经过 10 年的艰苦创业，2002 年原油年产量达到 50×10^4 t。累计产油 400×10^4 t，产值 43.4×10^8 元，上缴税费 6.61×10^8 元，利润 9.35×10^8 元。

这些中小公司，不仅为国家提供了大量的石油，创造了财富，更重要的是通过它们的实践，不断修正了人们对"低品位"资源的偏见，推动了"低品位"资源的开发利用。

2．有利于拿下"久攻不克"的油区

海南福山凹陷，陆地部分面积为 1900km²。1958 年开始石油普查，1976—1984 年由中国海油下属油田公司在此进行了 8 年勘探，1985—1988 年与外国石油公司合作勘探。上述工作发现了油气，但未获得重大战果。

1993 年南方石油勘探开发公司注册成立。资本 1×10^8 元，现有职工 107 人。这个公司的职工有两大特点：一是来自大港、辽河、华北和江汉油区，熟悉复杂地质条件下的油气勘探开发；二是有多年和外方合作的经验，熟悉市场运作。因而在前人工作的基础上，较快地找到了一个较大的油气田，去年产油 9.1×10^4 t，产气 1.28×10^8 m³，人均销售收入、人均利润均居行业的前列。

3．有利于已废弃油气田的"起死回生"

新疆塔里木盆地北缘的依奇克里克油田，发现于 1958 年，历史上最高年产量达到 8×10^4 t。20 世纪 80 年代，已被大油公司废弃。最近在高油价刺激下，当地政府支持小油公司和个体油老板开发，年产量恢复到近 5×10^4 t。

我国若干油区已经经历了近半个世纪的大规模开发，不少油气田已经进入"开发后期"（地下仍遗留大量的油气资源），怎样延长矿区的寿命，充分利用地下的剩余资源，已经是摆在我们面前亟待解决的问题。依奇克里克油田"起死回生"的事实，在摈除了矿权纠纷和矿业秩序问题后，客观地讲，它能给人重要的启示。

4．有利于开拓新的勘探领域

众所周知，油气勘探具有很大的风险性。原因在于勘探对象深埋地下，看不见，摸不着；而且，每一个对象都具有各自的特点。因而，可以说勘探工作天天都在"创新"。国内外大量的实践已证明，多个勘探主体，多种勘探指导思想，有助于不断开拓新的领域。

塔里木盆地目前最大的油田（塔河油田）、四川盆地目前最大的气田（普光气田）都是由同时在上述盆地工作，而实力相对较小的中国石化（原新星石油公司是其重要的组成部分）发现的。可以作为上述认识的佐证之一。再如，二连盆地北部隆起带上的呼仁布其凹陷，原来不被看好。但是，小油公司不受此认识的束缚，坚持勘探，在井深仅 1000m 的地层里，打出了日产 15t 的工业油流，现在正扩大勘探和开采。在鄂尔多斯盆地也有相似的事例。志丹县的永宁钻采公司，就是在过去认为储层不发育的部位上，找到了一个较大的油田。去年，公司年产原油 80×10^4 t，这个油田发挥了举足轻重的作用。

5. 有利于增加就业岗位

松辽油区，2002 年有 44 家小油公司，员工总数为 8721 人。延长油矿及下属 14 个县钻采公司，2003 年员工总数为 29066 人。新疆黑油山公司，是一个只有 210 人的小油公司，其员工中，有 150 人是大油公司的下岗和内退人员。

更重要的是由于中小公司的存在，带动了钻井、测井、测试等技术服务市场的兴旺繁荣。据不完全统计，前年，延长油矿及下属 14 个县钻采公司，共钻新井近 5000 口，主要作业队伍都是通过市场招聘的。显而易见，这创造了更多的就业机会和社会财富，为创造和谐社会做出了重大贡献。

6. 有利于回收"落地油"

所谓"落地油"，就是在勘探开发过程中，洒落在地面（含水面）的原油。这是造成石油矿区环境污染的重要污染源。

新疆黑油山公司的实践，给人们展示了环境保护的一个有效做法。该公司为了完成原油生产计划，2004 年在准噶尔盆地各地回收了"落地油"10000 余吨。为了回收水面上漂浮的油膜，还创造了利用刮风天回收的方法。这个公司不仅收了油，创造了财富，同时也大大改善了矿区环境。

目前看来，中小油公司和大油公司相比，有四大优势：
(1) 销售油价是市场价；
(2) 大部分可以通过竞标选择作业队伍，没有"关联交易"的负担；
(3) 人力成本低廉；
(4) 照顾了地方利益，有较好的投资环境和矿业秩序。

同时，通过调研也能清楚地感觉到，大、中、小油公司共同构成了"谁也离不开谁"的产业链，或许也可以称为和谐共存的"生态圈"。没有大公司的存在，中小油公司就没有生存发展的基础——储量、设施和技术支持等。建国初期，我国不可能出现大量的中小油公司，原因就在于此。同样，今天没有中小公司，单靠大公司很难充分利用油气资源，往往也缺少新的工作思路。

在充分肯定中小公司作用的同时，也应该清醒地看到它们存在的问题，主要有：
(1) 法律地位不明确，助长了短期行为和违规行为；
(2) 需要不断提高储量动用率和采收率；
(3) 需要严格依法采矿意识，加强环保意识，尤其是要防止对地下水源的污染；
(4) 在"低油价时期"的生存和发展问题。

二、怎样才能"放而不乱"

人们相信打破垄断能够促进石油上游业的发展，但是又担心"一放就乱"。其实矿业秩序乱不乱和中小公司有无、多少以及是什么所有制并无必然的联系，而是取决于政府管理能力的大小。根据有二：

(1) 美国本土石油工业历史有146年，可分为前后两个时期。前70年，无政府状态、掠夺式开采、恶性竞争演化成严重社会治安问题。有的州不得不宣布进入"紧急状态"，甚至实行"军事管制"。严酷的事实统一了各方面的认识，促使1933年美国国会授予总统有禁止"热油"（即非法开采的石油）进入州际市场的权力；总统授予内政部长有规定各州每月原油生产配额权力。以此为分水岭，后70年，油公司依然是成千上万家，但是却实现了严格管理，合理开发。美国石油工业从乱到治的历史，充分表明只要政府进行有效管理，再多的公司也乱不起来。

(2) 我国近10多年的实践也证明了这一点。20世纪90年代初期，在某些省份曾经掀起过"石油潮"，这个"潮"实际上是那时"全民经商潮"的一个组成部分（有关情况可参见《石油资源经营管理的实践与思考》，石油工业出版社，1999年，205–209页，218–223页）。当时，地方政府蚕食中央对石油资源实行的"特定矿种，一级管理"的权力，擅自发布与此相违背的地方法规，并发放勘查、开采许可证，收取资源补偿费。与此同时，国家的登记管理机关，在深化改革中由能源部转至国家计委代管，最后转至国土资源部，隶属关系和人员过于频繁的变动，以及中央机关的"政出多门"，削弱了中央政府的管理能力。上述政府部门这些行为，实际上助长了"石油潮"。最高潮时期2000年底，仅陕北地区形形色色的小油公司和采油个体户就多达1039家，拥有油井4473口。由于矿业秩序混乱，从2002年9月起，根据国家有关部委和陕西省委、省政府的文件要求，将这些油井陆续收归14个县钻采公司名下，矿业秩序开始有所好转。

石油上游业要做到"放而不乱"，美国的做法是可以参考借鉴的。一是对中小油公司实行扶持政策，归纳起来包括五个方面内容，即"资源开放，资料共享，资金支持，技术指导和税费优惠"（参见《开发本土石油资源的另类思考》22～43页，石油工业出版社，2004年）；二是对石油资源进行严格管理，其管理重点是：①按区块管理；②要求较高的采收率；③协调各方面的利益；④强有力的监督检查。

任何事物都有两面性，以水为例，既可能是水利，也可能是水害。大禹，是我国家喻户晓的古代治水英雄。他从父亲鲧到处"封堵"，导致治水失败中汲取了教训，反其道而行之，实行"疏导"政策，获得巨大成功的故事，对我们今天的各项工作仍然有重要的启示意义。

对《关于非公有制企业从事石油天然气勘探开采申请条件的规定》(征求意见稿)[1]的几点意见

(1) 拟定此《规定》部门对非公有制企业参与我国油气资源勘探开采的战略意义认识不足。因而通观整个《规定》，对非公有企业，尤其是中小企业"鼓励支持"不足，入围申请门槛过高，不太符合我国的国情。

(2) 注册资本不得少于 60×10^8 元人民币是根据什么确定的？目前在我国以合作、合资方式开采油气的外国油气公司，不少资本均低于此数。

(3) "从业经历"的规定也不符合实际。外国的来华公司有"微生物公司"，"糖业公司"……关键在于所使用的作业队伍是否具备"资质"。

(4) 资质审批程序，其实国土资源部与发展和改革委员会有关部门认真审查，依法审查批准就可以了。

(5) 本规定既然是《申请条件的规定》，因此"权利与义务"、"权益保护"、"矿业权有偿取得"、"开工规定"……与对公有制企业、其他所有制企业要求相同的条款可以省略。

(6) 第十五条，采矿许可证有效期的规定，不能以油气当量定长短，而应以资源品位高低定长短，即品位低的（难采的），许可证有效期应当相对长一些。另外，提高采收率（如三次采油）的，许可证有效期可以长一点。

(7) 无论对哪一种所有制，均应有充分利用资源（动用率、采收率）的要求。对于将废弃油气田或大公司认为应当废弃油田"起死回生"的公司，许可证有效期应当相对长一点。

---

[1] 该征求意见稿由国家发展和改革委员会能源局（2006年3月）提供。

我国本土石油上游业怎样才能"放而不乱"[1]

1993年我国又一次成为石油净进口国,尤其近两年国际油价飞涨,石油安全问题引起了国人高度注意。

我国本土有丰富的油气资源。新一轮全国油气资源评价成果显示,大体还有70%的石油资源、90%的天然气资源尚未探明,石油业有巨大的发展空间。

当前,我国本土石油上游业主要由中国石油、中国石化等有限几家国家控股大公司垄断。打破垄断能否促进石油上游业持续较快的发展?能否做到"放而不乱,管而不死,资源不浪费,环境不污染"?这是人们正在思考的、也是存在不同认识的问题,需要通过讨论逐步取得共识。

一、放开,是可持续发展的需要

所谓"放开",就是要充分发挥市场在油气资源配置中的基础作用。为此,降低本土石油上游业"准入门槛",实现大、中、小油公司并举,以公有制为主体,多种所有制经济共同发展。"众人拾柴火焰高",促进石油上游业较快发展,石油资源得到充分有效的利用,石油安全保障程度得到提高。

为什么要放开?

1. 石油上游业的特点需要"放开"

石油上游业的工作对象深埋地下,"看不见,摸不着"。在客观世界里也不存在完全相同的具体工作对象。因此,油气勘探开发是实践性很强的科学,也是"高风险"工作。众多的投资主体,有利于扩大实践规模,有利于从多个角度观察和思考,从而加大发现的概率,分担和降低投资风险。石油资源的"不均衡性"(规模、品位相差悬殊),也需要不同规模的油公司去应对。

世界石油工业的历史和经验证明了这一点(详见《开发本土石油资源的另类思考》,石油工业出版社,2004);我国近年来的实践也初步证明了这一点。例如,塔里木盆地最大的塔河油田、四川盆地新场浅层气田、普光大气田以及东海盆地平湖等气田群都是由经济实力不占优势的、原新星石油公司和眼下的中国石化的队伍发现的。

2. 中国石油业的现实需要"放开"

我国石油地质条件十分特殊和复杂。因而我国石油资源具有"总量不小,但规模大、富集、高产的不多"的特点。即"低品位"资源占有很大的份额。加之,新中国成立以来

---

[1] 本文是为参加国家发展和改革委员会,能源局2006年上半年拟召开的一次座谈会准备的发言稿。

50多年的持续发展,当前,无论勘探或开发对象都越来越困难,石油资源品位总体下降。因此,继续由大油公司垄断经营,以极高的技术经济门槛值来筛选资源,我国本土石油业的发展道路将越走越窄。

下面的例子是很有说服力的:

新疆塔里木盆地依奇克里克油田、青海柴达木盆地尖顶山油田都是被大油公司废弃或闲置多年,但转到小油公司手上就"复活了"。目前二者的年产油量都达到了五六万吨水平。

鄂尔多斯盆地是一个以"低品位"石油资源为主的油区,过去"井井有油,井井不流"。由于延长油矿和长庆油田锲而不舍不断探索,逐步形成一套行之有效的勘探开发方法。20世纪90年代又涌现出一大批小油公司,经过治理整顿,初步整合成14个县属的钻采公司。就是这16家大、中、小油公司竞争发展(矿业秩序尚需进一步规范),全盆地近十年油气产量迅速增长,净增量居全国各盆地净增量之首。2004年,全盆地年产原油1550×10^4t,天然气$74.4 \times 10^8 m^3$。无论是油气当量,还是原油产量,在全国诸盆地中,均紧随渤海湾盆地、松辽盆地之后,名列第三。如果单纯由大油公司经营,绝对达不到今日的生产水平。

当前,我国已发许可证的勘探面积约$434.4 \times 10^4 km^2$。国家规定每平方千米每年最低勘探投入为1×10^4元。但是三大油公司年勘探投入仅240×10^8元之多,比最低标准少了200×10^8元多。显而易见,要加快勘探进程,就必须实现投资主体多元化。

3. "开源节流"需要"放开"

"放开"对"开源"的贡献已如前述,"放开"对"节流"的贡献却往往被人们忽略。

日常生产中"显性浪费",如"跑、冒、滴、漏",采收率不高等,很容易被发现;而"隐形浪费",如以极高的技术经济门槛值,将大量的经济效益相对较差的"低品位"储量打入另册,甚至核销。由于这种行为是在"讲经济效益"旗帜下进行的,因而往往难以察觉。实际上后者造成的浪费更甚于前者。

目前,我国已探明的石油储量中大体有1/5长期闲置。这些储量大多属于"低品位"储量;另外,许多开采多年的油田,"尾矿"量数目巨大,约占已开发地质储量的70%~80%,动用这些储量,开采技术的难度大一些,经济效益相对低一些。用大油公司模式开采,可能利润很少,甚至无利可图;然而,由中、小油公司去开采,肯定会有效益。这些储量急需通过市场重新配置,及时得到开发,形成效益。

二、放开,有法律依据,也具备条件

理由是:

(1) 我国《宪法》规定:"国家在社会主义初级阶段,坚持公有制为主体,多种所有制经济共同发展的基本经济制度。"

(2) 2005年2月24日发布的《国务院关于鼓励支持和引导个体私营等非公有制经济发展的若干意见》,标志着国内石油上游业被大油公司垄断的局面,将被逐步打破。

(3) 1978年改革开放以来,外国石油公司进入我国石油上游领域,绝大部分是私人资本，而且大、中、小油公司都有。加入世界贸易组织后，随着各项承诺的兑现，它们将更广泛、更深入地进入上游领域。因此，我国的非公有制资本，中小公司没有理由不能进入同样的领域。

（4）近十多年来，国内已形成了100多个形形色色的中小油公司，有了大量的经验和教训，可以总结借鉴。

（5）50多年、特别是改革开放20多年来，国内已经形成了强大的资本市场和技术市场，使我国本土的石油上游业，可以按市场化机制运作加快发展。延长油矿和陕北14个县属钻采公司近年来快速"上规模，上水平"，实际上很大程度得益于三大油公司"主辅分离"形成的技术市场。

三、怎样才能"放而不乱"

矿业秩序混乱问题，从根本上讲是政府执政能力不强，管理缺位的结果。个别地方甚至是地方政府放纵和支持的结果。

美国石油上游业146年的历史，是"从乱到治"的历史，前半段是掠夺式开采，矿业秩序失控；后来政府加强了管理，在自然资源并不很优越的条件下，石油年产量不仅上到了 $5 \times 10^8 t$，而且至今还在 $3 \times 10^8 t$ 上下，实现了"长盛不衰"。

美国的若干做法是值得借鉴的。目前看来，"放而不乱"，必须做到：

（1）要随着政府执政能力的增强，逐步有序地放开。

（2）继续坚持"特定矿种、一级管理"的探矿、采矿许可制度。

20多年的实践证明这样做比较符合我国国情，有利于合理有序地利用石油资源。至于许可的具体方式，可以由单一的发许可证演变成与竞标方式并存。

（3）正确处理中央与地方的经济利益关系。

总的应该是让地方、尤其是那些"老少边穷"地区，在开发石油过程中获得较多的利益。

（4）加强监督检查。

① 要设立和充实监督检查机构；

② 建立监督检查制度；

③ 加强现场监督，并明确监督检查的重点。

（5）鼓动支持和引导中小油公司关键抓好六个环节：

① 资源开放；

② 资料共享；

③ 资金支持；

④ 技术指导；

⑤ 税费优惠；

⑥ 严格管理。

渤海湾油区石油储量、产量增长的特点与潜力[❶]

渤海湾油区是中国最重要的石油生产基地之一,以新近—古近系、中生界、古生界和元古宇烃源岩为基础,至少可相应构成4个石油系统。

渤海湾油区工区面积约为 $22 \times 10^4 km^2$,其中2/3为陆地,1/3为海域。本区自1955年开始石油勘探以来[1-2],工作主要集中在最上部的古近—新近系石油系统里。经过半个多世纪的持续努力,已经形成了辽河、大港(含冀东)、胜利、冀中、中原和海域6个亚油区。全油区原油年产量,在1979年为 $4365 \times 10^4 t$,形成第一个产量高峰,原油全部产自陆地;1989年为 $6401 \times 10^4 t$,形成第二个产量高峰,其中陆地产量占99.3%,海域产量占0.7%;2005年为 $6519 \times 10^4 t$,正在形成第三个高峰,其中,海域产量占到了19.5%。

一、储量、产量增长的时间特点

一个油区的勘探开发历程可以用下面4个关键点(或关键时刻)来描绘:

(1)勘探起始点,即开始地质、地球物理勘探的年份;

(2)油气发现点,即首次发现工业油气流的年份;

(3)储量六成点,以2005年该油区或亚油区累计探明储量为基数,其60%储量的探明年份;

(4)产量高峰点,即原油年产量最高年份。

依据上述4个关键点在时间轴上的相互间隔长短,可以将本油区的6个亚油区归纳为3种类型(表1)。

表1 渤海湾油区6个亚油区分类

油区	勘探起始点年份	油气发现点年份	储量六成点年份	产量高峰点年份	高峰点年产量,$\times 10^4 t$	高峰点剩余可采储量,$\times 10^8 t$	高峰点储采比	发现点与高峰点间隔,a	类型
冀中	1955	1964	1976	1979	1733	1.35	7.8	15	快热
中原	1955	1975	1985	1988	722	0.99	13.7	13	快热
胜利	1955	1961	1989	1991	3355	3.54	10.6	30	中热
辽河	1955	1965	1988	1995	1552	1.88	12.1	30	中热
大港	1955	1963	1987	2005	634*	1.24	19.55	>42	慢热
陆地小计			1988		6354	8.88	13.9		
海域	1959	1967	2002	2005	1272*	2.41	18.9	>38	慢热
合计			1990	2005	6519*	9.15	14.0		

注:加 * 的数据表示产量高峰正在形成,但尚未达到真正的高峰产量。

[❶] 原载《石油学报》,28(4),2007:P16-20。

(1) 快热型。从油气发现点到产量高峰点,大体经历 13～15 年。冀中亚油区和中原亚油区属于此种类型。

(2) 中热型。从油气发现点到产量高峰点,大体经历 30 年。胜利亚油区和辽河亚油区是这一类型的代表。

(3) 慢热型。从油气发现点到产量高峰点,大体经历 38～42 年以上,属于此类型的有海域和大港两个亚油区。

进一步分析可以看出,无论哪一种类型,从勘探起始点到油气发现点一般均历时 6～10 年,只有中原亚油区由于开始钻探时间大大晚于其他 5 个亚油区,因而历时 20 年。从储量六成点到产量高峰点,一般历时 2～7 年,只有大港亚油区花费了 18 年以上。但是,从油气发现点到储量六成点,3 种类型亚油区花费的时间有明显的差别,快热型为 10～12 年;中热型和慢热型为 23～35 年。产量高峰年的储采比也有较大的差别,快热型和中热型为 7.8～13.7,慢热型则高达 18.9～19.6。

由于各亚油区的年储量和年产量曲线峰值相互错列,前后时间上相差甚远,例如亚油区产量高峰年最早的是冀中(1979 年),最晚的是海域和大港(在 2005 年以后),前后相差了 26 年以上。它们此起彼伏,相互叠置的结果,使全油区年储量和年产量曲线都具有"多峰"的特点[3-4]。

由图 1 可见,渤海湾油区截至 2005 年的年探明石油储量明显有 3 个高峰带:

(1) 1974—1977 年,阶段新增储量 12.79×10^8t,年均新增 3.2×10^8t;

(2) 1984—1987 年,阶段新增储量 25.95×10^8t,年均新增 6.5×10^8t;

(3) 1996—2005 年,阶段新增储量 35.11×10^8t,年均新增 3.51×10^8t。

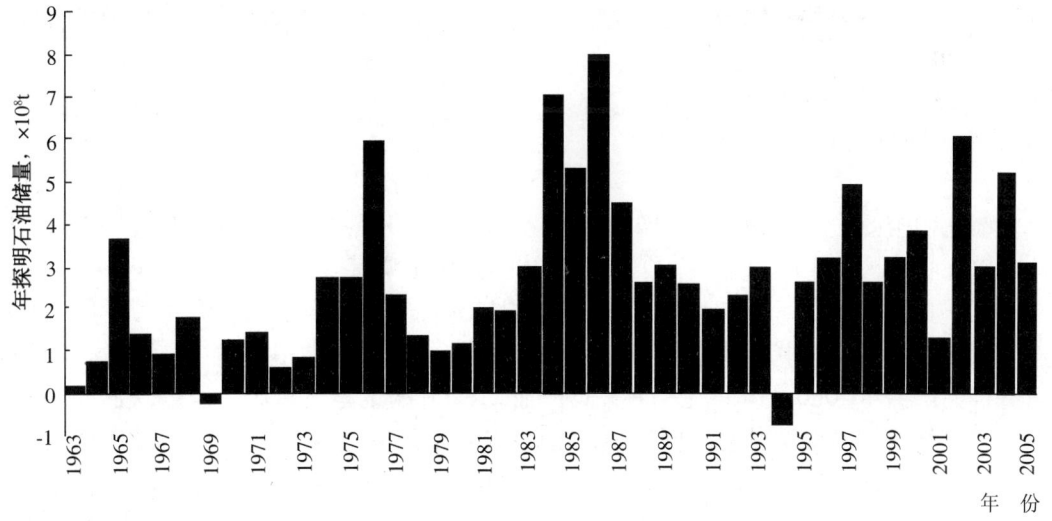

图 1　渤海湾油区石油储量年增长特征

第一个储量高峰主要是由冀中的任丘等潜山油田的发现和探明引起的;第二个储量高峰主要是由辽河的静安堡、曙光及欢喜岭油田储量增长,以及胜利的各个油田储量复算增加的储量形成的;第三个储量高峰是海域的秦皇岛 32-6、蓬莱 19-3 等一系列大油田的发现带来的。

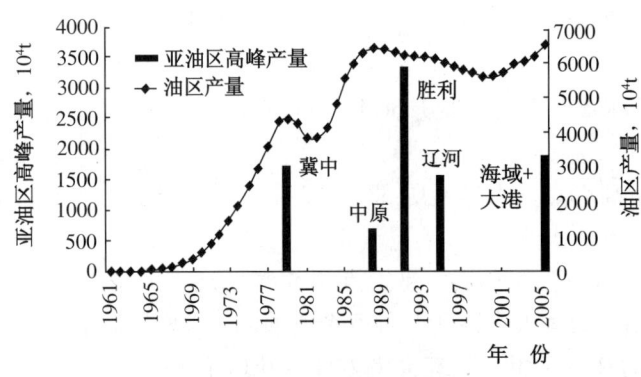

与储量曲线特征相对应,渤海湾油区年产量曲线也有3个高峰,分别为 $4365×10^4t$(1979年)、$6401×10^4t$(1989年)和 $6519×10^4t$(2005年)(图2)。其中,最后一个峰还不是最高值,因为在可预见的时间里,本油区的石油年产量还将持续增长。

图 2 渤海湾油区原油年产量增长曲线

二、储量、产量增长的效率特点

油区储量增长的效率特点,可以用储量发现率曲线(图3)来表述。图3中横坐标是累计探井数,纵坐标是累计探明储量,曲线每个段落的斜率代表勘探效率,即每口探井能够探明的储量。

截至 2000 年底,渤海湾油区储量发现率曲线是一条斜率比较稳定的直线。在此期间,平均每口探井可探明石油储量 $72.4×10^4t$。这表明尽管随着勘探程度不断提高,工作对象日

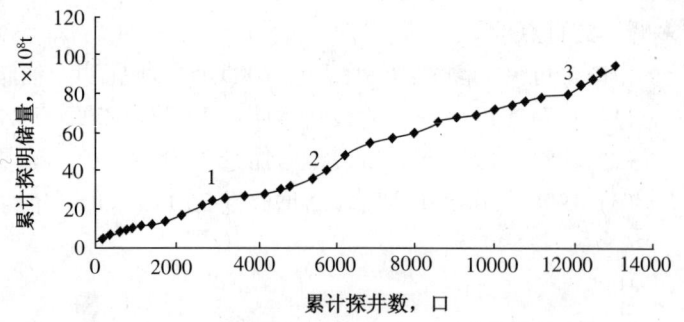

图 3 渤海湾油区石油储量发现率曲线

益复杂,但是由于科技进步,勘探效率仍能保持较高的水平。图3也存在着3个明显的大斜率段,它们与图1的3个储量高峰带相对应,各段每口探井探明储量分别为 $93.2×10^4t$、$118.8×10^4t$ 和 $111.9×10^4t$,符合大油气田集中发现期勘探效率明显提高的一般规律。

油区产量增长的效率特点,可以用平均单井产量来表述。虽然渤海湾油区在胜坨、兴隆台等油田的砂岩储层中获得过日产千吨的高产油流;在任丘油田碳酸盐岩储层中创造过任7井试油产油 4620t/d,14 口生产井平均产油 2162t/d 的全国纪录[5]。但是,如此高产的储量在本区已探明储量中所占比例甚小,近20多年来更是绝少发现。相反,"低品位"[6]储量比例迅速增加。另外,已开采多年的主力油田大多已进入开发中、后期,产量递减明显,效率下降。例如,辽河、大港和冀中3个亚油区,在1996—2005年的10年间,尽管油井井数增加了59.3%,但由于平均单井日产量下降了37.7%,因此石油年产量依然下降了4.5%。当前,海域与大港两个亚油区石油年产量还将持续增长,渤海湾油区年产水平也将随之增长;但是,如果油井仍然以直井为主体,整体开发效率还会下降,将由"少井高产"和"多井中产"逐步进入"多井低产"阶段。

三、影响储量、产量增长特点的主要因素

从宏观上看,石油地质条件、自然地理条件和人为因素是影响本区石油储量、产量增长的最主要因素。

1. 石油地质条件

渤海湾油区古近—新近系石油系统是在裂谷盆地以陆相沉积为主体情况下形成的。由前古近系构成的块体的多次"解体"与"合并",明显地控制着古近—新近系的沉积和构造[7]。本区断层发育,圈闭多样,储层多变,油田规模相差悬殊,因而当连续发现大油气田的时候,储量增幅加大,勘探效率明显提高。根据对本油区储量规模大于 $1\times 10^8 t$ 的 27 个大油田的系统分析,至少可以得出以下两点认识:

(1) 构造型大油田,如任丘、濮城油田等,从油气发现点到储量六成点,一般历时 2~6 年;由储量六成点到产量高峰点,一般历时 2~7 年。一个亚油区中,如果构造型大油田的储量之和超过亚油区总储量的 40%,就形成"快热型"增长,如冀中及中原亚油区。

(2) 地层构造复合型大油田,如曙光、欢喜岭油田,从油气发现点到储量六成点,一般历时 11~13 年;从储量六成点到产量高峰点,历时 9~17 年。复杂断块型大油田,如东辛油田,从油气发现点到储量六成点,历时长达 33 年。但由于实行了"滚动勘探开发",产量高峰点出现在储量六成点之前。一个亚油区,如果构造型大油田储量之和低于亚油区总储量的 40%,就呈现"中热型"增长,如辽河及胜利亚油区。

2. 自然地理条件

渤海湾油区最西侧的冀中和中原两个亚油区,地表多为平原,以旱地为主,地面施工条件较好;东侧的辽河、大港和胜利 3 个亚油区邻近海岸,有大面积的滩涂、水库、盐田、卤池和水田,地面施工比较困难,其中尤以大港亚油区为最。

在我们施工装备比较落后的时候,海域亚油区蔚蓝的海水曾经阻滞了油气勘探开发的步伐;当装备得到明显改进之后,海水有时也转化成了有利条件。由于有海水,地震勘探的效率和资料质量明显高于陆地,进而提高了油气勘探效率。截至 2000 年底,各亚油区头 300 口探井探明的石油储量,陆地为 $1.6\times 10^8 t$(辽河)~$6.3\times 10^8 t$(冀中);海域为 $8.5\times 10^8 t$,是前者的 5.3~1.3 倍。

3. 人为因素

渤海湾油区东侧的辽河、大港和胜利亚油区,石油地质条件相近,从表 2 可以清楚地看出,储量和工作量呈正相关关系。辽河亚油区和胜利亚油区相比,无论勘探面积、累计完成探井数,还是累计探明储量,大体上前者都恰好是后者的一半。而大港亚油区钻探程度最低,因而探明储量也最少。

表2 辽河、胜利和大港亚油区比较

亚油区	工区面积 km²	探明储量 ×10⁸t	最高年产量 ×10⁴t	目前年产量 ×10⁴t	累计探井数 口	资源探明率 %
胜利	25230	40.4	3355	2660	5262	52.9
辽河	12400	20	1552	1320	2608	62.0
大港	18000	10.1	493	462	1768	42.7

注：数据截至2000年底。

历史上，大港的石油队伍曾先后参加了胜利、四川、辽河、江汉和冀中石油大会战，曾是石油工业部所属队伍中调动最频繁的一个，从客观上讲，它必然延缓了大港亚油区的勘探开发进程。但是，从主观上讲，近20多年来过于谨慎的工作指导思想也阻碍了这里的"增储上产"。在渤海湾油区，古近—新近系碎屑岩油层的采油速度一般都可以达到1%以上，连储层物性总体上比大港差一个档次的冀中和中原都不例外。中原原油年产量达到$722×10^4$t高峰的时候，累计探明储量才$6.3×10^8$t（复算后仅为$4.2×10^8$t），采油速度在1.1%或1.7%以上。而今天，大港累计探明储量高达$11.1×10^8$t，但原油年产量仅为$634×10^4$t，很不相称。以往的实践证明，产量"大起大落"固然对国家不利，但是，留有过多的"余地"对国家制定正确的能源政策也未必有利。

综上所述，由于自然地理条件和人为因素的影响，使海域和大港亚油区呈现"慢热型"的特点。

四、前景展望

1. 古近—新近系石油系统

2005年底油区的石油储采比为14，加上陆上各亚油区石油采收率由24.5%提高到30%而预期增长的储量，从理论上讲，这些可采储量可以支持渤海湾油区在2030年以前原油年产水平保持在$6000×10^4$t以上。

以最新石油资源评价的资源量为分母（国土资源部油气研究中心，2005年），以2005年底油区的累计探明储量为分子，渤海湾油区的石油资源探明率为49.7%。换句话说，本区尚有一半的资源有待转化成储量，因此，无论从勘探工作程度，还是从资源探明率和储量增长特征来看，渤海湾油区尚处在"勘探中期"[8]，发展潜力还比较大，其中以海域和大港两个亚油区为最大。设想2050年以前再新增石油储量$50×10^8 \sim 60×10^8$t，累计探明率达到75%左右的可能性是存在的。这样，2031—2050年油区原油年产水平保持在$5000×10^4$t以上就有了储量基础。

当前，海域的石油采收率比陆地的低6个百分点。需要着重指出的是，这个差距主要不是由石油地质因素，而是由"技术经济门槛值"不同造成的。因此，随着技术和经营管理的改进，二者的差距将日益缩小。海域的这部分储量潜力，即使技术经济门槛值不降低，一旦国家急需时，也还是可以转化成产量的。

2. 其他石油系统

（1）中生界石油系统。中生界以白垩系分布最广，其在北京凹陷和石臼坨凹陷已发现较好的烃源岩；石家庄、北京、乐亭和石臼坨凹陷在井下见到油气显示，其中石家庄凹陷的极5井测试获得过低产油流。中、下侏罗统煤系地层，在武清凹陷业已证实是一套中等—好的烃源层。

（2）古生界石油系统。石炭—二叠系是一套煤系地层，经初步研究评价，仅在冀中、黄骅和临清3个坳陷，煤成的天然气资源量就为 $4000 \times 10^8 \sim 10000 \times 10^8 m^3$，并且在冀中已探明储量 $200 \times 10^8 m^3$。另外，在黄骅坳陷的乌深1井和官古1井中也见到含油砂岩，说明石炭—二叠系是本区现实的勘探目的层。下古生界以海相碳酸盐岩为主，在冀北山区的岩石露头里曾经发现过油气显示。

（3）元古界石油系统。在冀中坳陷北部以及冀北山区本套地层十分发育，并广泛见到从原油到沥青的各种类型的油气显示。特别是"洪水庄页岩"、"下马岭页岩"和"铁岭石灰岩"都是巨厚的烃源岩。

综上所述，本区尚有众多的领域有待探索，石油"增储上产"的空间还很大。只要工作指导思想不出偏差，部署得当，并保持足够的投入，石油年产量在20世纪上半叶前30年保持在 $6000 \times 10^4 t$ 以上，后20年保持在 $5000 \times 10^4 t$ 以上是完全可能的。与此同时，天然气的储量和产量也会有较大的增长。如果前古近系的3个石油系统获得重大突破，本区的石油上游业将会呈现出一个崭新的局面。

五、结束语

（1）由于石油地质条件的差异，石油储量、产量增长形成了"快热"和"中热"两种不同类型。而"慢热"与"中热"型亚油区石油地质条件差别并不明显，主要是受自然地理条件和人为因素影响所致。随着技术和经营管理的改进，"慢热"型亚油区的"增储上产"步伐将会显著加快。

（2）渤海湾油区古近—新近系石油系统，尚处在"勘探中期"，还有很大的"增储上产"空间，其中以海域和大港两个亚油区潜力最大。本油区原油年产量在2030年以前保持在 $6000 \times 10^4 t$ 以上，2031—2050年保持在 $5000 \times 10^4 t$ 以上是有资源基础的。

（3）前古近系3个石油系统，具有一定的勘探前景，但仍需要锲而不舍的探索，同时要认真借鉴国外相似区域的勘探开发经验和教训。

致　谢

国土资源部的资源评价成果，历年储量公报；原石油部及各石油公司的勘探、开发和统计年度数据手册，是笔者进行统计分析不可或缺的基础，特向上述单位和有关人员致以深切的谢意。胡文海、高泳生两位同事在百忙中分别为本文审定英文摘要和全部文稿，在此也一并致谢。

参 考 文 献

1. 翟光明．中国石油地质志：卷3—卷7，卷16 [M]．北京：石油工业出版社，1993
2. 邱中建，龚再升．中国油气勘探：卷3—卷4[M]．北京：地质出版社,石油工业出版社,1999
3. 查全衡．石油资源经营管理的实践与思考[M]．北京：石油工业出版社，1999：157–163
4. 查全衡，韩征，刘殿升．中国石油地质的若干特点及其对储量增长的影响[J]．石油学报，1999，20(5)：1–6
5. 石油工业部油田开发生产司．中国油田开发实例[M]．北京：石油工业出版社，1989：74–107
6. 查全衡，何文渊．试论"低品位"油气资源[J]．石油勘探与开发，2003，30(6)：5–7
7. Zha Quanheng. Jizhong Depression, China–It's Geologic Framework, Evolutionary History, and Distribution of Hydrocarbons[J]．AAPG Bulletin，1984，68(8)：983–992
8. 查全衡，何文渊．中国东部油气区的资源潜力[J]．石油学报，2003，24(5)：1–3

在全国油气储量套改总结会上的发言[1]

自 2006 年 11 月中旬到今天，将近一年的时间里，在国土资源部储量司的精心组织下，经过参与编写同志的共同努力，《全国石油天然气探明储量总报告》（以下简称《总报告》），质量得到很显著提高。总报告由怎样做、做的结果和结果对国家及企业意味着什么三大部分组成，是一份基础扎实、有很高学术价值、对今后油气储量工作有指导意义的报告。考虑到今后会有众多的业外机构和人员使用这份报告，建议在下列四个方面再突出、再完善一下。

（1）本次储量套改是站在国家层面，兼顾企业层面，对以往，特别是近 60 年来我国油气储量工作的一次全面的、科学的回顾、检验和总结。

套改是庞大的系统工程，历时近 4 年，耗资约 1.3×10^8 元，参加者 3000 余人次。《总报告》是长期大规模实践的结晶。某些"见了风，就是雨"的专家学者论著与它根本无法相比。

套改是在"百花齐放、百家争鸣"基础上集中统一的成果。新的储量分级分类系统的形成过程是最好的例子。起初，有人主张采用 1997 年联合国委托一个欧洲专家小组提出的三维分类；有人主张全盘采用美国证券交易委员会（SEC）的方案……经过边实践、边认识，多数人有了共识，形成了今天的方案。《总报告》对于新的方案有一段叙述："本次套改继承了地质储量和可采储量并重的管理模式，并建立以经济可采储量特别是以剩余经济可采储量为核心的管理理念，和以经济效益为中心的资源价值体系，满足了国家和企业各个层面的需要，既能适应制定我国油气资源战略、政策和规划的需要，也能适应油气勘探开发生产经营的需要，有利于促进石油工业持续稳定发展。"

这段文字很精彩，可以引用到评议书中去。

（2）套改是一个创新过程。

诸如：油气田、区块、开发单元和储量计算单元的划分，储量开发状态的界定以及一系列操作规范和技术要求等，都是从我国的实践经验中总结出来的，并不是现成的舶来品。

（3）套改的结果表明：截至 2005 年，我国油气地质储量数据是可信的，精度是高的；技术可采储量和经济可采储量还有相当的增长空间。

随着科技进步、经营管理的改进，油气田采收率提高，技术可采储量和经济可采储量相应增加，这是油田开发的一般规律；但是，地质储量精度这样高，在世界上是很突出的。我参加过俄罗斯国家级的储量评审，也阅读过大量的西方石油公司和咨询公司的储量报告，我认为在这个领域我国是领先的。究其原因有三个：

①扎实的、工业化的地质工作。

这一点外国石油公司很难做到。

---

[1] 本文是在 2007 年 10 月 31 日全国油气储量套改总结会上的发言稿。

②长期在开放型环境下工作。

石油业天生就是跨国行业，我国石油业先是以西方，后是以苏联为老师，近30年更是大规模地与外国石油界合作与交流，及时地吸收了国外先进而适用的理念和技术。

③评审机构的相对独立地位。

储量评审办公室名称和隶属关系虽然有过多次变动，主任也更换了七届，但是办公室的实体始终存在，相对独立的地位也没有改变，这就从制度上、组织上保证了储量评审工作的客观公正，进而保证了储量数据可信度。

地质储量与可采储量并重，这是满足国家和企业不同层面；长远发展战略和近期生产计划不同需要的必然选择。我们经过长期艰难探索，成为世界上主要石油生产大国，积累了丰富的经验，形成了有中国特色的工作理念和方法，它"既是民族的，也是世界的"。

从近几年由 WPC/SPE/AAPG/SPEE 等权威机构联合提出的油气储量分类方案及其说明中，不难发现它们更加重视"原中央计划国家"进行地质储量管理的理念，说明影响永远是相互的。我们应当珍惜自己在各个领域的"话语权"，增强民族自信心，这是实现伟大复兴不可或缺的条件。

鉴于此，《总报告》在叙述了套改结果之后，在"深化了认识"段落中应该适当充实这方面的内容。

(4)《总报告》的文字、图表进一步完善。

①建议部分第一条最好引入"储采比"的概念，使业外人士能够更容易地理解我国石油业面临的形势。

②全文石油计量单位大多用吨（t），但"丰度"却用立方米（m^3），应该统一。

③图 3-11，纵比例尺由 50% 改为 20% 为好，以和规范一致。图 3-14，应突出日产 1t 和 2t 区。所有的插图都应有明确的图例。

④表 4-2，表 4-16 相关数据有差别，前后"四舍五入"的做法应统一。

开发"低品位"石油资源的战略意义与现实性[1]

一、关于"低品位"石油资源的几个概念

1. 资源品位高低是一个相对概念

一是相对于已发现的规模大、丰度高、油质好、产量高的高品位资源而言。涉及四个要素,可分为两种类型。

四个要素是:
(1) 流体性质差,如稠油、高含硫天然气等。
(2) 赋存条件差,如低渗透和特低渗透储层中的油气。
(3) 油气藏规模小、储量丰度低。
(4) 自然产能低。

两种类型是:
(1) 天然生成的(原生的),油气藏原始状态即具备上述四个要素中的一个、几个或全部。
(2) 人为造成的(次生的),经开采,剩余的、品位变差的资源。

二是相对于技术经济条件而言,是技术经济条件的函数。同一个石油资源,随着技术进步,油价升高,"低品位"的可以成为"高品位"的;相反,油价降低,"高品位"的也可以变为"低品位"的。

另外,资源的经济价值,即品位的高低是和企业的经营管理方式和水平(英国人称之为"企业能力")紧密相关的。相同或相似的资源,不同的企业由于"企业能力"的差别,可以得出不同经济价值的结论。正因为如此,企业间的竞争才成为可能。

2. 约定俗成的"低品位"标准

国际上关于"低品位"石油资源的划分并无统一标准。我国约定俗成的标准是:
(1) 低渗透资源,油层渗透率小于50mD,其中低于5mD为特低油层。气层渗透率小于1mD为低渗气层。
(2) 稠油资源,油层条件下,黏度大于50×10^{-3}Pa·s的石油资源。
(3) 重油资源,地表条件下,相对密度大于0.934的石油资源。
(4) 高H_2S、CO_2天然气,H_2S、CO_2含量大于2%的天然气。

鉴于本次能源局石油天然气司的课题,是国家层面上的政策研究。为便于操作易于检

---

[1] 摘自2009年6月1日在国家发展和改革委员会能源局石油天然气司举办的《低品位油气资源开发政策研究座谈会》上的发言。

查，建议本次采用的"低品位"定义"宜窄不宜宽，宜简不宜繁"。目前看来以资源的自然属性划分比较合适，千万别以油价来定义。因为油价的起伏谁也说不准，而且货币还存在时间价值……许多事情都不可能一蹴而就，还得一步一步地做。

二、利用"低品位"石油资源的战略意义和现实性

从课题组今天汇报来看，这一部分内容需要加强。在这个问题上没有共识，就提不出正确的政策来。根据我们以往的工作，建议强调以下几点：

（1）"低品位"资源在自然界中数量巨大。

无论在国内、国外知名的油气区里，它们都接近或超过"高品位"资源的数量。据我国国土资源部组织的新一轮全国油气资源评价成果看，"低品位"油气资源的比例都在四成左右。

（2）随着开采的进展，"低品位"资源在储量和产量中占有的份额的将会大大增加，这是石油上游业的一般规律。以我国石油累计探明储量的平均采收率为例，1980年为38%，2003年为28%，23年的时间整整下降了10个百分点，足以说明问题。我国次生类型的"低品位"油气资源总量也十分巨大，占探明储量的比例，石油为七成以上，天然气约为三四成。

（3）我国探明未开发的"低品位"石油资源，具有数量巨大、分布集中、毗邻已开发储量或是其延伸，采用现有技术大部分可工业化开采的特点。据2003年统计，这样的储量约相当于全国四五年的新增探明储量的总和。只要加强政策引导，可以为国家贡献不少的产量。

三、影响"低品位"资源开发的因素

只有这些因素搞清楚了，制定的政策才有针对性，才能有效。据我们以往的研究，这些影响因素大体可以归纳为五个方面：

（1）技术难度较大。

（2）经济效益较低。不过这个问题不能笼统而论。长庆油田公司的工区，以低渗透、低丰度油气资源为主体；辽河油田公司原油产量中，稠油产量占七成，然而这两个公司的全员劳动生产率却很高，在中国石油13家油田公司中分别名列第三和第六。实践证明，只要经营得法，开发"低品位"资源仍然可以获得很好的经济效益。

（3）国家宏观管理的缺位与错位。

目前，我国没有专门的能源管理机构，不能有效地去研究制定促进石油天然气上游业发展的法律和政策。实行的是"一刀切"的税费制度，忽视矿产资源的级差性，无论是"高品位"还是"低品位"的资源，基本上是相同的税费率。矿权管理重发证，轻监督。政府业务部门抓工作，"抓小不抓大，抓近不抓远"……凡此种种，实践表明这样的管理不利于科学地利用资源，不利于推动油气勘探开发。

（4）大油公司滞后的经济评价模式。

低油价、高利率时期和高油价、低利率时期；新区和老区；"高品位"和"低品位"储量……从20世纪90年代到21世纪，筛选油气资源的经济标准"千篇一律"，都是每桶18美元，内部收益率12%作为经济门槛。正因为如此，当国际油价高达每桶七八十美元以上时，我国仍有近1/5的探明储量，被打入另册，长期不能动用。加上，国家没有防止长期积压储量的制度，没有储量市场使储量通过流转得以利用，从而使"低品位"储量的及时合理利用成了一个老大难问题。

（5）缺少"众人拾柴火焰高"的机制和体制。

鄂尔多斯苏里格气田，是我国目前最大的气田，也是"低品位"气田。单靠长庆油田公司一家干，没有经济价值。中国石油将其他油田公司引入进行共同开发，通过内部的"竞争机制"，井打快了，成本降了，经济价值增加了，已经建成了年产数十亿立方米的产气能力。与此相反，大庆长垣外围的"低品位"石油储量开发却是另外一种情景，虽然最近几年一直是高油价，然而未开发的石油储量不仅没有减少，反而由2003年的7.9×10^8t增加到2007年的9.6×10^8t。显而易见，不同的机制造成了截然不同的结果。

美国人开发本土油气资源的若干做法是值得我们认真思考的。美国本土有60万口左右的油井，全国平均单井日产量仅为1.5t，其中六七成的井，单井日产小于0.5t。总体看全属于"低品位"资源。然而去年美国本土的原油产量仍达到2.45×10^8t。他们靠什么？靠的是独立油气生产商（Independent Oil and Natural Gas Producers）。据美国独立石油协会（IPAA）资料，美国独立生产商目前有5000家，公司规模都不大，平均每家才12人。然而它们是美国本土油气生产的主体，在生产井数、原油产量和天然气产量中分别占90%、68%和82%。

据我们2003—2006年的现场调研，我们感到发展中小油公司对国家，对社会有五大好处：

（1）有利于"低品位"油气资源的充分利用；

（2）有利于拿下"久攻不克"的油区；

（3）有利于开拓新的勘探领域；

（4）有利于增加就业岗位；

（5）有利于回收"落地油"。

换句话说，有利于落实科学发展观，有利于创建和谐。

一提到发展中小油公司，有些人和部门就担心"一放就乱"。在我国有黄金、煤炭"有水快流"的前车之鉴，这种担心是可以理解的，但是我们总不能"因噎而废食"吧。美国的经验教训告诉我们：矿业秩序乱不乱，不在于矿业公司的多少，而在于各级政府能否有效作为！设想一下，鄂尔多斯盆地只有长庆油田公司一家干，今天能成为全国的第三大油气区吗？另外，我们也应当看到许多中小公司在上产量的同时，也在上水平，我们不应当用静止的眼光观察事物。

石油天然气司的这个课题，是事关全局的、战略性的课题，应该有一定的前瞻性，不能光说眼下大家都赞成的话。回想2003年，我们在中国石油提出"'低品位'石油资源的再认识与利用"课题的时候，赞成的人并不多；时至今日，众口一致认为你们的课题十分重要，认识总会有先有后。没有前瞻性就会降低本课题的价值。

四、简要的结语

中国石油咨询中心 2006 年 6 月完成的"'低品位'石油资源的再认识与利用"报告中有两段话，现摘录如下，权作我发言的小结：

"如果能够正确地对待'低品位'油气资源，我国石油上游业的路子将很宽广。相反，则路子将越走越窄。从我国勘探开发的实际情况出发，可以分两步走：当前，在努力寻找高品位资源的同时，积极开发'低品位'储量，实行两条腿走路方针；长远，走'多井低产、长盛不衰'的路。美国人是这样走过来的，我国的鄂尔多斯盆地油气勘探开发正在走这样的路，今后，这也是我国各油气区必经之路。"

"通过国内外调研，我们也认识到：大中小油公司相结合是有效开发利用宝贵的、不可再生的油气资源的最佳途径。因此，构建大中小油公司和谐发展的'产业链'，是实现可持续发展战略的需要，也是我国石油上游业发展的必然趋势。"

现在是参与美国本土油气开发的好时机[1]

金融危机及其引发的油价暴跌，使美国本土的石油上游业遭受重创。在用钻机数2008年9月为2000多台，2009年3月为1170台，在半年时间内减少了将近一半，从一个侧面反映了这次危机的破坏力。

一、独立油气生产商处境艰难

据美国独立石油协会（IPAA）资料，20世纪80年代，美国本土大多数油气区已成为"成熟区"。随有美国大型的、综合性油公司将工作重点转向海域和国外，独立油气生产商（Independent oil and natural gas producers）就逐步成为美国本土油气勘探、开发的主力。当前，在生产井数、原油产量和天然气产量中占有的份额分别达到90%、68%和82%。

独立油气生产商总数最多时达到10000家，目前为5000余家，但规模较小，平均每家的雇员只有12人，多是一些中小型公司。由于实力有限，抗击金融危机的能力弱，目前他们中已有不少家纷纷求售或申请破产。一家知名的中介公司，最近一周内就接到五家较大的独立生产商（资产规模在$3×10^8 \sim 15×10^8$美元）的此类申请；一家小中介公司，在过去18个月中收到70份申请，经筛选办理了12份，由于购买者很少，仅成功推销了3家。

这些面临困境的生产商具有下列共同点：

（1）主要依靠银行贷款进行运营。金融风暴前，业绩不错；金融风暴来临后，资金链断了，生产无法正常进行。

（2）在前些日子高油价的刺激下，陆续开展了不少非常规油气（如页岩气、煤层气和稠油等）开发项目，有的已取得明显进展。

（3）公司规模虽小，但技术水平并不低。这是因为开发成熟区油气和非常规油气资源需要先进技术；同时，美国完善的技术服务市场，也使独立生产商容易获得和使用这些技术。

以×公司为例，这是一家上市公司，主要工区在得克萨斯州的西部，2008年产量为$153×10^4$bbl（当量），年底剩余可采储量为$1361×10^4$bbl（当量），油气年销售额为$1.27×10^8$美元，产量和销售额均较上一年增长20%以上，经营状况相当不错。为了持续发展的需要，该公司还先后开展了稠油的"蒸汽—重力驱"（SAGD）和"压裂—蒸汽驱"（FAST）试验，井组已经完成，前者已获得产量；白垩系两个产层的页岩气开发，已完成水平井6口，进行了裸眼完井和套管完井对比研究，并获得单井日产$70×10^4 \sim 410×10^4$ft^3

---

[1] 调研简报，2009年3月。

商业气流；煤层气进行了开采试验；尤其在裂缝性油藏的勘探开发上取得了明显的成果。金融危机一来，短期债务、生产周转费、长期债务都急需偿还或筹措，公司已面临破产。

有关材料报道的中、小油公司状况大同小异。

二、目前参与的有利因素

(1) 资产明显缩水，降低了参与成本。

①油价下降，股票贬值。× 公司股票上市时每股 1.7 美元，2008 年曾涨至 15.3 美元，目前已骤降至 0.1 美元。

②油价下降，销售额下降。× 公司 2008 年四季度油气销售额为 1840×10^4 美元，2007 年四季度为 2890×10^4 美元，前者比后者下降了 1050×10^4 美元。

③油价下降，按美国证券交易委员会（SEC）标准确定的"储量"数值也会相应下降。× 公司因原来"储量"整体品位较好，只减少了 15×10^4 bbl（当量）；其他公司则因整体品位较差，减少更为明显。

④油价下降，探明储量除已开发正生产部分（PDP）计算价值外，而已开发未生产（PDNP）和未开发（PUD）部分，收购时通过谈判可以不计算或少计算价值。× 公司在探明储量中 PUD 约占 47%。

(2) 各种施工队伍更容易雇到，成本也更低廉。

(3) 美国政府希望与中国"同舟共济"渡过金融危机。

三、应注意的几个问题

1. 把握"最佳时间窗"

(1) 市场运作的一般规律：油价下降，作业队伍减少，作业成本相应下降。钻机在用数目的增减可以近似地反映作业成本的增减。从美国本土油价变化曲线与在用钻机变化曲线的峰、谷值比较中不难发现后者往往滞后 6～12 个月。因此，本次油价谷底及往后的这段滞后时间是低成本参与的"最佳时间窗"。

(2) 美国证券交易委员会（SEC）从 2010 年 1 月 1 日起将启用新的储量价值计算方法，即从以每年年底油价为准，改变为以 12 个月平均油价为准。× 公司曾以 2008 年底公司的储量为基础，分别以两种方法进行价值计算，发现新方法得出的储量价值是旧方法的 3 倍。因此，从现在起至 2009 年年底是低成本参与的"最佳时间窗"。

2. 选准目标

美国 5000 多个大小不一、类型多样的独立油气生产商，为我国大、中、小油公司到美国投资提供了广阔的选择空间。

美国石油上游业已经有 150 年历史，经过持续高强度的勘探开发，多数油气区已进入"成熟期"。从 20 世纪 20 年代原油年产量突破 1×10^8 t 以来，始终是世界上最重要的油气生产大国之一；进入新世纪，原油年产量仍然保持在 2×10^8 t 以上，天然气年产量在 $5000\times10^8 m^3$ 以上，另外还年产天然气液 1×10^8 t 左右。据美国地质调查所（USGS）预测，美国本土尚有近一半左右的常规油气资源有待勘探开发，非常规油气资源数量十分可观。但就整体而言，工作对象大多是一些难度大、规模小的油气藏。不过，这些油气藏又多是已知油气田的新块、新层或毗邻区，地质风险较小；同时，邻近完善的技术服务市场和现有生产销售设施，大大降低了运营难度和成本。显而易见，我国准备参与美国本土油气资源开发的油公司，都应及早动手进行周密的调查，根据自身的实力和特长，精选目标，以达到最好的经济效益。

在美国本土参与开发油气，从直接获取油气角度来说价值并不大；但从克服两国贸易不平衡来说却具有重要意义。同时，从合作中对成熟区和非常规资源勘探开发规律、方法和经验深一层的理解，将为我国相应领域的勘探开发提前做好技术储备。和世界主要的产油气大国相比，我国和美国都具有油气资源总量不少、高品位油气储量不多的共同特点。因此，美国石油上游业走过的路，对我们更具借鉴价值。

3．与美国公司合作

美国遵循的是"土地权主义"，即土地权与矿业权是统一不可分割的。美国土地分属联邦、州和私人，在东部各州尤以私人土地为主。

美国联邦法律、法规限定只有美国人开办的公司才能在其本土从事油气勘探开发工作（见《美国内政部土地管理局油气条例》第 3102 章），"外国人只有通过目前或未来（土地）承租人的股票所有权，即持股或持股方式获得和拥有租赁权益"，而且是在"他们国家的法律、惯例或常规同意给予美国公民或公司同样的特权"的前提下。除得克萨斯州外，美国绝大部分州对州属土地或私人土地持相同的态度。我国企业参与美国本土油气开发，大多只能走与美国公司合作之路。

加之，美国各州的法律、法规、政策、惯例等相差很大……凡此种种也唯有与美国公司紧密合作，实行"本土化"经营，才有可能真正实现双赢。

迎接石油上游业革命[1]

  石油上游业，包括勘探与开发，工作对象是自然界蕴藏的各种烃类（石油和天然气等）。

  自1859年在美国宾夕法尼亚州打成第一口油井算起，现代石油上游业的历史已经整整150年。在那些石油工业历史悠久的、工作程度较高的油气区，石油上游业的工作对象大体上都经历了由简单到复杂，由常规资源到"非常规"资源，由高品位资源到"低品位"资源的过程。

  今天，在美国和加拿大，石油上游业除了对常规油气继续"深挖细找"外，煤层气、致密砂岩气、页岩气、油砂油及油页岩油等"非常规"油气正在成为主要的工作对象。美国和加拿大接壤处的威利斯顿盆地是一个百年老油区，主要烃源岩——巴肯页岩，现在是美国蒙大拿州、北达科他州和加拿大萨斯喀彻温省近几年来石油"增储上产"的重点。美国著名的墨西哥湾油气区，烃源岩——巴内特页岩，2007年生产的天然气已经占全美国年产气量的6%；海斯威尔页岩，也是美国近期勘探开发的热点。受金融危机冲击，美国在用的石油钻机由2000多台急剧减少到900多台，然而探采海斯威尔页岩的钻机却由七八十台上升到100多台。专家们普遍认为，在21世纪第二个10年里，北美大陆天然气产量中，"非常规"气占的比例将超过常规气。由于油价上升，加拿大油砂油的开发，2002年更创造了一年新增探明可采储量$240 \times 10^8 t$的世界奇迹。

  需要指出的是，多数"非常规"油气，具有"连续型"聚集的特点。

  何谓"非常规"油气？何谓"连续型"聚集？美国地质调查局（USGS）1995年曾作过下列的解释[1]：

  "非常规是相对常规而言。后者油气田可以用传统的技术（自喷、人工举升、注水（气）采油等）进行开发；前者包括致密砂岩、页岩、白垩中的烃类和煤层气。"

  "连续型聚集是指一种地理上连续延展，遍布广大区域，水动力作用不明显的烃类聚集。连续型是相对单体型而言。后一种类型油气田的下方通常为水所限。"

  显而易见，"连续型"指的是油气在自然界里的分布状态；"非常规"是依据人们认识世界、改造世界能力大小，对油气资源作出的阶段性分类。类别是可以变的，能力提高了，"非常规"就可以转化为常规。

  "非常规"油气聚集，一般具有储量丰度低、单井自然产能低的特点，属于"低品位"资源。然而当它们构成"连续型"聚集时，含油气范围常常在上万平方千米以上，而且勘探落空井很少，又具有地质风险低的特点。当前，北美大陆的勘探开发热点，绝大多数属于"连续型"油气聚集。

  "非常规"油气具有巨大的资源潜力。据美国石油地质家协会（AAPG）2005年预测，

---

[1] 本文刊于《中国石油报》2009年10月30日第4版。

全球油砂油和油页岩油的资源量是常规石油的1.8～2.9倍；煤层气、致密砂岩气和页岩气的资源量是常规天然气的2.2倍。在我国，初步研究显示，煤层气和常规气资源规模大体相当；页岩气，以四川盆地为例，仅仅评价了寒武系和志留系两套页岩，页岩气的资源量就相当该盆地常规天然气资源量的1.3～2.6倍。

我国正处在工业化、城镇化的历史阶段，能源需求将持续快速增长，国内常规油气资源已难以满足需要。实施"两种资源、两种市场""走出去"战略是必然的选择。目前，石油对外依存度已经超过50%。为了能源安全，加强国内能源开发是人们的共识。怎样加强？仁者见仁，智者见智，有的主张将煤炭转化为石油，有的主张用可再生能源替代油气等。然而如果客观地比较，不难发现开发常规或"非常规"的"低品位"油气更具有优势：一是成本较低，无需消耗大量的淡水、能源，无需占用大量的土地，也不会加剧对环境的污染；二是技术比较成熟，是石油企业今天通用技术的延伸和发展。因此，加强国内"低品位"油气资源开发利用既具有重要战略意义，又具有现实性。

随着工作对象的巨大变化，石油上游业正经历着一场革命。无论是勘探理念、开发理念、技术手段、评价方法和机制体制等方面都将与传统的有明显的不同。由于我国油气总体勘探开发程度远低于美国和加拿大，因此在较长时间内，常规与"非常规"油气将持续并举。这个阶段的工作特点将是：

勘探目标，不仅是储集岩，还有烃源岩和煤层；不仅是盆地里的正向构造单元，还有负向构造单元；不仅是单体型聚集，还有连续型聚集；既要立足于"低品位"资源，又要优先寻找高品位储量。

开发工作，不仅要努力提升高品位储量的采收率，还要积极开采"低品位"储量；不仅要"单井高产"，也要走"单井低产、多井稳产、长盛不衰"的路；开发井网不仅是"点状的"，而且"线状的"将日益增多。

技术手段，目前被视为增产措施的水平井和多段压裂技术，将成为须臾不可或缺的常规手段。

资源评价，对于连续性聚集，资源量和预测储量的界限将趋于模糊；定量评价将更多的使用"网格法"，而不是目前广泛使用的"圈闭法"。

机制体制，我国鄂尔多斯盆地在"低品位"油气资源基础上，油气产量快速增长的事实表明，工作对象变了，要发展生产力，生产关系必然要作相应的调整。……

石油上游业的这场革命，对我国至关重要，是一次难得的历史机遇。我国是一个发展中国家，现代石油工业的历史，比美国、加拿大等发达国家晚了将近100年。当我们开始"走出去"的时候，虽然还有不少机会，但就总体而言，分享资源我们处于"后发劣势"。廉价石油时代早已成为过去；从西方石油公司转让中获得油气资源，通常要付出极其昂贵的代价；资源国新的"国有化"浪潮，也大大增加了合作开发的难度和成本。但是，从继承人类文明成果，借鉴前人经验教训角度来说，我们确实拥有"后发优势"，有条件实现跨越式发展。因此，我们在实施"走出去"战略时，既要着眼分享资源，也要着眼分享"知识"。后者不仅会大大拓展我国本土的油气勘探开发领域，增加国内的油气产量，而且，肯定将加强我们在国外开发油气的综合实力。

大规模地开发"非常规"油气，是在少数发达国家中近二三十年发生的事情，历史不

— 161 —

算太长,有利于我们迎头赶上。这次全球性的金融危机,又给了我们更多的与西方大大小小石油公司合作的可能性。抓住这次历史机遇,踏踏实实努力工作,在改善我国油气供给的同时,必将进一步缩小我国与发达国家在科学技术上的差距。

让我们张开双臂迎接石油上游业的这场革命!

参 考 文 献

[1] 查全衡编译.美国1995年油气资源评价——陆地及州属海域部分简介.世界石油工业,1997,4(4):22-27

页岩气战略选区该怎样进行？[1]

一、要抓住特殊性

我们要努力按照页岩气聚集的特点去安排工作，要警惕现有技术手段和以往开发常规油资源积累的经验对思想带来的束缚。比如说将开发埋深下限设定为3000m，这就没什么根据。"研究成藏规律"的提法对页岩气也未必合适。另外，地质浅井由于井径所限，不能系统测井及测试，因而在页岩气勘探中作用有限，不宜多用。下扬子区的四口地质浅井可以按两个构造层分别部署，本区复查50口深井的工作应提到重要位置，而且工区范围应该包括整个苏北盆地，甚至可以向南黄海盆地延伸。

页岩气属"连续型"聚集，因而不能将所有的井都部署在高陡构造带、高部位上。从美国页岩气五大产区的情况看，也是多种多样的：层位、埋深、含气量、游离气的比例、含水量、生产特点……都不相同，因此我们部署工作一定要多种设想。我们在借鉴国外，当前主要是美国的经验的时候一定要注意在那些方面是不同的。

页岩气产量快速增长，靠的是以水平井和分段压裂为代表的配套技术的日臻完善，勘探开发一体化。因此要重视油藏工程参数（孔隙度、渗透率、含气饱和度、含水饱和度等）的分析研究。应该有工程技术和开发专家参与本项目的工作。

显而易见，综合研究也不能子课题给什么就综合什么，而要统筹整个项目，处理好一年与五年，一个（子课题）与八个（子课题）的关系，有针对性地对每个子课题提出具体要求。这样综合出来的成果才会既有广度又有深度。

二、认真抓好基础工作

不错，我们是抓战略工作的，但是，一些关键的战术动作、基础工作不抓好，战略目标就无法实现。战略中心抓技术规范是完全正确的，从当前实际情况出发，可以整体安排，分步实施，逐步完善。眼下最急需的是两件事。

（1）统一含气量的概念和分析方法。页岩气含气量应该既包括吸附气，也包括游离气和溶解气。不能忽略游离气，据文献报导，美国主要页岩气区Barnett页岩含气量中，游离气占极高的比例。此外，含气量的分析方法一定要尽快统一，否则无法做纵横向比较。

（2）对目前使用频率颇高的若干术语，如先导区、目标区、远景区、突破、战略浅井、地质浅井……应明确定义，实现规范化。

---

[1] 2010.3.15—16在国土资源部油气战略研究中心召开的《中国重点地区页岩气资源潜力及有利区带优选项目2010年子项目设计评审会议》上的发言摘录。

三、要创新

"北方地区页岩气资源战略调查与选区"子课题非常重要,它扩大了探索领域,增加了成功的几率。但是这个子课题覆盖大半个中国,涉及从老到新各个层系,要做的事实在太多了。同时,工作对象中陆相层占据大部分。因此怎样实施需要仔细地推敲。陆相页岩气,眼下没有实例,必须从国情出发,坚持实践,勇敢创新。至于面对海量的工作,肯定要统筹规划,分步实施。我建议:(1)先抓两头。一是准噶尔盆地海相和海陆交互相的石炭—二叠系;二是柴达木盆地西南缘湖相的 E_3-N_1 页岩。(2)与油页岩调查等战略选区工作结合进行。(3)与石油公司的勘探开发工作结合。打浅井的钱可以用来支持井筒中完成开发页岩气所需参数的录取工作。

怎样发展我国的页岩气业？[1]

一、页岩气分布与聚集特点

1. 分布广泛

以美国为例，
(1) 四个大地构造单元八个盆地均在进行商业开采：
北美地台，有密执根（Michigan）和伊里诺依（Illinois）盆地
地台边缘，有阿帕拉契（Appalachian）、阿科马（Arkoma）和阿拉达科（Anadarko）盆地
被动大陆边缘，有威茨堡（Fort Worth）和东得克萨斯（East Texas）盆地
科迪勒拿褶皱带，有圣胡安（Sun Juan）盆地
(2) 产气层位涉及中泥盆统、上泥盆统－密西西比系、上侏罗统和上白垩统。
(3) 气层埋藏深度自 150～4100m。

2. 连续聚集、规模可观

(1) 含气面积：自 12800（Fort Worth）～243000（Appalachian）km²
(2) 资源量：6509（Anadarko×10⁸）～ 424500（Appalachian）×10⁸m³

3. 每个聚集、个性突出

TOC	0.5%（East Texas）～25%（Illinois）
R_o	0.4（Michigan）～1.88（San Juan）
总孔隙度	2%（Arkoma）～14%（Illinois）
含气孔隙度	1%（San Juan）～5%（Illinois）
净厚度	6（Arkoma）～180m（Fort Worth）
含气量	1.1（Illinois）～9.9m³/t（Fort Worth）
GIP 丰度	$1.0×10^8$（Appalachian）～$4.36×10^8 m^3/km^2$（Fort Worth）
产水量	微量（Fort Worth）～500bbl/d（Illinois、Michigan）
技术采收率	12%（Illinois）～35%～40%～80%（Arkoma）
井网	0.16（East Texas）～2.6km²/well（Anadarko）

---

[1] 2011 年 4—10 月，在《天然气在自然界中潜力及其在低碳经济中先锋地位》《天然气与非常规天然气》等研讨会上发言摘要。

二、中美石油地质与开发环境的差别

在发展页岩气业的时候,应当注意到我国与美国的下列不同点:
(1) 我国石油地质条件复杂,许多目的层系后期都经历了强烈的改造。
(2) 我国没有密如蛛网的油气输送管道、完善的技术服务市场和营销市场。
(3) 矿管制度不够完善,矿业秩序还不尽如人意。
(4) 美国实践了 190 年,大干也有 20~30 年,而我们刚刚动手。

"这些页岩气盆地彼此是不相同的,各有各的勘探前提和作业难点。由于这些差异,开发任何地方的页岩气资源都将面临独特的挑战。"(Modern Shale Gas Development in the United States:A Primer April 2009)

三、怎样干?

美国的页岩气勘探了 40~50 个盆地,真正商业生产的只有 8 个盆地。这些盆地页岩气产层的时代、深度、厚度、有机质含量、成熟度、孔隙度、渗透率、凝析油含量、产水量以及页岩的成分、物理性能等都有明显的不同,加之,我国与美国石油地质与开发环境的巨大差异,因此,我国发展页岩气业不能期望一蹴而就,而应整体规划,从个性入手,从基础工作做起,积极创新,本着"阶段不可逾越,节奏可以加快"的原则,分类型、分层系、分阶段,积极有序地去探索,避免一哄而上和一哄而下。我们有社会主义制度能够集中力量办大事的优势,只要目标选准,方法对头,一定能够搞得更快更好些。

1. 全国分三大区十种类型进行初步比较评选

扬子区: (1) 扬子区震旦系、寒武系、志留系和二叠系纵向上以志留系为界分为上、下两个构造层;平面上分上、中和下扬子三个区对比研究。
(后期经历不同程度改造古老地层)
(2) 四川盆地中部中生界。 (后期未经强烈改造的中生界)

南方区: (3) 桂中泥盆系、石炭系。 (后期未经强烈改造的上古生界)
(4) 东南沿海中生界。 (后期遭受强烈岩浆活动影响)

北方区: (5) 华北元古界洪水庄页岩和下马岭页岩。 (最古老的有机页岩)
(6) "三北"地区石炭—二叠系。 (后期经历不同程度改造上古生界)
(7) 松辽白垩系。 (后期保存较好的晚中生界)
(8) 沁水盆地石炭—二叠系煤系。 (煤系地层页岩气、煤层气共生)
(9) 鄂尔多斯盆地中生界。 (后期保存较好的早中生界)
(10) 柴达木盆地西南部古近—新近系。 (年青的低成熟"季节性"层)

2. 以含气量测定为重点,抓好各项基础工作

(1) 有机质页岩地化指标(TOC、R_o 和有机质类型)及空间分布特征;
(2) 储集性能(孔隙度、渗透率、孔隙结构和裂缝)及空间分布特征;
(3) 后期改造与保存条件及空间分布特征;
(4) 含气量(吸附气、游离气和溶解气)空间分布特征;
(5) 页岩矿物成分及物理性质。

3. 其他

(1) 初步估算地质资源量(GIP);
(2) 在各种类型区域内建立开发试验区;
(3) 初步估算技术可采和经济可采资源量;
(4) 对美国四个大地构造区,分别选 1~2 个生产页岩气盆地进行全面深入调研,建立"刻度区"。

何必"厚此薄彼"?[1]

——非常规油气资源与常规油气待动用储量都应该抓紧开发

在我国,开发非常规油气,尤其是开发页岩气,正在兴起一股热潮,起因有三:
(1)巨大的资源前景。(2)美国、加拿大成功实践的启示。(3)技术基本成熟。另外,美国政府出面大力推介,西方能源机构和石油公司对中国非常规油气前景一片叫好声,也起了明显的推波助澜作用。

从我国可持续发展需要出发,重视和加强非常规油气资源的开发利用,毫无疑问是正确的战略抉择。

本文作者曾经指出:"在那些石油工业历史悠久的,工作程度较高的油气区,石油上游业的工作对象大体上都经历了由简单到复杂,由常规资源到'非常规'资源,由高品位资源到'低品位'资源的过程"。"随着工作对象的巨大变化,石油上游业正经历着一场革命。无论是勘探理念、开发理念、技术手段、评价方法和机制体制等方面都将与传统的有明显的不同"("迎接石油上游业革命"刊于《中国石油报》2009年10月30日第4版)。

我国和美国、加拿大相比,彼此间还存在着诸多的差别:
(1)石油地质条件,我国比北美复杂,许多目的层系后期都经历了强烈的改造。
(2)我国没有密如蛛网的油气输送管网、完善的技术服务与营销市场。
(3)我国矿管制度不够完善,矿业秩序不尽如人意。油气业管理机制与体制也有待改进。
(4)美国实践了近200年,大干也有20—30年,而我们许多领域才刚刚动手。

其实单就美国而论,各个油气区个性突出,彼此差别也很大。以页岩气为例,勘探了40—50个盆地,真正长期商业生产的只有8个盆地。这些盆地生产层的时代、深度、厚度、有机质含量、成熟度、孔隙度、渗透率、单井产量、凝析油含量、产水量以及页岩的成分、物理性能等等都有明显的不同。美国能源部有关单位曾深有体会地说:"这些页岩气盆地彼此是不相同的,各有各的勘探前提和作业难点。由于这些差异,开发任何地方的页岩气资源都将面临独特的挑战。"(Modern Shale Gas Development in the United States: A Primer April 2009)。

因此,开发"非常规"油气我们不可能照抄照搬,不能期望一蹴而就,而应整体规划,分类型、分层系、分地区,从矛盾的特殊性入手,从基础工作做起,积极有序地去探索,避免一哄而上和一哄而下。

我国利用煤层气(煤层瓦斯)的历史相对较长,20世纪50年代,煤炭部门开始将井

---

[1] 刊于《世界石油工业》2012年第1期。

下（巷道）抽排的瓦斯加以利用。到了80年代，抚顺、阳泉煤矿区开展了地面钻井采气。1991年，华北石油地质局在鄂尔多斯盆地东缘的柳林井组于煤层中获得工业气流，开启了现代意义的煤层气产业。为了加快发展1996年国家成立了中联煤公司。然而，数10年时间过去了，全国钻井开采的煤层气年产量仅仅达到$15\times10^8m^3$左右。在此期间，碰到了许多未曾料到的事情，诸如：我们学习的样板是美国，主要在中低煤阶煤层中生产天然气；可是截至目前，我国煤层气主要产自中高煤阶煤层。我们寄予厚望的中联煤公司，其年产气量至今不足全国煤层气年产量的1/5；为该公司精心设置的等额股权架构，反而成了"掣肘机制"，阻碍了发展。矿业权重叠矿业秩序不理想……总之，实践结果与原来设想有很大差距，并没有体现"后发优势"，实现"跨越式发展"。因此，认真回顾和总结我国煤层气开发历程，从中汲取经验和教训，毫无疑问将对我国开发非常规油气具有现实的指导意义。

与美国、加拿大相比，我国现代石油工业的历史不算长，常规油气无论从探明率、动用率和采收率角度讲，勘探开发程度都是低的，换句话说，常规油气还有比较大的潜力。以国土资源部2004年完成的油气资源评价数据为基础，截至2009年底，我国工作程度最高的陆地和近海油气资源探明率（即累计探明储量与总资源量之比），石油不到四成，天然气不到二成。去年动态评价得到的油气资源量均有大幅度增长，因而资源探明率还会明显降低。储量动用率（即已开发储量与探明储量之比），石油为69.7%，天然气为34.1%。采收率（即预计累积产量和探明储量之比）石油为26.9%，天然气为60.3%。

需要特别指出的是，截至2009年底，全国尚有90.89×10^8t石油探明储量未动用。这些储量占累计探明储量的30.3%，大体相当于近10年新增探明储量的总和。在我国石油对外依存度超过50%，能源安全形势十分严峻情况下，竟然还有这么多的储量被长期积压，而且很少有单位持续认真地去研究、去呼吁及时开发利用，冷落至此真令人匪夷所思。无须讳言，这些未动用储量大部分属于"低品位"类型。开发此类储量，技术难度大一些，经济效益差一些。然而，我国的鄂尔多斯盆地，正是在"低品位"油气资源基础上，近年来产量快速增长，成为继渤海湾盆地、松辽盆地之后我国的第三大油气区。实践证明即使是"低品位"油气资源，只要依靠科学技术，依靠科学管理（包括合理的机制和体制），同样能为国家的能源供给和能源安全做出重大贡献，并获得可观的经济效益。勘探的最终产品是储量，如果产品积压滞销了，勘探是难以持续发展的。因此，及时动用并充分用好已探明储量，也是一个事关全局，事关长远的战略问题。

当人们不遗余力地宣传北美成功开发非常规油气消息的时候，不应该忽视另一个更重要的事实：美国本土石油年产量自20世纪以来，长期能够保持在3×10^8t左右，靠的是海量的低产油井，其基础是"低品位"油气资源。以2008年数据为例，美国本土油井总数为52.5×10^4口，平均单井日产油量仅为1.2t，其中，39.6×10^4口油井平均单井日产油量只有0.28t。世界上唯一超级大国如此重视开发本土的"低品位"油气，一是有利可图，二是能源安全需要。美国前副总统切尼在其《美国国家能源报告》（2001.5.16）中就明确指出：要采取必要的措施挖掘本国资源潜力，使其成为世界主要的石油、天然气生产国，增加美国的能源、经济安全。

非常规油气资源就总体而言，也属于"低品位"资源。和常规"低品位"油气相比，更难开发，成本也更高。

在石油业中,"资源"和"储量"是概念不同的两个术语,后者专指经过钻探、测试证实的那一部分资源。因此"储量"比"资源"具有更大的地质可信度,更小的投资风险。眼下我国的非常规油气,绝大部分尚属于"资源"还不是"储量"。显而易见,舍近求远,舍易求难,不是明智的选择。

我国还是个发展中国家,综合国力远逊于美国。因此,在能源安全上更应该高度关注,实事求是地制定好发展战略,正确处理近期与长远的关系,尤其要在努力增加国内油气供给能力,提高能源利用效率上下更大的功夫。从国情出发,我们既要积极探索非常规油气"资源"的开发利用;当前更要重视常规油气待动用"储量"的开发利用。"厚此薄彼"实在毫无道理!我们有社会主义制度能够集中力量办大事的优势,只要目标选准,方法对头,多一些"两弹一星"精神,多一些袁隆平、屠呦呦型的科技工作者,真抓实干,我们的事情肯定能够做得更好更快些。

"页岩气热"中的点滴冷思考[1]

本文作者曾经指出:"在那些石油工业历史悠久的,工作程度较高的油气区,石油上游业的工作对象大体上都经历了由简单到复杂,由常规资源到'非常规'资源,由高品位资源到'低品位'资源的过程"。"随着工作对象的巨大变化,石油上游业正经历着一场革命。无论是勘探理念、开发理念、技术手段、评价方法和机制体制等方面都将与传统的有明显的不同"("迎接石油上游业革命"刊于《中国石油报》2009年10月30日第4版)。这既是机遇,也是挑战。非常规油气是一个新事物,极大地拓展了石油上游业的工作领域,从我国可持续发展需要出发,重视和加强开发利用,毫无疑问是正确的战略抉择。

当前在我国,开发非常规油气,特别是开发页岩气,正在形成一股热潮,起因有三:

(1) 巨大的资源前景。据美国石油地质家协会(AAPG 2005)预测,全球页岩气、煤层气及致密砂岩气资源量是常规天然气资源量的2.2倍。

(2) 美国、加拿大成功实践的启示。目前,美国致密砂岩气、页岩气和煤层气等非常规天然气年产量和常规天然气年产量持平,其中页岩气2010年产量为$1380\times10^8m^3$,超过了我国同期全部天然气的产量;加拿大油砂油年产量已占该国石油年产量的一半。这不仅满足了美、加本国的需求,而且正在改变世界能源供需结构。

(3) 技术基本成熟。大多数技术是石油业现有技术的延续和发展。

另外,美国政府出面大力推介,西方能源机构和石油公司对中国页岩气前景一片叫好声,我国业界和学界高亢的附和声,也起了明显的推波助澜作用。

毫无疑问,这股热潮将推动我国石油上游业发展。但是为了能健康持续发展,避免大起大落,避免付出太多的"学费",我们应当像当年大庆石油会战那样"九热一冷",在热潮中,花些时间静下心来思考一些问题。

一、中国可利用的页岩气资源规模可能有多大?

这是人们最关注的问题,而且希望得到定量,而不仅仅是定性的回答。

当前,全国各有关单位正努力从多个途径寻求答案,有的用地球化学的方法从计算生烃量开始,求得排出量和聚集量,这是常规油气资源量;同时,设法求取滞留在烃源岩中的烃量,以及能够成为非常规油气聚集的"有效滞留量"。有的直接测定岩石中的含气量。有的通过与国外开发区进行类比,等等。无论是哪种途径,工作量都很大,难度也不小,需要相当的时日才能完成。在此期间,专家们陆续发表了各自对我国页岩气资源规模的估计:技术可采资源量大体在$9\times10^{12}\sim45\times10^{12}m^3$。

---

[1] 《中国石油报》(2011.12.22) 第四版,全文刊载本文三个问题的论述。同时采用按语、背景链接方式摘要登载了本文前半部的若干观点。

美国能源信息署（EIA）今年4月公布了一份材料，宣称页岩气技术可采资源量（TRR）中国有 $36\times10^{12}m^3$，超过美国的 $24\times10^{12}m^3$，位居世界第一。本文作者质疑这样的结论。首先，我国和美国沉积岩分布面积大体相当，但石油地质条件要复杂得多，眼下还看不出有更优越之处。其次，美国的资源量，是依据 8×10^4 多口井，大量的动态资料算得的，与我国在几乎没有井的资料条件下算得的，"含金量"（可信度）是不同的，难以直接对比。第三，EIA此次仅仅评价了中国塔里木和四川两个盆地，就说我国资源规模超过全美国的资源规模，实在难以令人置信，起码是言之过早。

前不久，某知名石油研究院拟用"特尔斐法"预测我国页岩气资源量，本文作者也收到了一份问卷。基于中美基本石油地质条件、工作程度及勘探开发成果比较，本文作者作出了如下答复：中国页岩气技术可采资源量可能在 $4\times10^{12}\sim12\times10^{12}m^3$，期望值为 $10\times10^{12}m^3$。这也是一个不小的数量，是去年底全国天然气累计探明技术可采储量的两倍。相应的地质资源量在 $40\times10^{12}\sim120\times10^{12}m^3$，期望值 $100\times10^{12}m^3$。

二、在中国怎样开发页岩气？

世界上没有相同的含油气盆地，相同的油气田；也不会有相同的非常规油气聚集。

中美两国尽管国土面积相近，但国情差别很大。美国主要是海相沉积；而中国有极其发育的陆相沉积。美国页岩气主要产自上古生界；而中国有发育的下古生界及元古界。美国页岩气产区主要分布在比较稳定的大地构造单元内；而中国总体处在活动性较强的区域，众多的页岩层都经历了强烈的后期改造。可以预见页岩气的聚集和富集高产规律必然和美国的有诸多不同，进而影响遴选靶区的标准也会有明显的差异！开采煤层气，美国主要在中低煤阶区，而我国目前只是在高煤阶区获得突破，这也许可以作为上述认识的一个旁证。

我国人均拥有土地，人均拥有水资源的数量都大大低于美国。加之，经历了五千年的大规模开发，生态环境也较美国脆弱。

页岩气资源总体属于"低品位"油气资源。开发页岩气，美国主要采用"大量打井，打水平井，多段压裂"的办法。接踵而至的是占用土地过多，用水过多，海量运输影响生态环境，大量的含有毒物质的钻井液、压裂液需要无害处理，作业过程中烃类气体逸散等等问题，已导致美国、加拿大、欧洲叫停了一些页岩气项目。同样，我国多数地区能否承受这样一套做法，是有待深入研究的。

美国能源部有关部门在回顾页岩气开发历程时，曾深有体会地说："这些页岩气盆地彼此是不相同的，各有各的勘探前提和作业难点。由于这些差异，开发任何地方的页岩气资源都将面临独特的挑战"（Modern Shale Gas Development in the United States：A Primer April 2009）。开发页岩气，我们无法完全套用美国开发页岩气的理论、技术和方法，不能期望一蹴而就。煤层气我国已经勘探开发了20余年，至今成果有限，即为明证。开发页岩气必须从矛盾的特殊性入手，从基础工作做起，掌握中国特有的聚集和富集高产规律，形成适合自己的省地、省水、省钱、污染少、环保好的系列技术，闯出一条有中国特色的页岩气开发道路来。

三、20年内页岩气业在中国可能居于何种地位？

开发油气是生产活动，经济活动，而不是单纯的科学试验。对项目正确评价和决策必然涉及预期的效率和效益。宏观上看，非常规油气比常规油气，品位低，开发难度大，效率和效益较低。

在我国，常规油、气资源探明程度，即使工作程度最高的陆地和近海，也分别不到四成和二成，远低于美国和加拿大，彼此处在不同的勘探开发阶段。换句话说，中国常规油气尚有很大的发展潜力。近10年，油气储量增长是历史上最好时期之一，油气产量持续上升的事实，也有力地证明了这一点。预期未来20年它们是"增储上产"主体的地位不会改变。

在我国，开发非常规气比开发非常规油现实。在非常规气中，致密砂岩气已有相当的生产规模，开发技术渐趋成熟，正由"非常规的"逐步转变为"常规的"。煤层气已进入商业开采阶段，今后若干年将会有较快的发展。而页岩气尚处于起步阶段，处于分地区、分层系、分类型、全面地质调查阶段，在可预见的时间内会取得明显进展，会有不少喜讯传来，但是不太可能成为开发非常规气中的主角。

我国石油公司"走出去"在国外发展，毫无疑问应该以常规油气，以富集高产油气田为目标。同时，为了长远和全局发展的需要，我们也应该积极有选择地参与北美地区的一些非常规油气项目。为了兼顾近期的经济效益，可以侧重选择以油为主，或富含凝析油的项目，例如威利斯顿盆地的巴肯页岩，沃兹堡盆地西北部的巴内特页岩，得克萨斯州西南部的鹰滩项目等。

中国的页岩气具有巨大的资源潜力，是重要的油气勘探开发领域。我们应该站在增加国内油气供给，保障能源安全，可持续发展的战略高度努力探索，闯出一条适合中国国情的开发道路来。与此同时，也要清醒地认识到工作的难度，当前处于的工作阶段和在各种油气资源中居于的地位。只要实事求是，我们就不太会"被第一"忽悠，更不会跟着忽悠从而搅乱了自己的能源发展战略。对新事物，应该敏锐的感知；同时，又要与国情结合，真抓实干，才能真正"洋为中用"。

居安思危、未雨绸缪、持续发展[1]

—— 关于我国石油上游业促转变谋发展的几点想法

在"十二五"开局的时候,我国石油上游业面临形势具有以下特点:

(1) 对外依存度加大,能源安全不确定因素增加。

2010年,对外依存度石油为53.7%(《中国能源报》2011.6.9),天然气为15%(张玉清,2011.3.4)。

中国工程院在《中国可持续发展油气资源战略研究》(2004.12)中曾经预测,2020年我国石油需求量可能达到$4.3 \times 10^8 \sim 4.5 \times 10^8$ t,国内原油产量可能达到$1.8 \times 10^8 \sim 2.0 \times 10^8$ t,石油对外依存度可能达到55.6%~58.1%。实际上,2010年我国石油消费量为4.35×10^8 t,国内原油产量为2.01×10^8 t,对外依存度为53.7%。比工程院预测指标整整提前了10年!

"十一五"实践进一步证明,在现行的技术经济、机制和体制条件下,国内油气产量增长虽然不算慢,但满足不了急剧增长的需求。实行"两种资源,两个市场""走出去"的战略势在必行。

"走出去",有机遇。我国"走出去"的石油企业,均有不同程度的建树。"走出去",也有风险。和发达国家相比,"走出去"我们晚了百年,"廉价石油时代"早已过去,"分享资源"我们处于"后发劣势"。西方石油公司转让资源要价很高;资源国新一轮"国有化"浪潮,提高了合作成本和难度;资源国频繁变化的政局,美国越来越露骨的围堵与挑事,我国的综合实力还不足以维护我们的全球利益……都增添了我国能源安全的变数。

(2) 国内油气资源尚有相当潜力。

和发达国家相比,我国现代石油工业的历史不算长,常规油气无论从探明率、动用率和采收率角度讲,勘探开发程度都是低的,换句话说,常规油气还有比较大的潜力。以国土资源部2004年完成的油气资源评价数据为基础,截至2009年底,我国工作程度最高的陆地和近海地区油气资源探明率(即累计探明储量与总资源量之比),石油不到四成,天然气不到两成。而且,去年动态评价得到的油气资源量均有大幅度增长,因而资源探明率还会明显降低。储量动用率(即已开发储量与探明储量之比),石油为69.7%,天然气为34.1%。采收率(即预计累计产量与探明储量之比)石油为26.9%,天然气为60.3%。近10年来,我国油气储量快速增长,全国原油年产量突破2×10^8 t,天然气年产量逼近千亿立方,这些都表明了我国常规油气还有很大的发展空间。

---

[1] 全文刊载于人民日报社主办的《中国能源报》(2011.9.19油气版),后多网转载。

此外，我国的非常规油气，特别是煤层气、页岩气和致密砂岩气也有良好的勘探开发前景，而相关工作才刚刚开始。

（3）油气储量品位总体变差。

我国石油地质条件复杂是举世公认的，因而油气资源中"低品位"的占有很大的份额，石油约为33%～38.6%；天然气为30.8%～38.5%。世界上那些高工作程度油气区的开发历史表明，随着工作程度不断加深，在新增储量中，在剩余可采储量中，"低品位"的越来越多，这是一般规律！我国石油累计探明储量标定的采收率，从1980—2009年，由38.3%下降至26.9%，30年间整整下降了11.4个百分点。"十一五"期间新增石油储量标定的采收率只有25.3%。上述变化也清楚地反映了这一规律。

（4）勘探效率和效益有提高的空间。

"十一五"我国本土的油气勘探取得了丰硕成果，是历史上最好时期之一。增长的油、气储量分别为"八五"时期的2倍，和4倍。同期，探井数为2.4倍，三维地震由少量猛增到$16.1 \times 10^4 km^2$，而每口探井、每米探井进尺探明的油当量大体持平。显而易见，在刚刚过去的五年里，石油上游业的成果，主要是依靠加大投入取得的，效率和效益都有进一步提高的可能。

综上所述，在规划我国石油上游业"十二五"和长期发展战略时，要加强机遇意识和忧患意识，充分考虑形势的新变化、新特点，认真分析有利、不利因素，遵循中央调整经济结构、加快转变经济增长方式的战略方针，主动适应环境变化，有效化解各种矛盾，居安思危，未雨绸缪，努力工作，才能实现更好更快的持续发展。

一、正确理解和执行"国内为主、国外补充"发展方针

在石油对外依存度超过50%的时候尤其要强调这一点。因为，国内油气资源是能源安全的基础；国内发达的石油业是主动、有效利用国外资源的基础。

2008年，美国消费石油的1/3由本土生产，52.5×10^4口油井，平均单井日产油1.2t，其中约40×10^4口井，单井日产量只有0.28t。这组数字也许有助于说明上述观点。世界上唯一的超级大国，千方百计地开发本土"低品位"油气，一是有利可图，二是为了能源安全。美国前副总统切尼在其《美国国家能源报告》（2001.5.16）中就明确要求采取必要的措施挖掘本国资源潜力，使其成为世界主要的石油、天然气生产国，增加美国的能源、经济安全。这值得我们深思、研究与借鉴。

从国情出发，中国的国有石油公司，不宜完全模仿埃克森等石油大鳄，还得内外兼修，既要学"跨国石油公司的海外模式"，也要学"发达国家的本土模式"。在美国，虽然自20世纪80年代起，大石油公司陆续将工作重点转向海域和海外，但是，当中小油公司在本土开发非常规油气取得重大进展时，大公司借金融危机以投资、兼并等方式又重返本土了。

现在看来，安排国内油气生产，除了常规计划外，还应该有多个减产或增产预案，有计划地建设并保存一批富集高产油气田，以应对诸如金融危机、进口油气遇阻等等非常情况。建设一定规模的储油库、储气库只不过是上述诸预案中的一个环节。

二、大力发展天然气业,以气代油、以气促油

当前有一个共识:中国本土的天然气比石油有更大的发展空间,一则,常规资源探明率石油约为四成,天然气仅为两成;二则,非常规油气资源中的致密砂岩气、煤层气、页岩气是现实的可利用资源,它们的资源规模至少是常规天然气的两倍以上。

美国本土,2008年,生产天然气 $5800\times10^8m^3$;石油 3.35×10^8t,其中,凝析油占 0.88×10^8t。中国,2009年,生产天然气 $841\times10^8m^3$;原油 1.89×10^8t,其中,凝析油仅 0.03×10^8t。两相对比差距和潜力一目了然。

国外开采页岩气,首先开发富含凝析油的部分,这是提高经济效益的有效途径。可见,在我国大力发展天然气业,有物质基础,是"一箭双雕",既增加天然气产量,又能增加石油供给。

三、在国内发展石油上游业,当前应该"抓开发、促勘探"

一是开发部门可以要求勘探部门多提供一点"高品位"油气储量。

通常认为,资源探明率在60%以前,这种可能性是较大的。我国的实际情况也确实如此,"十一五"期间无论新区或老区都有相当数量的"高品位"储量发现。

二是开发部门要努力开发"低品位"储量。

随着工作程度的提高,我国油气储量中"低品位"的将日益增加,不认识这一点,我们的路子将会越走越窄。只有依靠科学技术,依靠科学管理(包括合理的机制和体制),将"低品位"资源变成了可采的、经济可采的,我们的勘探才会有更广阔的领域和更大的动力。

鄂尔多斯盆地石油资源量的认识过程是最有说服力的例子:当"井井有油、井井不流"的时候,1984年,预测的是 15.3×10^8t;当三叠系产量快速上升,世纪交替的时候,我们有 50×10^8t 和 85×10^8t 之争;今天,成了全国第三大油气区之后,最新的预测数字是 125×10^8t。

勘探的最终产品是储量,如果产品积压滞销了,勘探是难以持续发展的。根据全国油气储量办公室资料,至2009年底,全国待开发(即未动用)石油储量高达 90.89×10^8t,占全国累计探明储量的30.3%,相当于近10年新增探明储量的总和。在我国能源形势十分严峻情况下,竟然还有这么多的储量被长期积压,而且没有机构持续认真地去研究,去呼吁及时开发利用,冷落至此真令人匪夷所思。

四、抓住历史机遇,积极开发"非常规"油气

"非常规"油气具有巨大的资源潜力。"非常规"油气聚集一般具有丰度低、自然产能低的特点,也属于"低品位"资源。然而它们经常构成成千上万平方千米的"连续型"聚

集，资源规模可观，探井落空很少，又具有地质风险较低的特点。

在美国、加拿大"非常规"油气已经是今天重要的工作对象。美国，2009年生产天然气 $5934\times10^8m^3$，超过俄罗斯，居世界第一。其中，"非常规"气（致密砂岩气、煤层气、页岩气）$2917\times10^8m^3$，约占一半。加拿大，1/2的石油产量来自"油砂油"；在高油价时期，依靠"油砂油"更创造了一年新增石油可采储量 240×10^8t 的世界奇迹。

目前看来，致密砂岩气、煤层气和页岩气也是我国比较现实的开发对象。和其他新能源和可再生能源相比，一是成本相对较低；二是技术比较成熟，是石油业今天通用技术的延续和发展。开发"非常规"油气的时候，应当注意到我国与北美地区的不同点：

(1) 我国石油地质条件复杂，许多目的层系后期都经历了强烈的改造。
(2) 我国没有密如蛛网的油气输送管道、完善的技术服务市场和营销市场。
(3) 矿管制度不够完善，矿业秩序还不尽如人意；油气业管理机制和体制也有待改进。
(4) 美国实践了近200年，大干也有二三十年，而我们则刚刚动手。

其实，美国的各个油气区也是个性突出，彼此差别很大。以页岩气为例，美国勘探了四五十个盆地，真正长期商业生产的只有八个盆地。这些盆地生产层的时代、深度、厚度、有机质含量、成熟度、孔隙度、渗透率、单井产量、凝析油含量、产水量以及页岩的成分、物理性能等等都有明显的差别。因此，开发"非常规"油气我们不能期望一蹴而就，而应整体规划、分类型、分层系、分地区，从矛盾的特殊性入手，从基础工作做起，积极有序地去探索，避免一哄而上和一哄而下。我们有社会主义制度能够集中力量办大事的优势，只要目标选准，方法对头，是能够搞得更快更好些。

五、政府有效作为，走"众人拾柴火焰高"的发展道路

工作对象变了（储量品位变差了），要发展生产力，生产关系就得作相应调整。美国本土油气开发历史和现实证明了这一点；我国近年的实践也证明了这一点。

鄂尔多斯盆地苏里格气田是我国储量最大的气田，但是，是一个"低品位"气田。用长庆油田公司原有的方式开采，没有经济价值。后来，采取了"1+5"模式，即让另外5家油田公司与长庆油田公司共同开发，形成了内部竞争机制；同时雇用了100多个民企的钻井队，结果成本降低了，进度加快了，目前已建成 $100\times10^8m^3$ 多天然气的年产能力。

实践也使人们逐步认识到大、中、小油公司共同构成的产业链是加快上游业发展，合理利用油气资源的有效途径。石油上游业的工作对象深埋地下，看不见，摸不着，具有高风险的特点。因而多一些工作思路，多一些工作实体，有利于提高成功机会。世界上许多油气田都是由不知名的中小油公司发现的，北美开发非常规油气的高潮也是中小油公司掀起的。在我国主要含油气盆地中，塔里木盆地最大的油田，四川盆地最大的气田，东海盆地主要的油气田群都是由实力相对较小的油公司发现的；鄂尔多斯盆地如果没有延长油矿与长庆油田公司"比翼双飞"，恐怕油气产量也不会上得那么快！这些事实难道还不令人深省？国内外实践证明中小油公司具有更强的创新动力。

延长油矿的发展史还说明了中小油公司在"上产量"的同时，工作也在"上水平"。人们不能以静止的观点看待中小油公司，更不能抓住某些缺点加以放大，甚至妖魔化，这不

利于事业的发展。允许我国民企进入石油上游业，走"众人拾柴火焰高"的道路是落实科学发展观，实现可持续发展的需要；有法律依据，也具备条件，然而人们担心"一放就乱"。有黄金、煤炭"有水快流"的前车之鉴，有这样那样的顾虑是可以理解的，但人们总不能"因噎而废食"。矿业秩序混乱问题，从根本上讲是政府执政能力不强，管理缺位的结果。个别地方甚至是地方政府放纵和支持的结果，和公司数量的多寡并无必然的联系。

美国石油上游业150多年的历史，是一部"从乱到治"的历史。前半段是掠夺式开采，矿业秩序失控；后来政府加强了管理，在自然资源并不很优越的条件下，通过科学而严格的管理实现了"长盛不衰"。

目前看来，"放而不乱"，必须做到：

（1）要随着政府执政能力的增强，逐步有序地放开。

（2）继续坚持"特定矿种、一级管理"的探矿、采矿许可制度。30多年实践证明这样做比较符合我国国情，有利于合理有序地利用油气资源。至于许可的具体方式，可以由单一的发许可证演变成与竞标方式并存。

（3）正确处理中央与地方的经济利益关系。总的应该是让地方、尤其是那些"老少边穷"地区群众，在开发石油过程中获得较多的利益。

（4）加强监督检查。要设立和充实监督检查机构；建立监督检查制度；加强现场监督，并明确监督检查的重点。

（5）鼓励、支持和引导中小油公司。关键抓好六个环节：资源开放，资料共享，资金支持，技术指导，税费优惠和严格管理。

六、建设一支"高能成、低能就"的工程技术服务队伍

高，就是掌握高新技术，工作高水平、高质量；低，就是低成本。建设这样的队伍既是参与国际市场竞争的需要，也是中国石油业本身发展的需要。在国外，合作方式越来越多的是技术服务；在国内，工作对象越来越多的是难开发的"低品位"油气，而且人工成本只会升不会降。随着页岩气、煤层气开采规模的扩大；随着国家新36条的贯彻落实，民企逐步进入石油上游业等等新情况的出现，一个公司在工程技术上如果没有巨大的进步，在经营管理水平上如果不能上一个大台阶，在国内外竞争中很难取得优势。国家如果没有完善的技术服务市场和营销市场，走"众人拾柴火焰高"的路也只是句空话。通过转变经济发展方式，实现科学发展的期望也会受到影响。

七、进一步提高勘探效率和效益

对石油上游业"十一五"计划的执行情况，获得的成果进行认真的后评估，重点分析：

（1）决策的科学性；

（2）先进技术（如三维地震）使用的合理性；

（3）探明储量动用的及时性与有效性。

通过深入的剖析，进一步明确促转变谋发展的方向和关键。

八、成立能源部

我国能源安全形势严峻,国家应该有一个职能部门,集中高效地统筹全局,实实在在地谋划未来。这个意见也许会遭到某些大石油企业及其代言人的反对,不过从维护国家利益,加强国家层面管理考虑是必需这样做的。这是"因事设庙",而不是重复往日的"因神设庙"。

附录　世界主要国家油气生产和消费统计

表1　2002年产量和储量

国家	石油		天然气	
	产量，$\times 10^4$t	储量，$\times 10^8$t	产量，$\times 10^8 m^3$	储量，$\times 10^{12} m^3$
俄罗斯	36925	82.1	5957	47.5
沙特阿拉伯	36900	355.0	423	6.4
美国	28850	30.7	5703	5.2
伊朗	17250	122.9	441	23.0
中国	17000	25.0	328	1.5

注：据美国《油气杂志》，2002年。

表2　2001年石油进口量、出口量和消费量

国家	进口量，$\times 10^4$t	出口量，$\times 10^4$t	消费量，$\times 10^4$t
美国	45540	190	74400
中国	6025	755	21763
日本	21200	0	21264
俄罗斯	0	14790	19685

注：据高泳生，2003年8月。

表3　2002年度我国原油进口量及进口来源

主要进口来源国	进口量，$\times 10^4$t	进口量比例，%
沙特阿拉伯	1110.56	16
伊朗	1041.15	15
阿曼	832.92	12
苏丹	624.69	9
安哥拉	555.28	8
越南	347.05	5
印度尼西亚	347.05	5
俄罗斯	277.64	4
也门	208.23	3
其他国家	1596.43	23
总进口量	6941.00	—

注：据国土资源公报，2003年3月。

表4 2001年油井数及单井日产量

国家	油井数,口	单井产量,t	备注
美国	521070	1.5	1970年—1987年间,单井日产小于0.5t,井数占69.4%～74.1%,产量占11.5%～14.7%
俄罗斯	41192	24.5	
中国	72255	6.4	

注:据美国《油气杂志》、能源部、低产井协会。

表5 世界石油储量分布

地区	储量,$\times 10^9$bbl	各地区所占比例,%
北美洲	215.089	17.73
中、南美洲	98.551	8.13
西欧	18.267	1.51
东欧、前苏联	79.190	6.53
中东	685.642	56.53
非洲	77.429	6.38
亚洲、大洋洲	38.712	3.19

注:据美国《油气杂志》,2003年1月1日。

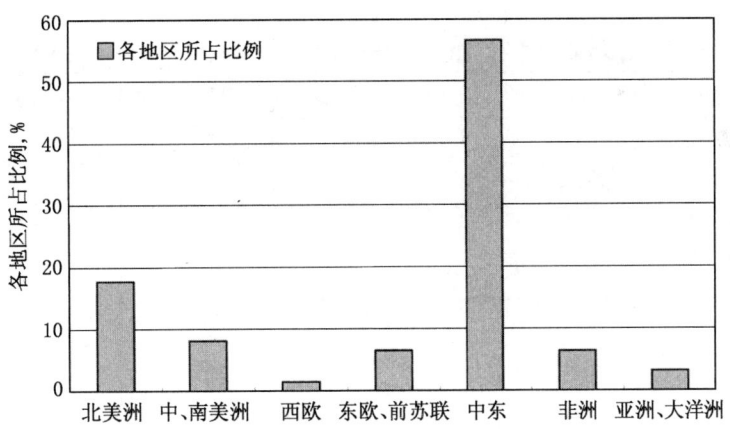

图1 世界各地区石油储量所占比例

表6 世界天然气储量分布

地区	储量,$\times 10^{12}$ft^3	各地区所占比例,%
北美洲	252.354	4.59
中、南美洲	250.083	4.55
西欧	191.568	3.48
东欧、前苏联	1964.175	35.70
中东	1979.675	35.98

续表

地 区	储量，×10^{12}ft³	各地区所占比例，%
非洲	418.162	7.60
亚洲、大洋洲	445.407	8.10

注：据美国《油气杂志》，2003年1月1日。

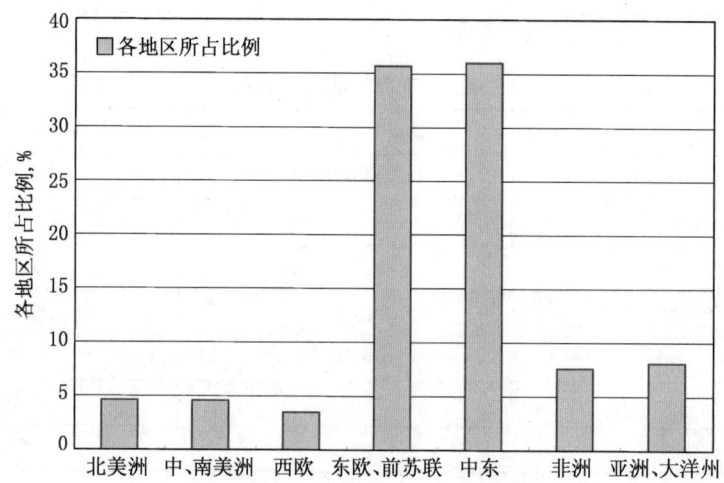

图 2　世界各地区天然气储量所占比例

表 7　近10年世界石油和天然气储量变化情况（截至每年1月1日）

年　份	世界石油，×10⁸t	欧佩克石油，×10⁸t	世界天然气，×10^{12}m³
2003	1661.48	1121.93	155.78
2002	1412.47	1121.7	154.37
2001	1408.85	1115.61	149.47
2000	1391.84	1099.29	145.73
1999	1416.8	1096.55	145.68
1998	1396.64	1091.97	144.03
1997	1395.68	1080.25	140.04
1996	1380.1	1064.21	139.71
1995	1369.56	1055.14	141.03
1994	1368.66	1057.71	142.04

注：①据《石油情报》，2003年1月7日。
　　②据加拿大石油生产商协会（CAPP）数据，加拿大常规原油和凝析油储量为 7.12×10^8 t，而阿尔伯达省油砂岩中的沥青原油储量高达 239.45×10^8 t。